中外哲学典籍大全

总主编 李铁映 王伟光

外国哲学典籍卷

理想国

〔古希腊〕柏拉图 著

郭斌和 张竹明 译

Πλάτων
ΠΟΛΙΤΕΙΑ

本书所据希腊文本收于
① Loeb Classical Library
② Jowett & Campbell, Oxford

中外哲学典籍大全

总主编 李铁映　王伟光

顾　问（按姓氏笔画排序）

　　　　王树人　邢贲思　汝　信　李景源　杨春贵　张世英　张立文
　　　　张家龙　陈先达　陈晏清　陈筠泉　黄心川　曾繁仁　楼宇烈

学术委员（按姓氏笔画排序）

　　　　万俊人　马　援　丰子义　王立胜　王南湜　王柯平　王　博
　　　　冯颜利　任　平　刘大椿　江　怡　孙正聿　李存山　李景林
　　　　杨　耕　汪　晖　张一兵　张汝伦　张志伟　张志强　陈少明
　　　　陈　来　陈学明　欧阳康　尚　杰　庞元正　赵汀阳　赵剑英
　　　　赵敦华　倪梁康　徐俊忠　郭齐勇　郭　湛　韩庆祥　韩　震
　　　　傅有德　谢地坤

总编辑委员会

主　任　王立胜

副主任　张志强　冯颜利　王海生

委　员（按姓氏笔画排序）

　　　　甘绍平　仰海峰　刘森林　杜国平　李　河　吴向东　陈　鹏
　　　　陈　霞　欧阳英　单继刚　赵汀阳　郝立新

外国哲学典籍卷

学术委员会

主　任　汝　信

委　员（按姓氏笔画排序）

马寅卯　王　齐　王　颂　冯　俊　冯颜利　江　怡　孙向晨
孙周兴　李文堂　李　河　张志伟　陈小文　赵汀阳　倪梁康
黄裕生　韩水法　韩　震　詹文杰

编辑委员会

主　任　马寅卯

委　员（按姓氏笔画排序）

邓　定　冯嘉荟　吕　超　汤明洁　孙　飞　李　剑　李婷婷
吴清原　佘瑞丹　冷雪涵　张天一　张桂娜　陈德中　赵　猛
韩　骁　詹文杰　熊至立　魏　伟

中外哲学典籍大全
总　　序

　　《中外哲学典籍大全》的编纂,是一项既有时代价值又有历史意义的重大工程。

　　中华民族经过了近一百八十年的艰苦奋斗,迎来了中国近代以来最好的发展时期,迎来了奋力实现中华民族伟大复兴的时期。中华民族只有总结古今中外的一切思想成就,才能并肩世界历史发展的大势。为此,我们须要编纂一部汇集中外古今哲学典籍的经典集成,为中华民族的伟大复兴、为人类命运共同体的建设、为人类社会的进步,提供哲学思想的精粹。

　　哲学是思想的花朵、文明的灵魂、精神的王冠。一个国家、民族,要兴旺发达,拥有光明的未来,就必须拥有精深的理论思维,拥有自己的哲学。哲学是推动社会变革和发展的理论力量,是激发人的精神砥石。哲学能够解放思想,净化心灵,照亮人类前行的道路。伟大的时代需要精邃的哲学。

一　哲学是智慧之学

　　哲学是什么?这既是一个古老的问题,又是哲学永恒的话题。追问"哲学是什么",本身就是"哲学"问题。从哲学成为思维的那一天起,哲学家们就在不停的追问中发展、丰富哲学的篇章,给出一张又一张答卷。每个时代的哲学家对这个问题都有自己的诠释。哲学是什么,是悬在人类智慧面前的永恒之问,这正是哲学之为哲学的基本特点。

哲学是全部世界的观念形态、精神本质。人类面临的共同问题,是哲学研究的根本对象。本体论、认识论、世界观、人生观、价值观、实践论、方法论等,仍是哲学的基本问题,是哲学的生命力所在!哲学研究的是世界万物的根本性、本质性问题。人们已经对哲学作出许多具体定义,但我们可以尝试再用"遮诠"的方式描述哲学的一些特点,从而使人们加深对"何为哲学"的认识。

哲学不是玄虚之观。哲学来自人类实践,关乎人生。哲学对现实存在的一切追根究底、"打破砂锅问到底"。它不仅是问"是什么(being)",而且主要是追问"为什么(why)",特别是追问"为什么的为什么"。它关注整个宇宙,关注整个人类的命运,关注人生。它关心柴米油盐酱醋茶和人的生命的关系,关心人工智能对人类社会的挑战。哲学是对一切实践经验的理论升华,它关心具体现象背后的根据,关心"人类如何会更好"。

哲学是在根本层面上追问自然、社会和人本身,以彻底的态度反思已有的观念和认识,从价值理想出发把握生活的目标和历史的趋势,从而展示了人类理性思维的高度,凝结了民族进步的智慧,寄托了人们热爱光明、追求真善美的情怀。道不远人,人能弘道。哲学是把握世界、洞悉未来的学问,是思想解放与自由的大门!

古希腊的哲学家们被称为"望天者"。亚里士多德在《形而上学》一书中说:"最初人们通过好奇—惊赞来做哲学。"如果说知识源于好奇的话,那么产生哲学的好奇心,必须是大好奇心。这种"大好奇心"只为一件"大事因缘"而来。所谓"大事",就是天地之间一切事物的"为什么"。哲学精神,是"家事、国事、天下事,事事要问",是一种永远追问的精神。

哲学不只是思想。哲学将思维本身作为自己的研究对象之一,对思想本身进行反思。哲学不是一般的知识体系,而是把知识概念作为研究的对象,追问"什么才是知识的真正来源和根据"。哲学的"非对象性"的思维方式,不是"纯形式"的推论原则,而有其"非对象性"之对象。哲学不断追求真理,是认识的精粹,是一个理论与实践兼而有之的过程。哲学追求真理的过程本身就显现了哲学的本质。天地之浩瀚,变化之奥妙,正是哲思的玄妙之处。

哲学不是宣示绝对性的教义教条,哲学反对一切形式的绝对。哲学解放束缚,意味着从一切思想教条中解放人类自身。哲学给了我们彻底反思过去的思想自由,给了我们深刻洞察未来的思想能力。哲学就是解放之学,是圣火和利剑。

哲学不是一般的知识。哲学追求"大智慧"。佛教讲"转识成智","识"与"智"之间的关系相当于知识与哲学的关系。一般知识是依据于具体认识对象而来的、有所依有所待的"识",而哲学则是超越于具体对象之上的"智"。

公元前六世纪,中国的老子说:"大方无隅,大器晚成,大音希声,大象无形,道隐无名。夫唯道,善贷且成。"又说:"反者道之动,弱者道之用。天下万物生于有,有生于无。"对"道"的追求就是对有之为有、无形无名的探究,就是对"天地何以如此"的探究。这种追求，使得哲学具有了天地之大用，具有了超越有形有名之有限经验的大智慧。这种大智慧、大用途，超越一切限制的篱笆，具有趋向无限的解放能力。

哲学不是经验科学，但又与经验有联系。哲学从其诞生之日起，就包含于科学形态之中，是以科学形态出现的。哲学是以理性的方式、概念的方式、论证的方式来思考宇宙与人生的根本问题。在亚里士多德那里，凡是研究"实体（ousia）"的学问，都叫作"哲学"。而"第一实体"则是存在者中的"第一个"。研究"第一实体"的学问被称为"神学"，也就是"形而上学"，这正是后世所谓"哲学"。一般意义上的科学正是从"哲学"最初的意义上赢得自己最原初的规定性的。哲学虽然不是经验科学，却为科学划定了意义的范围，指明了方向。哲学最后必定指向宇宙、人生的根本问题，大科学家的工作在深层意义上总是具有哲学的意味，牛顿和爱因斯坦就是这样的典范。

哲学既不是自然科学，也不是文学、艺术，但在自然科学的前头，哲学的道路展现了；在文学、艺术的山顶，哲学的天梯出现了。哲学不断地激发人的探索和创造精神，使人在认识世界的过程中不断达到新境界，在改造世界的过程中从必然王国到达自由王国。

哲学不断从最根本的问题再次出发。哲学史在一定意义上就是不断重构新的世界观、认识人类自身的历史。哲学的历史呈现，正是对哲学的创造本性的最好说明。哲学史上每一个哲学家对根本问题的思考，都在为哲学添加新思维、新向度，犹如为天籁山上不断增添一只只黄鹂、翠鸟。

如果说哲学是哲学史的连续展现中所具有的统一性特征，那么这种"一"是在"多"个哲学的创造中实现的。如果说每一种哲学体系都追求一种体系性的"一"的话，那么每种"一"的体系之间都存在着千丝相联、多方组合的关系。这正是哲学史昭示于我们的哲学之多样性的意义。多样性与统一性的依存关系，正是哲学寻求现象与本质、具体与普遍相统一的辩证之意义。

哲学的追求是人类精神的自然趋向，是精神自由的花朵。哲学是思想的自由，是自由的思想。

中国哲学是中华民族五千年文明传统中最为内在、最为深刻、最为持久的精神追求和价值观表达。中国哲学已经化为中国人的思维方式、生活态度、道德准则、人生追求、精神境界。中国人的科学技术、伦理道德、小家大国、中医药学、诗歌文学、绘画书法、武术拳法、乡规民俗，乃至日常生活都浸润着中国哲学的精神。华夏文明虽历经磨难而能够透魄醒神、坚韧屹立，正是来自于中国哲学深邃的思维和创造力。

先秦时代，老子、孔子、庄子、孙子、韩非子等诸子之间的百家争鸣，就是哲学精神在中国的展现，是中国人思想解放的第一次大爆发。两汉四百多年的思想和制度，是诸子百家思想在争鸣过程中大整合的结果。魏晋之际玄学的发生，则是儒道冲破各自藩篱、彼此互动互补的结果，形成了儒家独尊的态势。隋唐三百年，佛教深入中国文化，又一次带来了思想的大融合和大解放。禅宗的形成就是这一融合和解放的结果。两宋三百多年，中国哲学迎来了第三次大解放。儒释道三教之间的互润互持日趋深入，朱熹的理学和陆象山的心学，就是这一思想潮流的哲学结晶。

与古希腊哲学强调沉思和理论建构不同，中国哲学的旨趣在于实践人文关怀,它更关注实践的义理性意义。在中国哲学当中,知与行从未分离,有着深厚的实践观点和生活观点。伦理道德观是中国哲学的贡献。马克思说:"全部社会生活在本质上是实践的。"实践的观点、生活的观点也正是马克思主义认识论的基本观点。这种哲学上的契合性,正是马克思主义能够在中国扎根并不断中国化的哲学原因。

"实事求是"是中国的一句古话,在今天已成为深邃的哲理,成为中国人的思维方式和行为基准。实事求是就是解放思想,解放思想就是实事求是。实事求是是毛泽东思想的精髓,是改革开放的基石。只有解放思想才能实事求是。实事求是就是中国人始终坚持的哲学思想。实事求是就是依靠自己,走自己的道路,反对一切绝对观念。所谓中国化就是一切从中国实际出发,一切理论必须符合中国实际。

二 哲学的多样性

实践是人的存在形式,是哲学之母。实践是思维的动力、源泉、价值、标准。人们认识世界、探索规律的根本目的是改造世界、完善自己。哲学问题的提出和回答都离不开实践。马克思有句名言:"哲学家们只是用不同的方式解释世界,而问题在于改变世界。"理论只有成为人的精神智慧,才具有改变世界的力量。

哲学关心人类命运。时代的哲学,必定关心时代的命运。对时代命运的关心就是对人类实践和命运的关心。人在实践中产生的一切都具有现实性。哲学的实践性必定带来哲学的现实性。哲学的现实性就是强调人在不断回答实践中的各种问题时应该具有的态度。

哲学作为一门科学是现实的。哲学是一门回答并解释现实的学问；哲学是人们联系实际、面对现实的思想。可以说哲学是现实的最本质的理论，也是本质的最现实的理论。哲学始终追问现实的发展和变化。哲学存在于实践中，也必定在现实中发展。哲学的现实性要求我们直面实践本身。

哲学不是简单跟在实践后面，成为当下实践的"奴仆"，而是以特有的深邃方式，关注着实践的发展，提升人的实践水平，为社会实践提供理论支撑。从直接的、急功近利的要求出发来理解和从事哲学，无异于向哲学提出它本身不可能完成的任务。哲学是深沉的反思、厚重的智慧，是对事物的抽象、理论的把握。哲学是人类把握世界最深邃的理论思维。

哲学是立足人的学问，是人用于理解世界、把握世界、改造世界的智慧之学。"民之所好，好之，民之所惠，惠之。"哲学的目的是为了人。用哲学理解外在的世界，理解人本身，也是为了用哲学改造世界、改造人。哲学研究无禁区，无终无界，与宇宙同在，与人类同在。

存在是多样的，发展亦是多样的，这是客观世界的必然。宇宙万物本身是多样的存在，多样的变化。历史表明，每一民族的文化都有其独特的价值。文化的多样性是自然律，是动力，是生命力。各民族文化之间的相互借鉴、补充浸染，共同推动着人类社会的发展和繁荣，这是规律。对象的多样性、复杂性，决定了哲学的多样性；即使对同一事物，人们也会产生不同的哲学认识，形成不同的哲学派别。哲学观点、思潮、流派及其表现形式上的区别,来自于哲学的时代性、地域性和民族性的差异。世界哲学是不同民族的哲学的荟萃。多样性构成了世界,百花齐放形成了花园。不同的民族会有不同风格的哲学。恰恰是哲学的民族性,使不同的哲学都可以在世界舞台上演绎出各种"戏剧"。不同民族即使有相似的哲学观点,在实践中的表达和运用也会各有特色。

人类的实践是多方面的,具有多样性、发展性,大体可以分为:改造自然界的实践、改造人类社会的实践、完善人本身的实践、提升人的精神世界的精神活动。人是实践中的人,实践是人的生命的第一属性。实践的社会性决定了哲学的社会性,哲学不是脱离社会现实生活的某种遐想,而是社会现实生活的观念形态,是文明进步的重要标志,是人的发展水平的重要维度。哲学的发展状况,反映着一个社会人的理性成熟程度,反映着这个社会的文明程度。

哲学史实质上是对自然史、社会史、人的发展史和人类思维史的总结和概括。自然界是多样的,社会是多样的,人类思维是多样的。所谓哲学的多样性,就是哲学基本观念、理论学说、方法的异同,是哲学思维方式上的多姿多彩。哲学的多样性是哲学的常态,是哲学进步、发展和繁荣的标志。哲学是人的哲学,哲学是人对事物的自觉,是人对外界和自我认识的学问,也是人把握世界和自我的学问。哲学的多样性,是哲学的常态和必然,是哲学发展和繁荣的内在动力。一般是普遍性,特色也是普遍性。从单一性到多样性,从简单性到复杂性,是哲学思维的一大变革。用一种哲学话语和方法否定另一种哲学话语和方法,这本身就不是哲学的态度。

多样性并不否定共同性、统一性、普遍性。物质和精神、存在和意识,一切事物都是在运动、变化中的,是哲学的基本问题,也是我们的基本哲学观点!

当今的世界如此纷繁复杂,哲学多样性就是世界多样性的反映。哲学是以观念形态表现出的现实世界。哲学的多样性,就是文明多样性和人类历史发展多样性的表达。多样性是宇宙之道。

哲学的实践性、多样性还体现在哲学的时代性上。哲学总是特定时代精神的精华,是一定历史条件下人的反思活动的理论形态。在不同的时代,哲学具有不同的内容和形式。哲学的多样性,也是历史时代多样性的表达,让我们能够更科学地理解不同历史时代,更为内在地理解历史发展的道理。多样性是历史之道。

哲学之所以能发挥解放思想的作用,原因就在于它始终关注实践,关注现实的发展;在于它始终关注着科学技术的进步。哲学本身没有绝对空间,没有自在的世界,只能是客观世界的映象、观念的形态。没有了现实性,哲学就远离人,远离了存在。哲学的实践性说到底是在说明哲学本质上是人的哲学,是人的思维,是为了人的科学!哲学的实践性、多样性告诉我们,哲学必须百花齐放、百家争鸣。哲学的发展首先要解放自己,解放哲学,也就是实现思维、观念及范式的变革。人类发展也必须多途并进、交流互鉴、共同繁荣。采百花之粉,才能酿天下之蜜。

三 哲学与当代中国

中国自古以来就有思辨的传统,中国思想史上的百家争鸣就是哲学繁荣的史象。哲学是历史发展的号角。中国思想文化的每一次大跃升，都是哲学解放的结果。中国古代贤哲的思想传承至今，他们的智慧已浸入中国人的精神境界和生命情怀。

中国共产党人历来重视哲学。1938年，毛泽东同志在抗日战争最困难的时期，在延安研究哲学，创作了《实践论》和《矛盾论》，推动了中国革命的思想解放，成为中国人民的精神力量。

中华民族的伟大复兴必将迎来中国哲学的新发展。当代中国必须要有自己的哲学，当代中国的哲学必须要从根本上讲清楚中国道路的哲学内涵。中华民族的伟大复兴必须要有哲学的思维，必须要有不断深入的反思。发展的道路就是哲思的道路；文化的自信就是哲学思维的自信。哲学是引领者，可谓永恒的"北斗"，哲学是时代的"火焰"，是时代最精致最深刻的"光芒"。从社会变革的意义上说，任何一次巨大的社会变革，总是以理论思维为先导。理论的变革总是以思想观念的空前解放为前提，而"吹响"人类思想解放第一声"号角"的，往往就是代表时代精神精华的哲学。社会实践对于哲学的需求可谓"迫不及待"，因为哲学总是"吹响"新的时代的"号角"。"吹响"中国改革开放之"号角"的，正是"解放思想""实践是检验真理的唯一标准""不改革死路一条"等哲学观念。"吹响"新时代"号角"的是"中国梦""人民对美好生活的向往，就是我们奋斗的目标"。发展是人类社会永恒的动力，变革是社会解放的永恒的课题，思想解放、解放思想是无尽的哲思。中国正走在理论和实践的双重探索之路上，搞探索没有哲学不成！

中国哲学的新发展，必须反映中国与世界最新的实践成果，必须反映科学的最新成果，必须具有走向未来的思想力量。今天的中国人所面临的历史时代，是史无前例的。14亿人齐步迈向现代化,这是怎样的一幅历史画卷！是何等壮丽、令人震撼！不仅中国亘古未有,在世界历史上也从未有过。当今中国需要的哲学,是结合天道、地理、人德的哲学,是整合古今中外的哲学,只有这样的哲学才是中华民族伟大复兴的哲学。

当今中国需要的哲学,必须是适合中国的哲学。无论古今中外,再好的东西,也需要经过再吸收、再消化,经过现代化、中国化,才能成为今天中国自己的哲学。哲学的目的是解放人,哲学自身的发展也是一次思想解放,也是人的一次思维升华、羽化的过程。中国人的思想解放,总是随着历史不断进行的。历史有多长,思想解放的道路就有多长；发展进步是永恒的,思想解放也是永无止境的；思想解放就是哲学的解放。

习近平同志在2013年8月19日重要讲话中指出,思想工作就是"引导人们更加全面客观地认识当代中国、看待外部世界"。这就需要我们确立一种"知己知彼"的知识态度和理论立场,而哲学则是对文明价值核心最精炼和最集中的深邃性表达,有助于我们认识中国、认识世界。立足中国、认识中国,需要我们审视我们走过的道路；立足中国、认识世界,需要我们观察和借鉴世界历史上的不同文化。中国"独特的文化传统"、中国"独特的历史命运"、中国"独特的基本国情",决定了我们必然要走适合自己特点的发展道路。一切现实的、存在的社会制度,其形态都是具体的,都是特色的,都必须是符合本国实际的。抽象的或所谓"普世"的制度是不存在的。同时,我们要全面、客观地"看待外部世界"。研究古今中外的哲学,是中国认识世界、认识人类史、认识自己未来发展的必修课。今天中国的发展不仅要读中国书,还要读世界书。不仅要学习自然科学、社会科学的经典，更要学习哲学的经典。当前，中国正走在实现"中国梦"的"长征"路上，这也正是一条思想不断解放的道路！要回答中国的问题，解释中国的发展，首先需要哲学思维本身的解放。哲学的发展，就是哲学的解放，这是由哲学的实践性、时代性所决定的。哲学无禁区、无疆界。哲学关乎宇宙之精神，关乎人类之思想。哲学将与宇宙、人类同在。

四　哲学典籍

《中外哲学典籍大全》的编纂，是要让中国人能研究中外哲学经典，吸收人类思想的精华；是要提升我们的思维，让中国人的思想更加理性、更加科学、更加智慧。

中国有盛世修典的传统，如中国古代的多部典籍类书（如《永乐大典》《四库全书》等）。在新时代编纂《中外哲学典籍大全》，是我们的历史使命，是民族复兴的重大思想工程。

只有学习和借鉴人类思想的成就，才能实现我们自己的发展，走向未来。《中外哲学典籍大全》的编纂，就是在思维层面上，在智慧境界中，继承自己的精神文明，学习世界优秀文化。这是我们的必修课。

不同文化之间的交流、合作和友谊，必须在哲学层面上获得相互认同和借鉴。哲学之间的对话和倾听，才是从心到心的交流。《中外哲学典籍大全》的编纂，就是在搭建心心相通的桥梁。

我们编纂的这套哲学典籍大全包括四个方面的内容：一是中国哲学，整理中国历史上的思想典籍，浓缩中国思想史上的精华；

二是外国哲学，主要是西方哲学，以吸收、借鉴人类发展的优秀哲学成果；三是马克思主义哲学，展示马克思主义哲学中国化的成就；四是中国近现代以来的哲学成果，特别是马克思主义在中国的发展。

编纂《中外哲学典籍大全》，是中国哲学界早有的心愿，也是哲学界的一份奉献。《中外哲学典籍大全》总结的是经典中的思想，是先哲们的思维，是前人的足迹。我们希望把它们奉献给后来人，使他们能够站在前人的肩膀上，站在历史岸边看待自身。

《中外哲学典籍大全》的编纂，是以"知以藏往"的方式实现"神以知来"；《中外哲学典籍大全》的编纂，是通过对中外哲学历史的"原始反终"，从人类共同面临的根本大问题出发，在哲学生生不息的道路上，彩绘出人类文明进步的盛德大业！

发展的中国，既是一个政治、经济大国，也是一个文化大国，也必将是一个哲学大国、思想王国。人类的精神文明成果是不分国界的，哲学的边界是实践，实践的永恒性是哲学的永续线性，敞开胸怀拥抱人类文明成就，是一个民族和国家自强自立，始终伫立于人类文明潮流的根本条件。

拥抱世界、拥抱未来、走向复兴，构建中国人的世界观、人生观、价值观、方法论，这是中国人的视野、情怀，也是中国哲学家的愿望！

李铁映

二〇一八年八月

关于外国哲学
——"外国哲学典籍卷"弁言

李铁映

有人类,有人类的活动,就有文化,就有思维,就有哲学。哲学是人类文明的精华。文化是人的实践的精神形态。

人类初蒙,问天究地,思来想去,就是萌昧之初的哲学思考。

文明之初,如埃及法老的文化;两河流域的西亚文明;印度的吠陀时代,都有哲学的意蕴。

欧洲古希腊古罗马文明等,拉丁美洲的印第安文明,玛雅文化,都是哲学的初萌。

文化即一般存在,而哲学是文化的灵魂。文化是哲学的基础,社会存在。文化不等同于哲学,但没有文化的哲学,是空中楼阁。哲学产生于人类的生产、生活,概言之,即产生于人类的实践。是人类对自然、社会、人身体、人的精神的认识。

但历史的悲剧,发生在许多文明的消失。文化的灭绝是人类最大的痛疚。

只有自己的经验,才是最真实的。只有自己的道路才是最好的路。自己的路,是自己走出来的。世界各个民族在自己的历史上,也在不断的探索自己的路,形成自己生存、发展的哲学。

知行是合一的。知来自于行，哲学打开了人的天聪，睁开了眼睛。

欧洲哲学，作为学术对人类的发展曾作出过大贡献，启迪了人们的思想。特别是在自然科学、经济学、医学、文化等方面的哲学，达到了当时人类认识的高峰。欧洲哲学是欧洲历史的产物，是欧洲人对物质、精神的探究。欧洲哲学也吸收了世界各民族的思想。它对哲学的研究，对世界的影响，特别是在思维观念、语意思维的层面，构成了新认知。

历史上，有许多智者，研究世界、自然和人本身。人类社会产生许多观念，解读世界，解释人的认识和思维，形成了一些哲学的流派。这些思想对人类思维和文化的发展，有重大作用，是人类进步的力量。但不能把哲学仅看成是一些学者的论说。哲学最根本的智慧来源于人类的实践，来源于人类的生产和生活。任何学说的真价值都是由人的实践为判据的。

哲学研究的是物质和精神，存在和思维，宇宙和人世间的诸多问题。可以说一切涉及人类、人本身和自然的深邃的问题，都是哲学的对象。哲学是人的思维，是为人服务的。

资本主义社会，就是资本控制的社会。资本主义社会的文化、哲学，有着浓厚的铜臭。

有什么样的人类社会，就会有什么样的哲学，不足为怪。应深思"为什么？""为什么的为什么？"这就是哲学之问，是哲学发展的自然律。哲学尚回答不了的问题，正是哲学发展之时。

哲学研究人类社会，当然有意识形态性质。哲学产生于一定社会，当然要为它服务。人类的历史，长期是阶级斗争的历史，而哲学作为上层建筑,是意识形态。阶级斗争的意识,深刻影响着意识形态,哲学也如此。为了殖民、压迫、剥削……社会的资本化,文化也随之资本化。许多人性的、精神扭曲的东西通过文化也资本化。如色情业、毒品业、枪支业、黑社会、政治献金,各种资本的社会形态成了资本社会的基石。这些社会、人性的变态,逐渐社会化、合法化,使人性变得都扭曲、丑恶。社会资本化、文化资本化、人性的资本化,精神、哲学成了资本的外衣。真的、美的、好的何在?!令人战栗!!

哲学的光芒也腐败了,失其真!资本的洪水冲刷之后的大地苍茫……

人类社会不是一片净土,是有污浊渣滓的,一切发展、进步都要排放自身不需要的垃圾,社会发展也如此。进步和发展是要逐步剔除这些污泥浊水。但资本揭开了魔窟,打开了潘多拉魔盒,呜呜!这些哲学也必然带有其诈骗、愚昧人民之魔术。

外国哲学正是这些国家、民族对自己的存在、未来的思考,是他们自己的生产、生活的实践的意识。

哲学不是天条,不是绝对的化身。没有人,没有人的实践,哪来人的哲学?归根结底,哲学是人类社会的产物。

哲学的功能在于解放人的思想,哲学能够使人从桎梏中解放出来,找到自己的自信的生存之道。

欧洲哲学的特点,是欧洲历史文化的结节,它的一个特点,是与神学粘联在一起,与宗教有着深厚的渊源。它的另一个特点是私有制、个人主义。使人际之间关系冷漠,资本主义的殖民主义,对世界的奴役、暴力、战争,和这种哲学密切相关。

马克思恩格斯突破了欧洲资本主义哲学,突破了欧洲哲学的神学框架,批判了欧洲哲学的私有制个人主义体系,举起了历史唯物主义,唯物辩证法的大旗,解放了全人类的头脑。人类从此知道了自己的历史,看到了未来光明。社会主义兴起,殖民主义解体,被压迫人民的解放斗争,正是马哲的力量。没有马哲对西方哲学的批判,就没有今天的世界。

二十一世纪将是哲学大发展的世纪,是人类解放的世纪,是人类走向新的辉煌的世纪。不仅是霸权主义的崩塌,更是资本主义的存亡之际,人类共同体的哲学必将兴起。

哲学解放了人类,人类必将创造辉煌的新时代,创造新时代的哲学。英特纳雄耐尔就一定会实现,这就是哲学的力量。未来属于人民,人民万岁!

理想国

译者引言

柏拉图(公元前 427—前 347 年)是古希腊的大哲学家,苏格拉底(公元前 469—前 399 年)[①]的学生,亚里士多德(公元前 384—前 322 年)的老师。他一生大部分时间居住在古希腊民族文化中心的雅典。他热爱祖国,热爱哲学。他的最高理想,哲学家应为政治家,政治家应为哲学家。哲学家不是躲在象牙塔里的书呆子,应该学以致用,求诸实践。有哲学头脑的人,要有政权,有政权的人,要有哲学头脑。

柏拉图生于雅典城邦衰落的时期,那时疫疬流行,大政治家伯利克里染疾去世后,群龙无首,伯罗奔尼撒战争爆发,危机四伏。柏拉图出自名门,其社会关系乃至阶级感情显然在奴隶主贵族方面。柏拉图书札第七[②]有这样一段自白:"我年轻时,总想一旦能独立工作,就要投身政界。后来政局突然变动,影响了我的计划。那时民主政权为一般人所厌恶,革命发生了。领导这次革命的有五十一人,其中十一人在城区,十人在比雷埃夫斯港。这两个委员

[①] 据《韦氏新世界美国英语词典·大学版》第 2 版,柏拉图生卒年及苏格拉底生年均不准确。

[②] 柏拉图《书札》第七、第八大致可靠,其余未可尽信。

会管理两区的市场及行政。上面还有一个三十人的最高委员会，最高委员会里有些成员是我的亲戚故旧；他们邀我参加，以为一定会得到我的赞助。我当时年少天真，总以为新政权将以正义取代不正义，我极端注意他们先是怎么说的，后来又是怎么做的。这些绅士们的一举一动，一下子把他们所毁坏的民主政权反而变得像黄金时代了！他们居然命令我的师而兼友的苏格拉底去非法逮捕他们的政敌。苏格拉底严词拒绝，宁死不屈。我敢肯定说苏格拉底是当代最正直的人啊！

"当我看到这些，以及其他种种，我衷心厌恶，决计与这个可耻的政权完全脱离关系。三十人委员会大失人心，被逐下台。过了一个时期，我故态复萌，跃跃欲试地，虽然静悄悄地，又想参加政治活动了。当时雅典局势混乱，私人互相报复，到处械斗。总的说来，东山再起的民主政权，还算比较温和；可是一些有势力的坏人诬告苏格拉底以渎神之罪，陪审团竟处以极刑……后来我年事渐长，深知在政治上要有所作为，首先必须有朋友，有组织，这种人在政客中非常难找，因为他们做事没有原则，没有传统的制度和风纪。要找到新的人才，简直难于登天。况且法规旧典，在雅典已多散失。当初我对于政治，雄心勃勃，但一再考虑，看到政局混乱，我彷徨四顾，莫知所措。我反复思之，唯有大声疾呼，推崇真正的哲学，使哲学家获得政权，成为政治家，或者政治家奇迹般地成为哲学家，否则人类灾祸总是无法避免的。"

从上面的引文，可以看到柏拉图所痛心的是雅典贵族政治堕落为寡头政治，这使他猛醒过来，重新考虑他的政治立场。柏拉图出身贵族，他认为农民、工人、商人是物质财富的生产者和推销者，他们不可能也不必要去担负行政上的许多事务。政治活动是领导阶层的专职,是领导阶层义不容辞的一种道德责任。领导与群众分工合作的政治结构与政治体制应当是这个样子:领导阶层尽其全力来治理国家,捍卫国家。他们受工农商的供养,回过来给工农商办好教育、治安和国防。事实上丧失过信誉的贵族政治,在雅典很难成功,但这并不证明贵族政治是不合理的、行不通的。在柏拉图看来,国家应当好好培植下一代的年轻人,他自己决意钻研数学、天文学及纯粹哲学,与师而兼友的苏格拉底往返论证,将欲立人,先求立己。

公元前399年雅典民主派当权,苏格拉底被控传播异说,毒害青年,法庭判以死刑,苏格拉底从容答辩,竟以身殉。柏拉图目击心伤,终其身魂梦以之,不能忘怀。

柏拉图以继承苏格拉底大业自任,前后共著对话二十五篇。《理想国》成于壮年,如日中天,影响深远。除最晚出的《法律篇》之外,其余二十四篇均以苏格拉底为主要对话者。另有对话六篇经后人考证乃系伪作。柏拉图书札第七、第八大致可靠。第一、第十二不能尽信,其余诸札,众说纷纭,迄无定论。苏格拉底一生不著一字,而柏拉图是西方哲学史上有大量著作留传下来的哲学家。

苏格拉底去世不久,柏拉图离开雅典,周游地中海地区,包括小亚细亚沿岸的伊奥尼亚一带,及意大利南部的若干希腊殖民地城邦,访问过毕达哥拉斯门徒所组成的学派。可能到过北非洲、埃及、西西里岛,以及别的地方。他对西西里岛叙拉古城的霸主戴奥尼素印象恶劣,觉得他是不讲道德,荒淫玩乐之徒,不可能有智慧,不可能治国安民。但柏拉图在这里遇到霸主的女婿迪恩,一见如故,欢喜非常。在柏拉图看来,迪恩酷好哲学,又是一个实行家;苏格拉底之后,对柏拉图影响最大的,便是迪恩了。

柏拉图四十岁返回雅典,是年(公元前387年)雅典签订丧权辱国的《安太尔西达和约》,将所有小亚细亚地区,割让给波斯。雅典斯巴达继续交恶,不得统一,整个希腊世界,日薄西山,奄奄一息。柏拉图下定决心,于雅典城外创建学园。当时有名学者登门造访,质疑问难,不仅成为雅典的最高学府,而且蔚为全希腊的学术中心。不少学生都是希腊城邦的世家子弟!柏拉图放弃政治,讲学著书,孜孜忘倦,先后共二十载。公元前367年柏拉图已年近六十,戴奥尼素霸主逝世,其子戴奥尼素二世继位,由迪恩摄政,邀请柏拉图重游叙拉古城,为二世师。柏拉图政治生涯第一阶段是壮志雄心的幻灭时期。第二阶段困心衡虑,久而弥坚,相信哲学家确能兼为政治家,确能治理世界。其代表作《理想国》,不仅是哲学家的宣言书,而且是哲人政治家所写的治国计划纲要。第三阶段柏拉图垂垂老矣。事与愿违,不得已舍正义而思刑赏,弃德化而谈法治,乃撰《法律篇》。愈至晚年愈求实际,其苦心孤诣,千载下如获见之!

柏拉图《理想国》对话,为西方知识界必读之书。见仁见智,存乎其人。毁之誉之,各求所安。关键在于细读,慎思明辨之后,确有心得,百家争鸣可也。否则断章取义,游谈无根,那就了无意思。《理想国》一书,震古烁今,书中讨论到优生学问题、节育问题、家庭解体问题、婚姻自由问题、独身问题、专政问题、独裁问题、共产问题、民主问题、宗教问题、道德问题、文艺问题、教育问题(包括托儿所、幼儿园、小学、中学、大学研究院以及工、农、航海、医学等职业教育)加上男女平权、男女参政、男女参军等等问题。柏拉图的学问可称为综合性的;亚里士多德的学问则可称为分科性的。亚里士多德的著作大致分为九种:①逻辑学;②物理学;③心理学;④生物学;⑤形而上学;⑥伦理学;⑦政治学;⑧修辞学;⑨诗学。古希腊学术文化的根本目的在于追求知识,希腊语哲学一词(φιλοσοφία)原义爱知,科学一词(ἐπιστήμη)原义知识,在古希腊人看来,哲学科学一而二,二而一,初无区别。现代所用 science 一词,出自拉丁语;knowledge 一词,出自古英语;原义均为知识。知识代表真理,亚里士多德有句名言"吾爱吾师,吾尤爱真理"(Amicus Plato, sed magis veritas)。古希腊人所谓知识,代表真理全部,不是局部。柏拉图承先启后,学究天人,根深叶茂,山高水长,其人其学,成欤败欤? 我们有研究的必要。

此书原有吴献书译本,销行已久,素为学人称道,但语近古奥,不为青年读者所喜爱,余等不揣谫陋,另行迻译,或可供对照参考。译文所据是 Loeb 古典丛书本希腊原文和牛津版 Jowett & Campbell 的希腊原文,并参考 Jowett, Davies and Vaughan, Lindsay, Shorey, Cornford, Lee, Rouse 等新旧英译本七种,指望不仅译出原书的内容,并且译出原书的神韵。不妥或错误之处在所难免,幸予匡正。

简明参考书目

Oxford Classical Texts: Plato, vol. IV, ed. J. Burnet. (Oxford, 1962)
R. L. Nettleship, Lectures on the Republic of Plato (Macmillan, 1963)
W. D. Ross, Plato's Theory of Ideas (Oxford, 1951)
R. H. S. Crossman, Plato Today (2nd ed.; London, 1959)
T. L. Heath, Aristarchus of Samos, (Oxford, 1913)

J.L.E.Dreyer, History of Astronomy, Thales to Kepler(Dover Pubs., 1953)
A.E.Taylor, Plato: the Man and His Work(1926)
C.Ritter, The Essence of Plato's Philosophy(trans. A. Alles, 1933)
G.C.Field, Plato and His Contemporaries(1949)
吴献书译《理想国》(万有文库本),商务印书馆(1957)
郭斌和、景昌极译《柏拉图五大对话集》,商务印书馆(1934)

目　录

第一卷(327—354)……………………………………… 1

第二卷(357—383)……………………………………… 44

第三卷(386—417)……………………………………… 83

第四卷(419—445)……………………………………… 134

第五卷(449—480)……………………………………… 179

第六卷(484—511)……………………………………… 230

第七卷(514—541)……………………………………… 275

第八卷(543—569)……………………………………… 315

第九卷(571—592)……………………………………… 355

第十卷(595—621)……………………………………… 390

索引……………………………………………………… 431

人名地名索引之一……………………………………… 443

人名地名索引之二……………………………………… 450

本书版本简目…………………………………………… 456

第 一 卷

〔苏格拉底:昨天,我跟阿里斯同的儿子格劳孔一块儿来到比雷埃夫斯港①,参加向女神②的献祭,同时观看赛会。因为他们庆祝这个节日还是头一遭。我觉得当地居民的赛会似乎搞得很好,不过也不比色雷斯人搞得更好,我们做了祭献,看了表演之后正要回城。

这时,克法洛斯的儿子玻勒马霍斯从老远看见了,他打发自己的家奴赶上来挽留我们。家奴从后面拉住我的披风说:"玻勒马霍斯请您们稍微等一下。"

我转过身来问他:"主人在哪儿?"家奴说:"主人在后面,就到。请您们稍等一等。"格劳孔说:"行,我们就等等吧!"

一会儿的工夫,玻勒马霍斯赶到,同来的有格劳孔的弟弟阿得曼托斯,尼客阿斯的儿子尼克拉托斯,还有另外几个人,显然都是看过了表演来的。〕

玻:苏格拉底,看样子你们要离开这儿,赶回城里去。

苏:你猜得不错。

玻:喂!你瞧瞧我们是多少人?

---

① 在雅典西南七公里的地方,为雅典最重要的港口。
② 此女神系指色雷斯地方的猎神朋迪斯。

苏：看见了。

玻：那么好！要么留在这儿，要么就干上一仗。

苏：还有第三种办法。要是我们婉劝你们，让我们回去，那不是更好吗？

玻：瞧你能的！难道你们有本事说服我们这些个不愿意领教的人吗？

格：当然没这个本事。

玻：那你们就死了这条心吧！反正我们是说不服的。

阿：难道你们真的不晓得今晚有火炬赛马吗？

苏：骑在马上？这倒新鲜。是不是骑在马背上，手里拿着火把接力比赛？还是指别的什么玩意儿？

玻：就是这个，同时他们还有庆祝会——值得一看哪！吃过晚饭我们就去逛街，看表演，可以见见这儿不少年轻人，我们可以好好地聊一聊。别走了，就这么说定了。

格：看来咱们非得留下不可了。

苏：行哟！既然你这么说了，咱们就这么办吧！

〔于是，我们就跟着玻勒马霍斯到他家里，见到他的兄弟吕西阿斯和欧若得摩，还有卡克冬地方的色拉叙马霍斯，派尼亚地方的哈曼提得斯，阿里斯托纽摩斯的儿子克勒托丰。还有玻勒马霍斯的父亲克法洛斯也在家里。我很久没有见到他了，他看上去很苍老。他坐在带靠垫的椅子上，头上还戴着花环。才从神庙上供回来。

房间里四周都有椅子，我们就在他旁边坐了下来。克法洛斯一眼看见我，马上就跟我招呼。〕

克：亲爱的苏格拉底，你不常上比雷埃夫斯港来看我们，你实在应该来。假如我身子骨硬朗一点儿,能松松快快走进城,就用不着你上这儿来,我会去看你的。可现在,你应该多上我这儿来呀!我要告诉你,随着对肉体上的享受要求减退下来,我爱上了机智的清谈,而且越来越喜爱。我可是真的求你多上这儿来,拿这里当自己家一样,跟这些年轻人交游,结成好友。

苏:说真的,克法洛斯,我喜欢跟你们上了年纪的人谈话。我把你们看作经过了漫长的人生旅途的老旅客。这条路,我们多半不久也是得踏上的,我应该请教你们:这条路是崎岖坎坷的呢,还是一条康庄坦途呢?克法洛斯,您的年纪已经跨进了诗人所谓的"老年之门",究竟晚境是痛苦呢还是怎么样?

克:我很愿意把我的感想告诉你。亲爱的苏格拉底,我们几个岁数相当的人喜欢常常碰头。正像古话所说的:同声相应,同气相求。大家一碰头就怨天尤人。想起年轻时的种种吃喝玩乐,仿佛失去了至宝似的,总觉得从前的生活才够味,现在的日子就不值一提啦。有的人抱怨,因为上了年纪,甚至受到至亲好友的奚落,不胜伤感。所以他们把年老当成苦的源泉。不过依我看,问题倒不出在年纪上。要是他们的话是对的,那么我自己以及像我这样年纪的人,就更应该受罪了。可是事实上,我遇到不少的人,他们的感觉并非如此。就拿诗人索福克勒斯①来说吧!有一回,我跟他在一起,正好碰上别人问他:"索福克勒斯,你对于谈情说爱怎么样了,这么大年纪还向女人献殷勤吗?"他说:"别提啦!洗手不干啦!谢天谢地,我就像从一个又疯又狠的奴隶主手里挣脱出来了似

---

① 希腊三大悲剧诗人之一。公元前495—前406年。

的。"我当时觉得他说得在理,现在更以为然。上了年纪的确使人心平气和,宁静寡欲。到了清心寡欲,弦不再绷得那么紧的时候,这境界真像索福克勒斯所说的,像是摆脱了一帮子穷凶极恶的奴隶主的羁绊似的。苏格拉底,上面所说的许多痛苦,包括亲人朋友的种种不满,其原因只有一个,不在于人的年老,而在于人的性格。如果他们是大大方方,心平气和的人,年老对他们称不上是太大的痛苦。要不然的话,年轻轻的照样少不了烦恼。

苏:〔我听了克法洛斯的话颇为佩服。因为想引起他的谈锋,于是故意激激他。我说:〕亲爱的克法洛斯,我想,一般人是不会以你的话为然的。他们会认为你觉得老有老福,并不是因为你的性格,而是因为你家财万贯。他们会说"人有了钱当然有许多安慰"。

克:说得不错,他们不信我的话,也有他们的道理。不过,他们是言之太过了。我可以回答他们,像色弥斯托克勒[①]回答塞里福斯人一样。塞里福斯人诽谤色弥斯托克勒,说他的成名并不是由于他自己的功绩,而是由于他是雅典人。你知道他是这样回答的:"如果我是塞里福斯人,我固然不会成名,但是,要让你是雅典人,你也成不了名。"对于那些叹老嗟贫的人,可以拿同样这些话来回敬他们。一个好人,同时忍受贫困、老年,固然不容易,但是一个坏人虽然有钱,到了老年其内心也是得不到满足和宁静的。

苏:克法洛斯啊!你偌大的一份家当,大半是继承来的呢?还是你自己赚的?

[①] 色弥斯托克勒(约公元前514—前449年),雅典著名政治家。希波战争初期他在雅典推行民主改革,使贵族会议的成分发生改变。

克：苏格拉底，就自己赚钱而言，那我可以说是介于祖父和父亲之间。我的祖父克法洛斯，继承的财产跟我现有的一样多，经他的手又翻了好几番，而我的父亲吕萨略斯，把这份家私减少到比现在还少。至于我，只要能遗留给这些晚辈的家产，不比我继承的少——也许还稍微多点儿——我就心满意足了。

苏：我看你不大像个守财奴，所以才这么问问。大凡不亲手挣钱的人，多半不贪财；亲手挣钱的才有了一文想两文。像诗人爱自己的诗篇，父母疼自己的儿女一样，赚钱者爱自己的钱财，不单是因为钱有用，而是因为钱是他们自己的产品。这种人真讨厌。他们除了赞美钱财而外，别的什么也不赞美。

克：你说得在理。

苏：真的，我还要向您讨教一个问题。据您看有了万贯家财最大的好处是什么？

克：这个最大的好处，说起来未必有许多人相信。但是，苏格拉底，当一个人想到自己不久要死的时候，就会有一种从来不曾有过的害怕缠住他。关于地狱的种种传说，以及在阳世作恶，死了到阴间要受报应的故事，以前听了当作无稽之谈，现在想起来开始感到不安了——说不定这些都是真的呢！不管是因为年老体弱，还是因为想到自己一步步逼近另一个世界了，他把这些情景都看得更加清楚了，满腹恐惧和疑虑。他开始扪心自问，有没有在什么地方害过什么人？如果他发现自己这一辈子造孽不少，夜里常常会像小孩一样从梦中吓醒，无限恐怖。但一个问心无愧的人，正像品达①所说的：

---

① 品达(约公元前 522—前 442 年)，希腊最著名的抒情诗人。

> 晚年的伴侣心贴着心，
> 永存的希望指向光明。

他形容得很好，钱财的主要好处也许就在这里。我并不是说每一个人都是这样，我是说对于一个通情达理的人来说，有了钱财他就用不着存心作假或不得已而骗人了。当他要到另一世界去的时候，他也就用不着为亏欠了神的祭品和人的债务而心惊胆战了。在我看来，有钱固然有种种好处，但比较起来，对于一个明白事理的人来说，我上面所讲的好处才是他最大的好处。

苏：克法洛斯，您说得妙极了。不过讲到"正义"嘛，究竟正义是什么呢？难道仅仅有话实说，有债照还就算正义吗？这样做会不会有时是正义的，而有时却不是正义的呢？打个比方吧！譬如说，你有个朋友在头脑清楚的时候，曾经把武器交给你；假如后来他疯了，再跟你要回去；任何人都会说不能还给他。如果竟还给了他，那倒是不正义的。把整个真情实况告诉疯子也是不正义的。

克：你说得对。

苏：这么看来，有话实说，拿了人家东西照还这不是正义的定义。

玻勒马霍斯插话说：这就是正义的定义，如果我们相信西蒙尼得①的说法的话。

克：好！好！我把这个话题交给他和你了。因为这会儿该我去献祭上供了。

苏：那么，玻勒马霍斯就是您的接班人了，是不是？

---

① 西蒙尼得（公元前556—前467年），希腊抒情诗人之一。

克：当然，当然！（说着就带笑地去祭祀了）

苏：那就接着往下谈吧！辩论的接班人先生，西蒙尼得所说的正义，其定义究竟是什么？

玻：他说"欠债还债就是正义"。我觉得他说得很对。

苏：不错，像西蒙尼得这样大智大慧的人物，可不是随随便便能怀疑的。不过，他说的到底是什么意思，也许你懂得，我可弄不明白。他的意思显然不是我们刚才所说的那个意思——原主头脑不正常，还要把代管的不论什么东西归还给他，尽管代管的东西的确是一种欠债。对吗？

玻：是的。

苏：当原主头脑不正常的时候，无论如何不该还给他，是不是？

玻：真的，不该还他。

苏：这样看来，西蒙尼得所说的"正义是欠债还债"这句话，是别有所指的。

玻：无疑是别有所指的。他认为朋友之间应该与人为善，不应该与人为恶。

苏：我明白了。如果双方是朋友，又，如果把钱归还原主，对收方或还方是有害的，这就不算是还债了。你看，这是不是符合西蒙尼得的意思？

玻：的确是的。

苏：那么，我们欠敌人的要不要归还呢？

玻：应当要还。不过我想敌人对敌人所欠的无非是恶，因为这才是恰如其分的。

C　　苏：西蒙尼得跟别的诗人一样，对于什么是正义说得含糊不清。他实在的意思是说，正义就是给每个人以恰如其分的报答，这就是他所谓的"还债"。

玻：那么，您以为如何？

苏：天哪！要是我们问他："西蒙尼得，什么是医术所给的恰如其分的报答呢？给什么人？给的什么东西？"你看他会怎么回答？

玻：他当然回答：医术把药品、食物、饮料给予人的身体。

苏：什么是烹调术所给的恰如其分的报答？给予什么人？给的什么东西？

D　　玻：把美味给予食物。

苏：那么，什么是正义所给的恰如其分的报答呢？给予什么人？

玻：苏格拉底，假如我们说话要前后一致，那么，正义就是"把善给予友人，把恶给予敌人"。

苏：这是他的意思吗？

玻：我想是的。

苏：在有人生病的时候，谁最能把善给予朋友，把恶给予敌人？

玻：医生。

E　　苏：当航海遇到了风急浪险的时候呢？

玻：舵手。

苏：那么，正义的人在什么行动中，在什么目的之下，最能利友而害敌呢？

玻：在战争中联友而攻敌的时候。

苏：很好！不过，玻勒马霍斯老兄啊！当人们不害病的时候，医生是毫无用处的。

玻：真的。

苏：当人们不航海的时候，舵手是无用的。

玻：是的。

苏：那么，不打仗的时候，正义的人岂不也是毫无用处的？

玻：我想不是。

苏：照你看，正义在平时也有用处吗？

玻：是的。

苏：种田也是有用的，是不是？

玻：是的。

苏：为的是收获庄稼。

玻：是的。

苏：做鞋术也是有用的。

玻：是的。

苏：为的是做成鞋子——你准会这么说。

玻：当然。

苏：好！那么你说说看，正义平时在满足什么需要，获得什么好处上是有用的？

玻：在订合同立契约这些事情上，苏格拉底。

苏：所谓的订合同立契约，你指的是合伙关系，还是指别的事？

玻：当然是合伙关系。

苏：下棋的时候，一个好而有用的伙伴，是正义者还是下棋能手呢？

玻：下棋能手。

苏:在砌砖盖瓦的事情上,正义的人当伙伴,是不是比瓦匠当伙伴更好,更有用呢?

玻:当然不是。

苏:奏乐的时候,琴师比正义者是较好的伙伴。那么请问,在哪种合伙关系上正义者比琴师是较好的伙伴?

玻:我想,是在金钱的关系上。

苏:玻勒马霍斯,恐怕要把怎么花钱的事情除外。比方说,在马匹交易上,我想马贩子是较好的伙伴,是不是?

玻:看来是这样。

苏:至于在船舶的买卖上,造船匠或者舵手岂不是更好的伙伴吗?

玻:恐怕是的。

苏:那么什么时候合伙用钱,正义的人才是一个较好的伙伴呢?

玻:当你要妥善地保管钱的时候。

苏:这意思就是说,当你不用钱,而要储存钱的时候吗?

玻:是的。

苏:这岂不是说,当金钱没用的时候,才是正义有用的时候吗?

玻:好像是这么回事。

苏:当你保管修枝刀的时候,正义于公于私都是有用的;但是当你用刀来整枝的时候,花匠的技术就更有用了。

玻:看来是这样。

苏:你也会说,当你保管盾和琴的时候,正义是有用的,但是利用它们的时候,军人和琴师的技术就更有用了。

玻:当然。

苏:这么说,所有的事物统统都是这样的吗?——它们有用,正义就无用,它们无用,正义就有用了?

玻:好像是这样的。

苏:老兄啊!如果正义仅仅对于无用的东西才是有用的,那么正义也没有什么了不起了。还是让我们换个路子来讨论这个问题吧!打架的时候,无论是动拳头,还是使家伙,是不是最善于攻击的人也最善于防守?

玻:当然。

苏:是不是善于预防或避免疾病的人,也就是善于造成疾病的人?

玻:我想是这样的。

苏:是不是一个善于防守阵地的人,也就是善于偷袭敌人的人——不管敌人计划和布置得多么巧妙?

玻:当然。

苏:是不是一样东西的好看守,也就是这样东西的高明的小偷?

玻:看来好像是的。

苏:那么,一个正义的人,既善于管钱,也就善于偷钱啰?

玻:按理说,是这么回事。

苏:那么正义的人,到头来竟是一个小偷!这个道理你恐怕是从荷马那儿学来的。因为荷马很欣赏奥德修斯①的外公奥托吕科

---

① 荷马史诗中的主要英雄之一,《奥德赛》的主人公。

B 斯,说他在偷吃扒拿和背信弃义、过河拆桥方面,简直是盖世无双的。所以,照你跟荷马和西蒙尼得的意思,正义似乎是偷窃一类的东西。不过这种偷窃确是为了以善报友,以恶报敌才干的,你说的不是这个意思吗?

玻:老天爷啊! 不是。我弄得晕头转向了,简直不晓得我刚才说的是什么了。不管怎么说罢,我终归认为帮助朋友,伤害敌人是正义的。

C 苏:你所谓的朋友是指那些看上去好的人呢,还是指那些实际上真正好的人呢?你所谓的敌人是指那些看上去坏的人呢,还是指那些看上去不坏,其实是真的坏人呢?

玻:那还用说吗?一个人总是爱他认为好的人,而恨那些他认为坏的人。

苏:那么,一般人不会弄错,把坏人当成好人,又把好人当成坏人吗?

玻:是会有这种事的。

苏:那岂不要把好人当成敌人,拿坏人当成朋友了吗?

玻:无疑会的。

苏:这么一来,帮助坏人,为害好人,岂不是正义了?

D 玻:好像是的了。

苏:可是好人是正义的,是不干不正义事的呀。

玻:是的。

苏:依你这么说,伤害不做不正义事的人倒是正义的了?

玻:不! 不! 苏格拉底,这个说法不可能对头。

苏:那么伤害不正义的人,帮助正义的人,能不能算正义。

玻：这个说法似乎比刚才的说法来得好。

苏：玻勒马霍斯，对于那些不识好歹的人来说，伤害他们的朋友，帮助他们的敌人反而是正义的——因为他们的若干朋友是坏人，若干敌人是好人。所以，我们得到的结论就刚好跟西蒙尼得的意思相反了。

玻：真的！结果就变成这样了。这是让我们来重新讨论吧。这恐怕是因为我们没把"朋友"和"敌人"的定义下好。

苏：玻勒马霍斯，定义错在哪儿？

玻：错在把似乎可靠的人当成了朋友。

苏：那现在我们该怎么来重新考虑呢？

玻：我们应该说朋友不是仅看起来可靠的人，而是真正可靠的人。看起来好，并不真正好的人只能当作外表上的朋友，不算作真朋友。关于敌人，理亦如此。

苏：照这个道理说来，好人才是朋友，坏人才是敌人。

玻：是的。

苏：我们原先说的以善报友，以恶报敌是正义。讲到这里我们是不是还得加上一条，即，假使朋友真是好人，当待之以善，假如敌人真是坏人，当待之以恶，这才算是正义？

玻：当然。我觉得这样才成为一个很好的定义。

苏：别忙，一个正义的人能伤害别人吗？

玻：当然可以，他应该伤害那坏的敌人。

苏：拿马来说吧！受过伤的马变得好了呢？还是变坏了？

玻：变坏了。

苏：这是马之所以为马变坏？还是狗之所以为狗变坏？

玻：马之为马变坏了。

苏：同样道理，狗受了伤，是狗之所以为狗变坏，而不是马之所以为马变坏，是不是？

玻：那还用说吗！

C 苏：请问，我们是不是可以这样说呢：人受了伤害，就人之所以为人变坏了，人的德性变坏了？

玻：当然可以这么说。

苏：正义是不是一种人的德性呢？

玻：这是无可否认的。

苏：我的朋友啊！人受了伤害便变得更不正义，这也是不能否认的了。

玻：似乎是这样的。

苏：现在再说，音乐家能用他的音乐技术使人不懂音乐吗？

玻：不可能。

苏：那么骑手能用他的骑术使人变成更不会骑马的人吗？

玻：不可能。

D 苏：那么正义的人能用他的正义使人变得不正义吗？换句话说，好人能用他的美德使人变坏吗？

玻：不可能。

苏：我想发冷不是热的功能，而是和热相反的事物的功能。

玻：是的。

苏：发潮不是干燥的功能，而是和干燥相反的事物的功能。

玻：当然。

苏：伤害不是好人的功能，而是和好人相反的人的功能。

玻：好像是这样。

苏：正义的人不是好人吗？

玻：当然是好人。

苏：玻勒马霍斯啊！伤害朋友或任何人不是正义者的功能，而是和正义者相反的人的功能，是不正义者的功能。

玻：苏格拉底，你的理由看来很充分。

苏：如果有人说，正义就是还债，而所谓"还债"就是伤害他的敌人，帮助他的朋友。那么，我认为说这些话的人不可能算是聪明人。因为我们已经摆明，伤害任何人无论如何总是不正义的。

玻：我同意。

苏：如果有人认为这种说法是西蒙尼得，或毕阿斯①，或皮塔科斯②，或其他圣贤定下来的主张，那咱们俩就要合起来击鼓而攻之了。

玻：我准备参加战斗。

苏：你知道"正义就是助友害敌"，这是谁的主张？你知道我猜的是谁吗？

玻：谁啊？

苏：我想是佩里安得罗，或者佩狄卡，或者泽尔泽斯，或者是忒拜人伊斯梅尼阿，或其他有钱且自以为有势者的主张。

玻：你说得对极了。

苏：很好。既然这个正义的定义不能成立，谁能另外给下一个定义呢？

---

① 公元前6世纪中叶人，希腊"七贤"之一。
② 生年不详，公元前569年卒。希腊"七贤"之一。

〔当我们正谈话的时候,色拉叙马霍斯几次三番想插进来辩论,都让旁边的人给拦住了,因为他们急于要听出个究竟来。等我讲完了上面那些话稍一停顿的时候,他再也忍不住了,他抖擞精神,一个箭步冲上来,好像一只野兽要把我们一口吞掉似的,吓得我和玻勒马霍斯手足无措。他大声吼着:〕

色:苏格拉底,你们见了什么鬼,你吹我捧,搅的什么玩意儿?如果你真是要晓得什么是正义,就不该光是提问题,再以驳倒人家的回答来逞能。你才精哩!你知道提问题总比回答容易。你应该自己来回答,你认为什么是正义。别胡扯什么正义是一种责任、一种权宜之计,或者利益好处,或者什么报酬利润之类的话。你得直截了当地说,你到底指的是什么。那些噜苏废话我一概不想听。

〔听了他的这番发话,我非常震惊,两眼瞪着他直觉着害怕。要不是我原先就看见他在那儿,猛一下真要让他给吓愣了。幸亏他在跟我们谈话刚开始发火的时候,我先望着他,这才能勉强回答他。我战战兢兢地说:"亲爱的色拉叙马霍斯啊,你可别让我们下不了台呀。如果我跟玻勒马霍斯在来回讨论之中出了差错,那可绝对不是我们故意的。要是我们的目的是寻找金子,我们就绝不会只顾相互吹捧反倒错过找金子的机会了。现在我们要寻找的正义,比金子的价值更高。我们哪能这么傻,只管彼此讨好而不使劲搜寻它?朋友啊!我们是在实心实意地干,但是力不从心。你们这样聪明的人应该同情我们,可不能苛责我们呀!"

他听了我的话,一阵大笑,接着笑呵呵地说:〕

色:赫拉克勒斯①作证！你使的是有名的苏格拉底式的反语法。我早就领教过了，也跟这儿的人打过招呼了——人家问你问题，你总是不愿答复，而宁愿使用讥讽或其他藏拙的办法，回避正面回答人家的问题。

苏:色拉叙马霍斯啊！你是个聪明人。你知道，如果你问人家"十二是怎么得来的？"同时又对他说："不准回答是二乘六、三乘四、六乘二，或者四乘三，这些无聊的话我是不听的。"我想您自个儿也清楚，这样问法是明摆着没有人能回答你的问题的。但是，如果他问你："色拉叙马霍斯，你这是什么意思呢？你不让我回答的我都不能说吗？倘若其中刚巧有一个答案是对的，难道我应该舍弃那个正确答案反而采取一个错的答案来回答吗？那你不是成心叫人答错么？你到底打的什么主意？"那你又该怎么回答人家呢？ B

色:哼！这两桩事相似吗？

苏:没有理由说它们不相似。就算不相似，而被问的人认为内中有一个答案似乎是对的，我们还能堵住人家的嘴不让人家说吗？

色:你真要这样干吗？你定要在我禁止的答案中拿一个来回答我吗？

苏:如果我这么做，这也没什么可大惊小怪的，只要我考虑以后，觉得该这么做。

色:行。要是关于正义，我给你来一个与众不同而又更加高明的答复，你说你该怎么受罚吧！ D

苏:除了接受无知之罚外还能有什么别的吗？而受无知之罚

---

① 希腊古代神话中的英雄。

显然就是我向有智慧的人学习。

色：你这个人很天真，你是该学习学习。不过钱还是得照罚。

苏：如果有钱的话当然照罚。

格：这没有问题。色拉叙马霍斯，罚钱的事你不用发愁，你往下讲，我们都愿意替苏格拉底分担。

色：瞧！苏格拉底又来玩那一套了。他自己不肯回答，人家说了，他又来推翻人家的话。

苏：我的高明的朋友啊！一个人在这种情况之下，怎么能回答呢？第一，他不知道，而且自己也承认不知道。第二，就算他想说些什么吧，也让一个有权威的人拿话给堵住了嘴。现在当然请你来讲才更合适。因为你说你知道，并且有答案。那就请你不要舍不得，对格劳孔和我们这些人多多指教，我自己当然更是感激不尽。

〔当我说到这里，格劳孔和其他的人也都请色拉叙马霍斯给大家讲讲。他本来就跃跃欲试，想露一手，自以为有一个高明的答案。但他又装模作样死活要我先讲，最后才让步。〕

色：这就是苏格拉底精明的地方，他自己什么也不肯教别人，而到处跟人学，学了以后又连谢谢都不说一声。

苏：色拉叙马霍斯，你说我跟人学习，这倒实实在在是真的；不过，你说我连谢都不表示，这可不对。我是尽量表示感谢，只不过因为我一文不名，只好口头称赞称赞。我是多么乐于称赞一个我认为答复得好的人呀。你一回答我，你自己马上就会知道这一点的；因为我想，你一定会答复得好的。

色：那么，听着！我说正义不是别的，就是强者的利益。——

你干吗不拍手叫好？当然你是不愿意的啰！

苏：我先得明白你的意思，才能表态。可这会儿我还闹不明白。你说对强者有利就是正义。色拉叙马霍斯啊！你这到底说的是什么意思？总不是这个意思吧：因为浦吕达马斯是运动员，比我们大伙儿都强，顿顿吃牛肉对他的身体有好处，所以正义；而我们这些身体弱的人吃牛肉虽然也有好处，但是就不正义？

色：你真坏！苏格拉底，你成心把水搅浑，使这个辩论受到最大的损害。

苏：绝没有这意思。我的先生，我不过请你把你的意思交代清楚些罢了。

色：难道你不晓得统治各个国家的人有的是独裁者，有的是平民，有的是贵族吗？

苏：怎么不知道？

色：政府是每一城邦的统治者，是不是？

苏：是的。

色：难道不是谁强谁统治吗？每一种统治者都制定对自己有利的法律，平民政府制定民主法律，独裁政府制定独裁法律，依此类推。他们制定了法律明告大家：凡是对政府有利的对百姓就是正义的；谁不遵守，他就有违法之罪，又有不正义之名。因此，我的意思是，在任何国家里，所谓正义就是当时政府的利益。政府当然有权，所以唯一合理的结论应该说：不管在什么地方，正义就是强者的利益。

苏：现在我明白你的意思了。这个意思对不对，我要来研究。色拉叙马霍斯，你自己刚才说，正义是利益，可是你又不准我这么

B　说。固然,你在"利益"前面加上了"强者的"这么个条件。

色:这恐怕是一个无足轻重的条件。

苏:重要不重要现在还难说。但是明摆着我们应该考虑你说得对不对。须知,说正义是利益,我也赞成。不过,你给加上了"强者的"这个条件,我就不明白了,所以得好好想想。

色:尽管想吧!

苏:我想,你不是说了吗,服从统治者是正义的?

C　色:是的。

苏:各国统治者一贯正确呢,还是难免也犯点错误?

色:他们当然也免不了犯错误。

苏:那么,他们立法的时候,会不会有些法立对了,有些法立错了?

色:我想会的。

苏:所谓立对的法是对他们自己有利的,所谓立错了的法是对他们不利的,你说是不是?

色:是的。

苏:不管他们立的什么法,人民都得遵守,这是你所谓的正义,是不是?

色:当然是的。

D　苏:那么照你这个道理,不但遵守对强者有利的法是正义,连遵守对强者不利的法也是正义了。

色:你说的什么呀?

苏:我想我不过在重复你说过的话罢了。还是让我们更仔细地考虑一下吧。当统治者向老百姓发号施令的时候,有时候也会犯错误,结果反倒违背了自己的利益。但老百姓却必得听他们的号令,因为这样才算正义。这点我们不是一致的吗?

色:是的。

苏:请你再考虑一点:按你自己所承认的,正义有时是不利于统治者,即强者的,统治者无意之中也会规定出对自己有害的办法来的;你又说遵照统治者所规定的办法去做是正义。那么,最最智慧的色拉叙马霍斯啊,这不跟你原来给正义所下的定义恰恰相反了吗?这不明明是弱者受命去做对强者不利的事情吗?

玻:苏格拉底,你说得再清楚不过了。

克勒托丰插嘴说:那你不妨做个见证人。

玻:何必要证人?色拉叙马霍斯自己承认:统治者有时会规定出于己有损的办法;而叫老百姓遵守这些办法就是正义。

克勒:玻勒马霍斯啊!色拉叙马霍斯不过是说,遵守统治者的命令是正义。

玻:对,克勒托丰!但同时他还说,正义是强者的利益。承认这两条以后,他又承认:强者有时候会命令弱者——就是他们的人民——去做对于强者自己不利的事情。照这么看来,正义是强者的利益,也可能是强者的损害。

克勒:所谓强者的利益,是强者自认为对己有利的事,也是弱者非干不可的事。也才是色拉叙马霍斯对正义下的定义。

玻:他可没这么说。

苏:这没有关系。如果色拉叙马霍斯现在要这么说,我们就权当这是他本来的意思好了。色拉叙马霍斯,你所谓的正义是不是强者心目中所自认为的利益,不管你说没说过,我们能不能讲这是你的意思?

色:绝对不行,你怎么能认为我把一个犯错误的人在他犯错误的时候,称他为强者呢?

苏:我认为你就是这个意思。因为你承认统治者并不是一贯正确,有时也会犯错误,这就包含了这个意思。

色:苏格拉底,你真是个诡辩家。医生治病有错误,你是不是正因为他看错了病称他为医生?或如会计师算账有错,你是不是在他算错了账的时候,正因为他算错了账才称他为会计师呢?不是的。这是一种马虎的说法,他们有错误,我们也称他们为某医生、某会计,或某作家。实际上,如果名副其实,他们是都不得有错的。严格讲来——你是喜欢严格的——艺术家也好,手艺人也好,都是不能有错的。须知,知识不够才犯错误。错误到什么程度,他和自己的称号就不相称到什么程度。工匠、贤哲如此,统治者也是这样。统治者真是统治者的时候,是没有错误的,他总是定出对自己最有利的种种办法,叫老百姓照办。所以像我一上来就说过的,现在再说还是这句话——正义乃是强者的利益。

苏:很好,色拉叙马霍斯,你认为我真像一个诡辩者吗?

色:实在像。

苏:在你看来,我问那些问题是故意跟你为难吗?

色:我看透你了,你绝捞不着好处。你既休想蒙混哄骗我,也休想公开折服我。

苏:天哪,我岂敢如此。不过为了避免将来发生误会起见,请你明确地告诉我,当你说弱者维护强者利益的时候,你所说的强者,或统治者,是指通常意思的呢?还是指你刚才所说的严格意义的?

色:我是指最严格的意义。好,现在任你要花招使诡辩吧,别心慈手软。不过可惜得很,你实在不行。

苏:你以为我疯了,居然敢班门弄斧,跟你色拉叙马霍斯诡辩?①

色:你刚才试过,可是失败了!

苏:够了,不必噜苏了。还是请你告诉我:照你所说的最严格的定义,一个医生是挣钱的人,还是治病的人?请记好,我是问的真正的医生?

色:医生是治病的人。

苏:那么舵手呢?真正的舵手是水手领袖呢?还是一个普通的水手?

色:水手领袖。

苏:我们不用管他是不是正在水上行船,我们并不是因为他在行船叫他水手的。我们叫他舵手,并不是因为他在船上实行航行,而是因为他有自己的技术,能领导水手们。

色:这倒是真的。

苏:每种技艺都有自己的利益,是不是?

色:是的。

苏:每一种技艺的天然目的就在于寻求和提供这种利益。

色:是的。

苏:技艺的利益除了它本身的尽善尽美而外,还有别的吗?

色:你问的什么意思?

---

① 色拉叙马霍斯是诡辩派哲学家。

苏：如果你问我，身体之为身体就足够了呢，还是尚有求于此外呢？我会说，当然尚有求于外。这就是发明医术的由来，因为身体终究是有欠缺的，不能单靠它自身，为了照顾到身体的利益，这才产生了医术，你认为这样说对不对？

色：很对。

苏：医术本身是不是有欠缺呢？或者说，是不是任何技艺都缺某种德性或功能，像眼之欠缺视力，耳之欠缺听力，因此有必要对它们提供视力和听力的利益呢？这种补充性技艺本身是不是有缺陷，又需要别种技艺来补充，补充的技艺又需要另外的技艺补充，依次推展以至无穷呢？是每种技艺各求自己的利益呢？还是并不需要本身或其他技艺去寻求自己的利益加以补救呢？实际上技艺本身是完美无缺的。技艺除了寻求对象的利益以外，不应该去寻求对其他任何事物的利益。严格意义上的技艺，是完全符合自己本质的，完全正确的。你认为是不是这样？——我们都是就你所谓的严格意义而言的。

色：似乎是这样的。

苏：那么，医术所寻求的不是医术自己的利益，而是对人体的利益。

色：是的。

苏：骑术也不是为了骑术本身的利益，而是为了马的利益，既然技艺不需要别的，任何技艺都不是为它本身的，而只是为它的对象服务的。

色：看来是这样的。

苏：但是，色拉叙马霍斯，技艺是支配它的对象，统治它的对象的。

〔色拉叙马霍斯表示同意,但是非常勉强。〕

苏:没有一门科学或技艺是只顾到寻求强者的利益而不顾及它所支配的弱者的利益的。

〔色拉叙马霍斯开始想辩驳一下,最后还是同意了。〕

苏:一个医生当他是医生时,他所谋求的是医生的利益,还是病人的利益?——我们已经同意,一个真正的医生是支配人体的,而不是赚钱的。这点我们是不是一致的?

色:是的。

苏:舵手不是一个普通的水手,而是水手们的支配者,是不是?

色:是的。

苏:这样的舵手或支配者,他要照顾的不是自己的利益,而是他部下水手们的利益。

〔色拉叙马霍斯勉强同意。〕

苏:色拉叙马霍斯啊!在任何政府里,一个统治者,当他是统治者的时候,他不能只顾自己的利益而不顾属下老百姓的利益,他的一言一行都为了老百姓的利益。

〔当我们讨论到这儿,大伙都明白,正义的定义已被颠倒过来了。色拉叙马霍斯不回答,反而问道:〕

色:苏格拉底,告诉我,你有奶妈没有?

苏:怪事!该你回答的你不答,怎么岔到这种不相干的问题上来了?

色:因为你淌鼻涕她不管,不帮你擦擦鼻子,也不让你晓得羊跟牧羊人有什么区别。

苏：你干吗说这种话？

色：因为在你想象中牧羊或牧牛的人把牛羊喂得又肥又壮是为牛羊的利益，而不是为他们自己或者他们主人的利益。你更以为各国的统治者当他们真正是统治者的时候，并不把自己的人民当作上面所说的牛羊；你并不认为他们日夜操心，是专为他们自己的利益。你离了解正义不正义，正义的人和不正义的人简直还差十万八千里。因为你居然不了解：正义也好，正义的人也好，反正谁是强者，谁统治，它就为谁效劳，而不是为那些吃苦受罪的老百姓，和受使唤的人效劳。不正义正相反，专为管束那些老实正义的好人。老百姓给当官的效劳，用自己的效劳来使当官的快活，他们自己却一无所得。头脑简单的苏格拉底啊，难道你不该好好想想吗？正义的人跟不正义的人相比，总是处处吃亏。先拿做生意来说吧。正义者和不正义者合伙经营，到分红的时候，从来没见过正义的人多分到一点，他总是少分到一点。再看办公事吧。交税的时候，两个人收入相等，总是正义的人交得多，不正义的人交得少。等到有钱可拿，总是正义的人分文不得，不正义的人来个一扫而空。要是担任了公职，正义的人就算没有别的损失，他自己私人的事业也会因为无暇顾及，而弄得一团糟。他因为正义不肯损公肥私，也得罪亲朋好友，不肯为他们徇私情干坏事。而不正义的人恰好处处相反。我现在要讲的就是刚才所说的那种有本事捞大油水的人。你如愿弄明白，对于个人不正义比起正义来是多么的有利这一点，你就去想想这种人。如果举极端的例子，你就更容易明白了：最不正义的人就是最快乐的人；不愿意为非作歹的人也就是最吃亏苦恼的人。极端的不正义就是大窃国者的暴政，把别人的东西,不论是神圣的还是普通人的,是公家的还是私人的,肆无忌惮巧取豪夺。平常人犯了错误,查出来以后,不但要受罚,而且名誉扫地,被人家认为大逆不道,当作强盗、拐子、诈骗犯、扒手。但是那些不仅掠夺人民的钱财,而且剥夺人民的身体和自由的人,不但没有恶名,反而被认为有福。受他们统治的人是这么说,所有听到他们干那些不正义勾当的人也是这么说。一般人之所以谴责不正义,并不是怕做不正义的事,而是怕吃不正义的亏。所以,苏格拉底,不正义的事只要干得大,是比正义更有力、更如意、更气派。所以像我一上来就说的:正义是为强者的利益服务的,而不正义对一个人自己有好处、有利益。

〔色拉叙马霍斯好像澡堂里的伙计,把大桶的高谈阔论劈头盖脸浇下来,弄得我们满耳朵都是。他说完之后,打算扬长而去。但是在座的都不答应,要他留下来为他的主张辩护。我自己也恳求他。〕

苏:高明的色拉叙马霍斯啊!承你的情发表了高见。究竟对不对,既没有充分证明,也未经充分反驳,可你就要走了。你以为你说的是件小事吗?它牵涉到每个人一生的道路问题——究竟做哪种人最为有利?

色:你以为我不晓得这件事情的重要性吗?

苏:你好像对我们漠不关心。我们由于没有你自称有的那些智慧,在做人的问题上,不知道怎么做才算好,怎么做算坏,可你对这个,一点儿也不放在心上。请你千万开导我们一下,你对我们大家做的好事,将来一定有好报的。不过,我可以把我自己的意见先告诉你,我可始终没让你说服。即使可以不加限制,为所欲为把不正义的事做到极点，我还是不相信不正义比正义更有益。我的朋友啊！让人家去多行不义，让人家去用骗术或强权干坏事吧。我可始终不信这样比正义更有利。也许不光是我一个人这样想，在座恐怕也有同意的。请你行行好事，开导开导我们，给我们充分证明：正义比不正义有益的想法确实是错的。

色：你叫我怎么来说服你？我说的话你一句也听不进去。你让我还有什么办法？难道要我把这个道理塞进你的脑袋里去不成？

苏：哎哟，不，不。不过，已经说过了的话请你不要更改。如果要更改，也请你正大光明地讲出来，可不要偷梁换柱地欺骗蒙混我们。色拉叙马霍斯，现在回想一下刚才的辩论，开头你对真正的医生下过定义，但是后来，你对牧羊人却认为没有必要下个严格的定义。你觉得只要把羊喂饱，就算是牧羊人，并不要为羊群着想，他像个好吃鬼一样，一心只想到羊肉的美味，或者像贩子一样，想的只是在羊身上赚钱。不过我认为，牧羊的技术当然在于尽善尽美地使羊群得到利益，因为技艺本身的完美，就在于名副其实地提供本身最完美的利益。我想我们也有必要承认同样的道理，那就是任何统治者当他真是统治者的时候，不论他照管的是公事还是私事，他总是要为受他照管的人着想的。你以为那些真正治理城邦的人，都很乐意干这种差事吗？

色：不乐意干。这点我知道。

苏：色拉叙马霍斯，这是为什么？你注意到没有，一般人都不愿意担任管理职务？他们要求报酬。理由是：他们任公职是为被统治者的利益，而不是为他们自己的利益。且请你回答我这个问题：各种技艺彼此不同，是不是因为它们各有独特的功能？我高明的朋友，请你可不要讲违心的话呀，否则我们就没法往下辩论了。

色：是的，分别就在这里。

苏：是不是它们各给了我们特殊的，而不是一样的利益，比如医术给我们健康，航海术使我们航程安全等等？

色：当然是的。

苏：是不是挣钱技术给我们钱？因为这是挣钱技术的功能。B能不能说医术和航海术是同样的技术？如果照你提议的，严格地讲，一个舵手由于航海而身体健康了，是不是可以把他的航海术叫做医术呢？

色：当然不行。

苏：假如一个人在赚钱的过程中，身体变健康了，我想你也不会把赚钱的技术叫做医术的。

色：当然不会。

苏：如果一个人行医得到了报酬，你会不会把他的医术称之为挣钱技术呢？

色：不会的。

C

苏：行。我们不是已经取得了一致意见吗：每种技艺的利益都是特殊的？

色：是的。

苏：如果有一种利益是所有的匠人大家都享受的，那显然是因为大家运用了一种同样的而不是他们各自特有的技术。

色：好像是这样的。

苏：我们因此可以说匠人之得到报酬，是从他们在运用了自己特有的技术以外又运用了一种挣钱之术而得来的。

〔色拉叙马霍斯勉强同意。〕

苏:既然得到报酬的这种利益,并不是来自他本职的技术,严格地讲,就是:医术产生健康,而挣钱之术产生了报酬,其他各行各业莫不如此,——每种技艺尽其本职,使受照管的对象得到利益。但是如果匠人得不到报酬,他能从自己的本职技术得到利益吗?

色:看来不能。

苏:那么工作而得不到报酬,那对他自己不是确实没有利益吗?

色:的确没有利益。

苏:色拉叙马霍斯,事情到此清楚了。没有一种技艺或统治术,是为它本身的利益的,而是像我们已经讲过的,一切营运部署都是为了对象,求取对象(弱者)的利益,而不是求取强者的利益。所以我刚才说,没有人甘愿充当一个治人者去揽人家的是非。做了统治者,他就要报酬,因为在治理技术范围内,他拿出自己全部能力努力工作,都不是为自己,而是为所治理的对象。所以要人家愿意担任这种工作,就该给报酬,或者给名,或者给利;如果他不愿意干,就给予惩罚。

格劳孔:苏格拉底,你这说的什么意思? 名和利两种报酬我懂得,可你拿惩罚也当一种报酬,我可弄不明白。

苏:你难道不懂得这种报酬可以使最优秀的人来当领导吗?你难道不晓得贪图名利被视为可耻,事实上也的确可耻吗?

格:我晓得。

苏:因此,好人就不肯为名为利来当官。他们不肯为了职务公开拿钱被人当佣人看待,更不肯假公济私,暗中舞弊,被人当作小偷。名誉也不能动其心,因为他们并没有野心。于是要他们愿意当官就只得用惩罚来强制了。这就怪不得大家看不起那些没有受到强迫,就自己想要当官的人。但最大的惩罚还是你不去管人,却让比你坏的人来管你了。我想象,好人怕这个惩罚,所以勉强出来。他们不是为了自己的荣华富贵,而是迫不得已,实在找不到比他们更好的或同样好的人来担当这个责任。假如全国都是好人,大家会争着不当官,像现在大家争着要当官一样热烈。那时候才会看得出来,一个真正的治国者追求的不是他自己的利益,而是老百姓的利益。所以有识之士宁可受人之惠,也不愿多管闲事加惠于人。因此我绝对不能同意色拉叙马霍斯那个"正义是强者的利益"的说法。关于这个问题,我们以后再谈。不过他所说的,不正义的人生活总要比正义的人过得好,在我看来,这倒是一个比较严重的问题。格劳孔,你究竟站在哪一边,你觉得哪一边的话更有道理?

格:我觉得正义的人生活得比较有益。

苏:你刚才有没有听到色拉叙马霍斯说的关于不正义者的种种好处?

格:我听到了,不过我不信。

苏:那么我们要不要另外想个办法来说服他,让他相信他的说法是错的。

格:当然要。

苏:如果在他说完了之后,由我们来照他的样子,正面提出主张,叙述正义的好处,让他回答,我们来驳辩,然后两方面都把所说的好处各自汇总起来,作一个总的比较,这样就势必要一个公证人来作裁判;不过如果像我们刚才那样讨论,采用彼此互相承认的办法,那我们自己就既是辩护人又当公证人了。

格:一点儿不错。

苏:你喜欢哪一种方法?

格:第二种。

苏:那么色拉叙马霍斯,请你从头回答我。你不是说极端的不正义比极端的正义有利吗?

C　色:我的确说过,并且我还说明过理由。

苏:你对于这个问题的看法究竟怎样?你或许认为正义与不正义是一善一恶吧!

色:这是明摆着的。

苏:正义是善,不正义是恶?

色:我的朋友,你真是一副好心肠。像我这样主张不正义有利,而正义有害的人,能说这种话吗?

苏:那你怎么说呢?

色:刚刚相反。

苏:你说正义就是恶吗?

色:不,我认为正义是天性忠厚,天真单纯。

D　苏:那么你说不正义是天性刻薄吗?

色:不是。我说它是精明的判断。

苏:色拉叙马霍斯,你真的认为不正义是既明智又能得益吗?

色:当然是的。至少那些能够征服许多城邦许多人民极端不正义者是如此。你或许以为我所说的不正义者指的是一些偷鸡摸狗之徒。不过即便是小偷小摸之徒吧,只要不被逮住,也自有其利益,虽然不能跟我刚才讲的窃国大盗相比。

苏:我想我并没有误会你的意思。不过你把不正义归在美德与智慧这一类,把正义归在相反的一类,我不能不表示惊讶。

色:我的确是这样分类的。

苏:我的朋友,你说得这样死,不留回环的余地,叫人家怎么跟你说呢?如果你在断言不正义有利的同时,能像别人一样承认它是一种恶一种不道德,我们按照常理还能往下谈;但是现在很清楚,你想主张不正义是美好和坚强有力;我们一向归之于正义的所有属性你要将它们归之于不正义。你胆大包天,竟然把不正义归到道德和智慧一类了。

色:你的感觉真是敏锐得了不起。

苏:你怎么说都行。只要我觉得你说的是由衷之言,我绝不畏缩、躲避,我决定继续思索,继续辩论下去。色拉叙马霍斯,我看你现在的确不是在开玩笑,而是在亮出自己的真思想。

色:这是不是我的真思想,与你有什么相干?你能推翻这个说法吗?

苏:说得不错。不过你肯不肯再回答我一个问题:你认为一个正义者会不会想胜过别个正义者?

色:当然不会。否则他就不是现在的这个天真的好好先生了。

苏:他会不会想胜过别的正义行为?

色:不会。

苏:他会不会想胜过不正义的人,会不会自认为这是正义的事?

色:会的,而且还会想方设法做,不过他不会成功的。

C　　苏:成不成功不是我要问的。我要问的是,一个正义的人不想胜过别的正义者,但是他想胜过不正义者,是不是?

色:是的。

苏:那么不正义者又怎么样呢?他想不想胜过正义的人和正义的事呢?

色:当然想。须知他是无论什么都想胜过的。

苏:他要不要求胜过别的不正义的人和事,使自己得益最多?

色:要求的。

苏:那么我们就可以这样说了:正义者不要求胜过同类,而要求胜过异类。至于不正义则对同类异类都要求胜过。

D　　色:说得好极了。

苏:于是不正义者当然就又聪明又好,正义者又笨又坏了。

色:这也说得好。

苏:那么,不正义者与又聪明又好的人相类,正义者则和他们不相类,是不是?

色:当然是的。性质相同的人相类,性质不同的人不相类。

苏:那么同类的人是不是性质相同?

色:怎么不是?

苏:很好!色拉叙马霍斯,你能说有的人"是音乐的",有的人
E 是"不音乐的"吗?

色:能说。

苏:哪个是"聪明的",哪个是"不聪明的"呢?

色:"音乐的"那个当然是"聪明的","不音乐的"那个当然是

"不聪明的"。

苏:你能说一个人聪明之处就是好处,不聪明之处就是坏处吗?

色:能说。

苏:关于医生也能这么说吗?

色:能。

苏:你认为一个音乐家在调弦定音的时候,会有意在琴弦的松紧方面,胜过别的音乐家吗?

色:未见得。

苏:他有意要超过一个不是音乐家的人吗?

色:必定的。

苏:医生怎么样?在给病人规定饮食方面,他是不是想胜过别的医生及其医术呢?

色:当然不要。

苏:但是他想不想胜过一个不是医生的人呢?

色:当然想。

苏:让我们把知识和愚昧概括地讨论一下。你认为一个有知识的人,想要在言行方面超过别的有知识的人呢?还是有知识的人所言所行在同样的情况下,彼此相似呢?

色:势必相似。

苏:无知识的人怎么样?他想同时既胜过聪明人又胜过笨人吗?

色:恐怕想的。

苏:有知识的人聪明吗?

色:聪明的。

苏:聪明的人好吗?

色:好的。

苏:一个又聪明又好的人,不愿超过和自己同类的人,但愿超过跟自己不同类而且相反的人,是不是?

色:大概是的。

苏:但是一个又笨又坏的人反倒对同类和不同类的人都想超过,是不是?

色:显然是的。

苏:色拉叙马霍斯,你不是讲过不正义的人同时想要胜过同类和不同类的人吗?

色:我讲过。

C 苏:你不是也讲过,正义的人不愿超过同类而只愿超过不同类的人吗?

色:是的。

苏:那么正义者跟又聪明又好的人相类似,而不正义的人跟又笨又坏的人相类似,是不是?

色:似乎是的。

苏:我们不是同意过,两个相像的人性质是一样的吗?

色:同意过。

苏:那么现在明白了——正义的人又聪明又好,不正义的人又笨又坏。

〔色拉叙马霍斯承认以上的话可并不像我现在写得这么容易,
D 他非常勉强,一再顽抗。当时正值盛暑,他大汗淋漓浑身湿透,我

从来没有看见他脸这么红过。我们同意正义是智慧与善,不正义是愚昧和恶以后,我就接着往下讲了。〕

苏:这点算解决了。不过我们还说过,不正义是强有力。色拉叙马霍斯,你还记得吗?

色:我还记得。可我并不满意你的说法。我有我自己的看法。但是我说了出来,肯定你要讲我大放厥词。所以现在要么让我随意地说,要么由你来问——我知道你指望我作答。但是不管你讲 E 什么,我总是说:"好,好。"一面点点头或摇摇头。就像我们敷衍说故事的老太婆一样。

苏:你不赞成的不要勉强同意。

色:你又不让我讲话,一切听你的便了,你还想要什么?

苏:不要什么。既然你打定了主意这么干,我愿意提问题。

色:你问下去。

苏:那我就来复述一下前面的问题,以便我们可以按部就班地继续研究正义和不正义的利弊问题。以前说过不正义比正义强而 351 有力,但是现在既然已经证明正义是智慧与善,而不正义是愚昧无知。那么,显而易见,谁都能看出来,正义比不正义更强更有力。不过我不愿意这样马虎了事,我要这样问:你承不承认,世界上有 B 不讲正义的城邦,用很不正义的手段去征服别的城邦,居然把许多城邦都置于自己的奴役之下这种事情呢?

色:当然承认。尤其是最好也就是最不正义的城邦最容易做这种事情。

苏:我懂,这是你的理论。不过我所要考虑的乃是,这个国家征服别的国家,它的势力靠不正义来维持呢,还是一定要靠正义来维持呢？

C　色：如果你刚才那个"正义是智慧"的说法不错，正义是需要的。如果我的说法不错，那么不正义是需要的。

苏：色拉叙马霍斯，我很高兴，你不光是点头摇头，而且还给了我极好的回答。

色：为的是让你高兴。

苏：我非常领情，还想请你再让我高兴一下，答复我这个问题：一个城邦，或者一支军队，或者一伙盗贼，或者任何集团，想要共同做违背正义的事，如果彼此相处毫无正义，你看会成功吗？

D　色：肯定不成。

苏：如果他们不用不正义的方法相处，结果会好一点儿吗？

色：当然。

苏：色拉叙马霍斯，这是因为不正义使得他们分裂、仇恨、争斗，而正义使他们友好、和谐，是不是？

色：姑且这么说吧！我不愿意跟你为难。

苏：不胜感激之至。不过请你告诉我，如果不正义能到处造成仇恨，那么不管在自由人，还是在奴隶当中，不正义是不是会使他们彼此仇恨，互相倾轧，不能一致行动呢？

色：当然！

E　苏：如果两个人之间存在不正义，他们岂不要吵架，反目成仇，并且成为正义者的公敌吗？

色：会的。

苏：我的高明的朋友啊！如果不正义发生在一个人身上，你以为这种不正义的能力会丧失呢，还是会照样保存呢？

色:就算照样保存吧!

苏:看来不正义似乎有这么一种力量:不论在国家、家庭、军队或者任何团体里面,不正义首先使他们不能一致行动,其次使他们自己彼此为敌,跟对立面为敌,并且也跟正义的人们为敌,是不是这样?

色:确实是这样。

苏:我想,不正义存在于个人同样会发挥它的全部本能:首先,使他本人自我矛盾,自相冲突,拿不出主见,不能行动;其次使他和自己为敌,并和正义者为敌,是不是?

色:是的。

苏:我的朋友啊!诸神是正义的吗?

色:就算是的吧。

苏:色拉叙马霍斯,那么不正义者为诸神之敌,正义者为诸神之友。

色:高谈阔论,听你的便。我不来反对你,使大家扫兴。

苏:好事做到底,请你像刚才一样继续回答我吧!我们看到正义的人的确更聪明能干更好,而不正义的人根本不能合作。当我们说不正义者可以有坚强一致的行动,我们实在说得有点不对头。因为他们要是绝对违反正义,结果非内讧不可。他们残害敌人,而不至于自相残杀,还是因为他们之间多少还有点正义。就凭这么一点儿正义,才使他们做事好歹有点成果;而他们之间的不正义对他们的作恶也有相当的妨碍。因为绝对不正义的真正坏人,也就绝对做不出任何事情来。这就是我的看法,跟你原来所说的不同。

我们现在再来讨论另一个问题,就是当初提出来的那个"正义者是否比不正义者生活过得更好更快乐"的问题。根据我们讲过的话,答案是显而易见的。不过我们应该慎重考虑,这并不是一件小事,而是一个人该怎样采取正当的方式来生活的大事。

色:请吧!

苏:我正在考虑,请你告诉我,马有马的功能吗?

E 色:有。

苏:所谓马的功能,或者任何事物的功能,就是非它不能做,非它做不好的一种特有的能力。可不可以这样说?

色:我不懂。

苏:那么听着:你不用眼睛能看吗?

色:当然不能。

苏:你不用耳朵能听吗?

色:不能。

苏:那么,看和听是眼和耳的功能,我们可以这样说吗?

色:当然可以。

353 苏:我们能不能用短刀或凿子或其他家伙去剪葡萄藤?

色:有什么不可以?

苏:不过据我看,总不及专门为整枝用的剪刀来得便当。

色:真的。

苏:那么我们要不要说,修葡萄枝是剪刀的功能?

色:要这么说。

苏:我想你现在更加明白我刚才为什么要问这个问题的了:一个事物的功能是否就是那个事物特有的能力。

B 色:我懂了,我赞成这个说法。

苏:很好。你是不是认为每一事物,凡有一种功能,必有一种特定的德性?举刚才的例子来讲,我们说眼睛有一种功能,是不是?

色:是的。

苏:那么眼睛有一种德性吗?

色:有。

苏:耳朵是不是有一种功能?

色:是的。

苏:也有一种德性吗?

色:有。

苏:不论什么事物都能这么说吗?

色:可以。

苏:那么我问你:如果眼睛没有它特有的德性,只有它特有的缺陷,那么眼睛能发挥它的功能吗?

色:怎么能呢?恐怕你的意思是指看不见,而不是指看得见。

苏:广义的德性,我们现在不讨论。我的问题是:事物之所以能发挥它的功能,是不是由于它有特有的德性;之所以不能发挥它的功能,是不是由于有特有的缺陷?

色:你说得对。

苏:如果耳朵失掉它特有的德性,就不能发挥耳朵的功能了,是不是?

色:是的。

苏:这个说法可以应用到其他的事物吗?

色:我想可以。

苏:那么再考虑一点:人的心灵有没有一种非它不行的特有功能?譬如管理、指挥、计划等等?除心灵而外,我们不能把管理等等作为其他任何事物的特有功能吧?

色:当然。

苏:还有,生命呢?我们能说它是心灵的功能吗?

色:再对也没有。

苏:心灵也有德性吗?

色:有。

E　苏:色拉叙马霍斯,如果心灵失去了特有的德性,能不能很好地发挥心灵的功能?

色:不能。

苏:坏心灵的指挥管理一定坏,好心灵的指挥管理一定好,是不是?

色:应该如此。

苏:我们不是已经一致认为:正义是心灵的德性,不正义是心灵的邪恶吗?

色:是的。

苏:那么正义的心灵正义的人生活得好,不正义的人生活得坏,是不是?

色:照你这么说,显然是的。

354　苏:生活得好的人必定快乐、幸福;生活得不好的人,必定相反。

色:诚然。

苏:所以正义者是快乐的,不正义者是痛苦的。

色:姑且这样说吧!

苏:但是痛苦不是利益,快乐才是利益。

色:是的。

苏:高明的色拉叙马霍斯啊! 那么不正义绝对不会比正义更有利了。

色:苏格拉底呀! 你就把这个当作朋迪斯节的盛宴吧!

苏:我得感谢你,色拉叙马霍斯,因为你已经不再发火不再使我难堪了。不过你说的这顿盛宴我并没有好好享受——这要怪我自己。与你无关——我很像那些馋鬼一样,面前的菜还没有好好品味,又抢着去尝新端上来的菜了。我们离开了原来讨论的目标,对于什么是正义,还没有得出结论,我们就又去考虑它是邪恶与愚昧呢,还是智慧与道德的问题了;接着"不正义比正义更有利"的问题又突然发生。我情不自禁又探索了一番。现在到头来,对讨论的结果我还一无所获。因为我既然不知道什么是正义,也就无法知道正义是不是一种德性,也就无法知道正义者是痛苦还是快乐。

第 二 卷

357　〔苏:我说了那么些话,原以为该说的都说了。谁知这不过才是个开场白呢!格劳孔素来见义勇为,而又猛烈过人。他对色拉叙马霍斯的那么容易认输颇不以为然。他说:〕

格:苏格拉底,你说无论如何正义总比不正义好,你是真心实B 意想说服我们呢,还是不过装着要说服我们呢?

苏:让我自己选择的话,我要说我是真心实意想要这么做的。

格:你光这么想,可没这么做。你同意不同意:有那么一种善,我们乐意要它,只是要它本身,而不是要它的后果。比方像欢乐和无害的娱乐,它们并没有什么后果,不过快乐而已。

苏:不错,看来是有这种事的。

C　格:另外还有一种善,我们之所以爱它既为了它本身,又为了它的后果。比如明白事理,视力好,身体健康。我认为,我们欢迎这些东西,是为了两个方面。

苏:是的。

格:你见到第三种善没有?例如体育锻炼啦,害了病要求医,因此就有医术啦,总的说,就是赚钱之术,都属这一类。说起来这D 些事可算是苦事,但是有利可得,我们爱它们并不是为了它们本身,而是为了报酬和其他种种随之而来的利益。

苏:啊!是的,是有第三种,可那又怎么样呢?

格：你看正义属于第几种？

苏：依我看，正义属于最好的一种。一个人要想快乐，就得爱它——既因为它本身，又因为它的后果。

格：一般人可不是这样想的，他们认为正义是一件苦事。他们拼着命去干，图的是它的名和利。至于正义本身，人们是害怕的，是想尽量回避的。

苏：我也知道一般人是这样想的。色拉叙马霍斯正是因为把所有这些看透了，所以才干脆贬低正义而赞颂不正义的。但是我恨自己太愚蠢，要想学他学不起来。

格：让我再说两句，看你能不能同意。我觉得色拉叙马霍斯是被你弄得晕头转向了，就像一条蛇被迷住了似的，他对你屈服得太快了。但是我对你所提出的关于正义与不正义的论证还要表示不满意。我想知道到底什么是正义，什么是不正义[①]；它们在心灵里各产生什么样的力量[②]；至于正义和不正义的报酬和后果我主张暂且不去管它。如果你支持的话，我们就来这么干。我打算把色拉叙马霍斯的论证复述一遍。第一，我先说一般人认为的正义的本质和起源；第二，我再说所有把正义付诸行动的人都不是心甘情愿的，实在是不得已而为之的，不是因为正义本身善而去做的；第三我说，他们这样看待正义是有几分道理的，因为从他们的谈话听起来，好像不正义之人日子过得比正义的人要好得多。苏格拉底啊，你可别误解了，须知这并不是我自己的想法。但是我满耳朵听

---

① 即关于正义和不正义的定义问题，也就是下面所说的，正义和不正义的"本质"。

② 即后面所说的对心灵的"影响"。

到的却是这样的议论,色拉叙马霍斯也好,其他各色各样的人也好,都是众口一词,这真叫我为难。相反我却从来没有听见有人像样地为正义说句好话,证明正义比不正义好,能让我满意的。我倒真想听到呢!看来唯一的希望只好寄托在你身上了。因此,我要尽力赞美不正义的生活。用这个办法让你看着我的样子去赞扬正义,批评不正义。你是不是同意这样做?

苏:没有什么使我更高兴的了。还有什么题目是一个有头脑的人高兴去讲了又讲,听了又听的呢?

格:好极了。那就先听我来谈刚才提出的第一点——正义的本质和起源。人们说:做不正义事是利,遭受不正义是害。遭受不正义所得的害超过干不正义所得的利。所以人们在彼此交往中既尝到过干不正义的甜头,又尝到过遭受不正义的苦头。两种味道都尝到了之后,那些不能专尝甜头不吃苦头的人,觉得最好大家成立契约:既不要得不正义之惠,也不要吃不正义之亏。打这时候起,他们中间才开始定法律立契约。他们把守法践约叫合法的、正义的。这就是正义的本质与起源。正义的本质就是最好与最坏的折中——所谓最好,就是干了坏事而不受罚;所谓最坏,就是受了罪而没法报复。人们说,既然正义是两者之折中,它之为大家所接受和赞成,就不是因为它本身真正善,而是因为这些人没有力量去干不正义,任何一个真正有力量作恶的人绝不会愿意和别人定什么契约,答应既不害人也不受害——除非他疯了。因此,苏格拉底啊,他们说,正义的本质和起源就是这样。

说到第二点。那些做正义事的人并不是出于心甘情愿,而仅仅是因为没有本事作恶。这点再清楚也没有了。假定我们这样设想：眼前有两个人，一个正义，一个不正义，我们给他们各自随心所欲做事的权力，然后冷眼旁观，看看各人的欲望把他们引到哪里去？我们当场就能发现，正义的人也在那儿干不正义的事。人不为己，天诛地灭嘛！人都是在法律的强迫之下，才走到正义这条路上来的。我所讲的随心所欲，系指像吕底亚人古各斯的祖先所有的那样一种权力。据说他是一个牧羊人，在当时吕底亚的统治者手下当差。有一天暴风雨之后，接着又地震，在他放羊的地方，地壳裂开了，下有一道深渊。他虽然惊住了，但还是走了下去。故事是这样说的：他在那里面看到许多新奇的玩意儿，最特别的是一匹空心的铜马，马身上还有小窗户。他偷眼一瞧，只见里面一具尸首，个头比一般人大，除了手上戴着一只金戒指，身上啥也没有。他把金戒指取下来就出来了。这些牧羊人有个规矩，每个月要开一次会，然后把羊群的情况向国王报告。他就戴着金戒指去开会了。他跟大伙儿坐在一起，谁知他碰巧把戒指上的宝石朝自己的手心一转。这一下，别人都看不见他了，都当他已经走了。他自己也莫名其妙，无意之间把宝石朝外一转，别人又看见他了。这以后他一再试验，看自己到底有没有这个隐身的本领。果然百试百灵，只要宝石朝里一转，别人就看不见他。朝外一转，就看得见他。他有了这个把握，就想方设法谋到一个职位，当上了国王的使臣。到了国王身边，他就勾引了王后，跟她同谋，杀掉了国王，夺取了王位。照这样来看，假定有两只这样的戒指，正义的人和不正义的人各戴一只，在这种情况下，可以想象，没有一个人能坚定不移，继续做正义的事，也不会有一个人能克制住不拿别人的财物，如果他能在市场里不用害怕，要什么就随便拿什么，能随意穿门越户，能随意调戏妇女,能随意杀人劫狱,总之能像全能的神一样,随心所欲行动的话,到这时候,两个人的行为就会一模一样。因此我们可以说,这是一个有力的证据,证明没有人把正义当成是对自己的好事,心甘情愿去实行,做正义事是勉强的。在任何场合之下,一个

D 人只要能干坏事,他总会去干的。大家一目了然,从不正义那里比从正义那里个人能得到更多的利益。每个相信这点的人却能振振有词,说出一大套道理来。如果谁有了权而不为非作歹,不夺人钱财,那他就要被人当成天下第一号的傻瓜,虽然当着他的面人家还是称赞他——人们因为怕吃亏,老是这么互相欺骗着。这一点暂且说到这里。

E 如果我们把最正义的生活跟最不正义的生活作一番对照,我们就能够对这两种生活作出正确的评价。怎样才能清楚地对照呢?这么办:我们不从不正义者身上减少不正义,也不从正义者身上减少正义,而让他们各行其是,各尽其能。

首先,我们让不正义之人像个有专门技术的人,例如最好的舵

361 手或最好的医生那样行动,在他的技术范围之内,他能辨别什么是可能的,什么是不可能的,取其可能而弃其不可能。即使偶尔出了差错,他也能补救。那就等着瞧吧!他会把坏事干得不漏一点儿马脚,谁也不能发觉。如果他被人抓住,我们就必须把他看作一个蹩脚的货色。不正义的最高境界就是嘴上仁义道德,肚子里男盗女娼。所以我们对一个完全不正义的人应该给他完全的不正义,

B 一点儿不能打折扣;我们还要给坏事做绝的人最最正义的好名声;假使他出了破绽,也要给他补救的能力。如果他干的坏事遭到谴责,让他能鼓起如簧之舌,说服人家。如果需要动武,他有的是勇

气和实力,也有的是财势和朋党。

在这个不正义者的旁边,让我们按照理论树立一个正义者的形象:朴素正直,就像诗人埃斯库洛斯所说的"一个不是看上去好,而是真正好的人"。因此我们必须把他的这个"看上去"去掉。因为,如果大家把他看作正义的人,他就因此有名有利。在这种情况下,我们就搞不清楚他究竟是为正义而正义,还是为名利而正义了。所以我们必须排除他身上的一切表象,光剩下正义本身,来跟前面说过的那个假好人真坏人对立起来。让他不做坏事而有大逆不道之名,这样正义本身才可以受到考验。虽然国人皆曰可杀,他仍正义凛然,鞠躬殉道,死而后已;他甘冒天下之大不韪,坚持正义,终生不渝。这样让正义和不正义各趋极端,我们就好判别两者之中哪一种更幸福了。

苏:老天爷保佑!我亲爱的格劳孔,你花了多大的努力塑造琢磨出这一对人像呀,它们简直像参加比赛的一对雕塑艺术品一样啦。

格:我尽心力而为,总算弄出来了。我想,如果这是两者的本质,接下来讨论两种生活的前途就容易了。所以我必得接着往下讲。如果我说话粗野,苏格拉底,你可别以为是我在讲,你得以为那是颂扬不正义贬抑正义的人在讲。他们会这样说:正义的人在那种情况下,将受到拷打折磨,戴着镣铐,烧瞎眼睛,受尽各种痛苦,最后他将被钉在十字架上。死到临头他才体会到一个人不应该做真正义的人,而应该做一个假正义的人。埃斯库洛斯的诗句似乎更适用于不正义的人。人们说不正义的人倒真的是务求实际,不慕虚名的人——他不要做伪君子,而要做真实的人,

> 他的心田肥沃而深厚；
> 老谋深算从这里长出，
> 精明主意生自这心头。①

他由于有正义之名，首先要做官，要统治国家；其次他要同他所看中的世家之女结婚，又要让子女同他所中意的任何世家联姻；他还想要同任何合适的人合伙经商，并且在所有这些事情中，捞取种种好处，因为他没有怕人家说他不正义的顾忌。人们认为，如果进行诉讼，不论公事私事，不正义者总能胜诉，他就这样长袖善舞，越来越富。他能使朋友得利，敌人受害。他祀奉诸神，排场体面，祭品丰盛。不论敬神待人，只要他愿意，总比正义的人搞得高明得多。这样神明理所当然对他要比对正义者多加照顾。所以人们会说，苏格拉底呀！诸神也罢，众人也罢，他们给不正义者安排的生活要比给正义者安排的好得多。

〔苏：格劳孔说完了，我心里正想说几句话，但他的兄弟阿得曼托斯插了进来。〕

阿：苏格拉底，当然你不会认为这个问题已经说透彻了吧！

苏：还有什么要讲的吗？

阿：最该讲的事偏偏还只字未提呢。

苏：我明白了。常言道："兄弟一条心！"他漏了什么没讲，你就帮他补上。虽然对我来说，他所讲的已经足够把我打倒在地，使我想要支援正义也爱莫能助了。

阿：废话少说，听我继续讲下去。我们必须把人家赞扬正义批

---

① 见埃斯库洛斯悲剧《七将攻忒拜》574。

判不正义的观点统统理出来。据我看,这样才能把格劳孔的意思弄得更清楚。做父亲的告诉儿子,一切负有教育责任的人们都谆谆告诫:为人必须正义。但是他们的谆谆告诫也并不颂扬正义本身,而只颂扬来自正义的好名声。因为只要有了这个好名声,他就可以身居高位,通婚世族,得到刚才格劳孔所讲的一个不正义者从好名声中能获得的种种好处。关于好名声的问题,人们还讲了许多话。例如他们把人的好名声跟诸神联系起来,说诸神会把一大堆好东西赏赐给虔诚的人们。举诗人赫西俄德和荷马的话为例,前者说诸神使橡树为正义的人开花结实:

树梢结橡子,树间蜜蜂鸣,
树下有绵羊,羊群如白云。①

他说正义者还有其他诸如此类的赏心乐事。荷马说的不约而同:

英明君王,敬畏诸神,
高举正义,五谷丰登,
大地肥沃,果枝沉沉,
海多鱼类,羊群繁殖。②

默塞俄斯和他的儿子在诗歌中歌颂诸神赐福正义的人,说得更妙。他们说诸神引导正义的人们来到冥界,设筵款待,请他们斜倚长榻,头戴花冠,一觞一咏,以消永日。似乎美德最好的报酬,就

---

① 赫西俄德《工作与时日》232 以下。
② 《奥德赛》XIX 109 以下。

是醉酒作乐而已。还有其他的人说,上苍对美德的恩赐荫及后代。他们说虔信诸神和信守誓言的人多子多孙,绵延百代。他们把渎神和不正义的人埋在阴间的泥土中,还强迫他们用篮子取水:劳而无功;使不正义的人在世的时候,就得到恶名,遭受到格劳孔所列举的,当一个正义者被看成不正义者时所受的同样的惩罚。关于不正义之人,诗人所讲的只此而已,别无其他。关于对正义者与不正义者的赞扬和非难之论,就说这么多吧!

此外,苏格拉底呀!请你再考虑诗人和其他的人关于正义和不正义的另外一种说法。他们大家异口同声反复指出节制和正义固然美,但是艰苦。纵欲和不正义则愉快,容易,他们说指责不正义为寡廉鲜耻,不过流俗之见一番空论罢了。他们说不正义通常比正义有利。他们庆贺有钱有势的坏人有福气,不论当众或私下里,心甘情愿尊敬这些人。他们对于穷人弱者,总是欺侮藐视,虽然他们心里明白贫弱者比这些人要好得多。在这些事情当中,最叫人吃惊的是,他们对于诸神与美德的说法。他们说诸神显然给许多好人以不幸的遭遇和多灾多难的一生,而给许多坏人以种种的幸福。求乞祭司和江湖巫人,奔走富家之门,游说主人,要他们相信:如果他们或他们的祖先作了孽,用献祭和符咒的方法,他们可以得到诸神的赐福,用乐神的赛会能消灾赎罪;如果要伤害敌人,只要花一点小费,念几道符咒,读几篇咒文,就能驱神役鬼,为他们效力,伤害无论不正义者还是正义者。他们还引用诗篇为此作证,诗里描写了为恶的轻易和恶人的富足,

名利多作恶,举步可登程,

> 恶路且平坦,为善苦登攀。①

以及从善者的路程遥远又多险阻。还有的人引用荷马诗来证明凡人诱惑诸神,因为荷马说过:

> 众人获罪莫担心,逢年过节来祭神,
> 香烟缭绕牺牲供,诸神开颜保太平。②

他们发行一大堆默塞俄斯与俄尔甫斯的书籍。据他们说,默塞俄斯与俄尔甫斯是月神和文艺女神的后裔。他们用这些书里规定的仪式祭祀被除,让国家和私人都相信,如果犯下了罪孽,可以用祭享和赛会为生者赎罪。可以用特有的仪式使死者在阴间得到赦免。谁要是轻忽祭祀享神,那就永世不得超生。

亲爱的朋友苏格拉底呀!他们所讲的关于神和人共同关心的善恶的种种宏旨高论,对于听者,特别是对那些比较聪明,能够从道听途说中进行推理的年轻人,对他们的心灵会有什么影响呢?他们能从这些高论中得出结论,知道走什么样路,做什么样人,才能使自己一生过得最有意义吗?这种年轻人多半会用品达的问题来问他们自己:"是用堂堂正义,还是靠阴谋诡计来步步高升,安身立命,度过一生?"要做一个正义的人,除非我只是徒有正义之名,否则就是自找苦吃。反之,如果我并不正义,却已因挣得正义者之名,就能有天大的福气!既然智者们告诉我,"貌似"远胜"真是",而且是幸福的关键。我何不全力以赴追求假象。我最好躲在灿烂

---

① 赫西俄德《工作与时日》287—299。
② 《伊利亚特》Ⅸ 497 以下。柏拉图引文与现行史诗有出入。

庄严的门墙后面,带着最有智慧的阿尔赫洛霍斯所描写的狡猾贪婪的狐狸。有人说,干坏事而不被发觉很不容易。啊!普天之下,又有哪一件伟大的事情是容易的?无论如何,想要幸福只此一途。因为所有论证的结果都是指向这条道路。为了一切保密,我们拉宗派、搞集团;有辩论大师教我们讲话的艺术,向议会法庭作演说,硬逼软求,这样,我们可以尽得好处而不受惩罚。有人说,对于诸神,既不能骗,又不能逼。怎么不能?假定没有神,或者有神而神不关心人间的事情,那么做了坏事被神发觉也无所谓。假定有神,神又确实关心我们,那我们所知道的关于神的一切,也都是从故事和诗人们描述的神谱里来的。那里也同时告诉我们,祭祀、祷告、奉献祭品,就可以把诸神收买过来。对于诗人们的话,要么全信,要么全不信。如果我们信了,那我们就放手去干坏事,然后拿出一部分不义之财来设祭献神。如果我们是正义的,诸神当然不会惩罚我们,不过我们得拒绝不正义的利益。如果我们是不正义的,我们保住既得利益,犯罪以后向诸神祷告求情,最后还是安然无恙。有人说:不错,但是到来世,还是恶有恶报,报应在自己身上,或者在子孙身上。但是精明会算的先生们这样说:没关系,我们这里有灵验的特种仪式和一心赦罪的诸神,威名远扬的城邦都是这样宣布的。我们还有诸神之子,就是诗人和神的代言人,所有关于真理的消息都是这些智者透露给我们的。

那么,还有什么理由让我们去选择正义,而舍弃极端的不正义呢?如果我们把正义只拿来装装门面,做出道貌岸然的样子,我们生前死后,对人对神就会左右逢源,无往而不利。这个道理,普通人和第一流的权威都是这么说的。根据上面说的这些,苏格拉底呀,怎么可能说服一个有聪明才智、有财富、有体力、有门第的人,叫他来尊重正义?这种人对于任何赞扬正义的说法,都只会嘲笑而已。照这么看,假如有人指出我们所说过的一切都是错的,假如有人真是心悦诚服地相信正义确是最善,那么他对于不正义者也会认为情有可原。他不会恼怒他们。因为他晓得,没有一个人真正心甘情愿实践正义的。除非那种生性刚正、嫉恶如仇,或者因学而知的人,才懂得为什么要存善去恶。不然就是因为怯懦、老迈或者其他缺点使他反对作恶——因为他实在没有力量作恶。这点再明白也没有了。这种人谁头一个掌权,谁就头一个尽量作恶,唯一的原因就是我跟我的朋友刚开始所讲的。我们对你说:苏格拉底呀!这事说来也怪,你们自命为正义的歌颂者。可是,从古代载入史册的英雄起,一直到近代的普通人,没有一个人真正歌颂正义,谴责不正义,就是肯歌颂正义或谴责不正义,也不外乎是从名声、荣誉、利禄这些方面来说的。至于正义或不正义本身是什么?它们本身的力量何在?它们在人的心灵上,当神所不知,人所不见的时候,起什么作用?在诗歌里,或者私下谈话里,都没有人好好地描写过,没有人曾经指出过,不正义是心灵本身最大的丑恶,正义是最大的美德。要是一上来大家就这么说,从我们年轻时候起,就这样来说服我们,我们就用不着彼此间提防,每个人就都是自己最好的护卫者了。因为每个人都怕干坏事,怕在自己身上出现最大的丑恶。苏格拉底呀!关于正义和不正义,色拉叙马霍斯和其他的人毫无疑问是会说这些话的,甚至还要过头一点呢!这种说法,在我看来,其实是把正义和不正义的真实价值颠倒过来了。至于我个人,坦白地说,为了想听听你的反驳,我已经尽我所能,把问题说得清楚。你可别仅仅论证一下正义高于不正义就算了事,你一定得讲清楚,正义和不正义本身对它的所有者,有什么好处,有什么坏处。正如格劳孔所提出的,把两者的名丢掉。因为如果你不把双方真的名声去掉,而加上假的名声,我们就要说你所称赞的不是正义而是正义的外表。你所谴责的不是不正义,而是不正义的外表。你不过是劝不正义者不要让人发觉而已。我们就会认为你和色拉叙马霍斯的想法一致。正义是别人的好处,强者的利益,而不正义是对自己的利益,对弱者的祸害。你认为正义是至善之一,是世上最好的东西之一。那些所谓最好的东西,就是指不仅它们的结果好,尤其指它们本身好。比如视力、听力、智力、健康,以及其他德性,靠的是自己的本质而不是靠虚名,我要你赞扬的正义就是指这个——正义本身赐福于其所有者;不正义本身则贻祸于其所有者。尽管让别人去赞扬浮名实利吧。我可以从别人那里,但不能从你这里接受这种颂扬正义,谴责不正义的说法,接受这种赞美或嘲笑名誉、报酬的说法,除非你命令我这样做,因为你是毕生专心致志研究这个问题的人。我请你在辩论中不要仅仅证明正义高于不正义;你要证明二者本身各是什么?它们对于其所有者各起了什么广泛深入的作用,使得前者成其为善,后者成其为恶——不管神与人是否觉察。

苏:〔我对于格劳孔和阿得曼托斯的天赋才能向来钦佩。不过我从来没有像今天听他们讲了这些话以后这样高兴。我说:〕贤昆仲不愧为名父之子,格劳孔的好朋友曾经写过一首诗,歌颂你们在麦加拉战役中的赫赫战功,那首诗的开头两句在我看来非常恰当。

名门之子,父名"至善",①

---

① 阿里斯同是格劳孔和阿得曼托斯的父亲。"阿里斯同"希腊文原意是"最好"。

难兄难弟，名不虚传。

你们既然不肯相信不正义比正义好，而同时又为不正义辩护得这么头头是道。这其间必有神助。我觉得你们实在不相信自己说的那一套，我是从你们的品格上判断出来的。要是单单听你们的辩证，我是会怀疑的。但是我越相信你们，我越不知道该怎么办是好。我不晓得怎么来帮你们。老实说，我确实没有这个能力。我对色拉叙马霍斯所说的一番话，我认为已经证明正义优于不正义了，可你们不肯接受。我真不知道怎么来拒绝给你们帮助。如果正义遭人诽谤，而我一息尚存有口能辩，却袖手旁观不上来帮助，这对我来说，恐怕是一种罪恶，是奇耻大辱。看起来，我挺身而起保卫正义才是上策。

〔格劳孔和其余的人央求我不能撒手，无论如何要帮个忙，不要放弃这个辩论。他们央求我穷根究底弄清楚二者的本质究竟是什么，二者的真正利益又是什么？于是，我就所想到的说了一番；〕我们现在进行的这个探讨非比寻常，在我看来，需要有敏锐的目光。可是既然我们并不聪明，我想最好还是进行下面这种探讨。假定我们视力不好，人家要我们读远处写着的小字，正在这时候有人发现别处用大字写着同样的字，那我们可就交了好运了，我们就可以先读大字后读小字，再看看它们是不是一样。

阿：说得不错，但是这跟探讨正义有什么相似之处？

苏：我来告诉你：我想我们可以说，有个人的正义，也有整个城邦的正义。

阿：当然。

苏:好！一个城邦是不是比一个人大？

阿:大得多！

苏:那么也许在大的东西里面有较多的正义,也就更容易理解。如果你愿意的话,让我们先探讨在城邦里正义是什么,然后在个别人身上考察它,这叫由大见小。

阿:这倒是个好主意。

苏:如果我们能想象一个城邦的成长,我们也就能看到那里正义和不正义的成长,是不是？

阿:可能是这样。

苏:要是做到了这点,我们就有希望轻而易举地看到我们所要追寻的东西。

阿:不错,希望很大。

苏:那么,我们要不要着手进行？我觉得这件事非同小可,你可要仔细想想。

阿:我们已经考虑过了。干吧！不要再犹豫了。

苏:那么很好。在我看来,之所以要建立一个城邦,是因为我们每一个人不能单靠自己达到自足,我们需要许多东西。你们还能想到什么别的建立城邦的理由吗？

阿:没有。

苏:因此我们每个人为了各种需要,招来各种各样的人。由于需要许多东西,我们邀集许多人住在一起,作为伙伴和助手,这个公共住宅区,我们叫它作城邦。这样说对吗？

阿:当然对。

苏:那么一个人分一点东西给别人,或者从别的人那里拿来一点东西,每个人却觉得这样有进有出对他自己有好处。

阿:是的。

苏:那就让我们从头设想,来建立一个城邦,看看一个城邦的创建人需要些什么。

阿:好的。

苏:首先,最重要的是粮食,有了它才能生存。

阿:毫无疑问。

苏:第二是住房,第三是衣服,以及其他等等。

阿:理所当然。

苏:接着要问的是:我们的城邦怎么才能充分供应这些东西?那里要不要有一个农夫、一个瓦匠、一个纺织工人?要不要再加一个鞋匠或者别的照料身体需要的人?

阿:当然。

苏:那么最小的城邦起码要有四到五个人。

阿:显然是的。

苏:接下来怎么样呢?是不是每一个成员要把各自的工作贡献给公众——我的意思是说,农夫要为四个人准备粮食,他要花四倍的时间和劳力准备粮食来跟其他的人共享呢?还是不管别人,只为他自己准备粮食——花四分之一的时间,生产自己的一份粮食,把其余四分之三的时间,一份花在造房子上,一份花在做衣服上,一份花在做鞋子上,免得同人家交换,各自为我,只顾自己的需要呢?

阿:恐怕第一种办法便当,苏格拉底。

苏:上天作证,这是一点儿也不奇怪的。你刚说这话,我就想

B 到我们大家并不是生下来都一样的。各人性格不同,适合于不同的工作。你说是不是?

阿:是的。

苏:那么是一个人干几种手艺好呢,还是一个人单搞一种手艺好呢?

阿:一人单搞一种手艺好。

苏:其次,我认为有一点儿很清楚——一个人不论干什么事,失掉恰当的时节有利的时机就会前功尽弃。

阿:不错,这点很清楚。

苏:我想,一件工作不是等工人有空了再慢慢去搞的;相反,是
C 工人应该全心全意当作主要任务来抓的,是不能随随便便,马虎从事的。

阿:必须这样。

苏:这样,只要每个人在恰当的时候干适合他性格的工作,放弃其他的事情,专搞一行,这样就会每种东西都生产得又多又好。

阿:对极了。

苏:那么,阿得曼托斯,我们就需要更多的公民,要超过四个人
D 来供应我们所说的一切了。农夫似乎造不出他用的犁头——如果要的是一张好犁的话,也不能制造他的锄头和其他耕田的工具。建筑工人也是这样,他也需要许多其他的人。织布工人、鞋匠都不例外。

阿:是的。

苏:那么木匠铁匠和许多别的匠人就要成为我们小城邦的成员,小城邦就更扩大起来了。

阿:当然。

苏:但这样也不能算很大。就说我们再加上放牛的、牧羊的和养其他牲口的人吧。这样可使农夫有牛拉犁,建筑工人和农夫有牲口替他们运输东西,纺织工人和鞋匠有羊毛和皮革可用。

阿:假定这些都有了,这个城邦这不能算很小啦!

苏:还有一点,把城邦建立在不需要进口货物的地方,这在实际上是不可能的。

阿:确实不可能。

苏:那么它就还得有人到别的城邦去,进口所需要的东西呀。

阿:是的。

苏:但是有一点,如果我们派出的人空手而去,不带去人家所需要的东西换人家所能给的东西,那么,使者回来不也会两手空空吗?

阿:我看会是这样的。

苏:那么他们就必须不仅为本城邦生产足够的东西,还得生产在质量、数量方面,能满足为他们提供东西的外邦人需要的东西。

阿:应当如此。

苏:所以我们的城邦需要更多的农夫和更多其他的技工了。

阿:是的。

苏:我想,还需要别种助手做进出口的买卖,这就是商人。是不是?

阿:是的。

苏:因此,我们还需要商人。

阿:当然。

B　　苏:如果这个生意要到海外进行,那就还得需要另外许多懂得海外贸易的人。

阿:确实还需要许多别的人。

苏:在城邦内部,我们是如何彼此交换各人所制造的东西呢?须知这种交换产品正是我们合作建立城邦的本来目的呀。

阿:交换显然是用买和卖的办法。

苏:于是我们就会有市场,有货币作为货物交换的媒介。

阿:当然。

C　　苏:如果一个农夫或者随便哪个匠人拿着他的产品上市场去,可是想换取他产品的人还没到,那么他不是就得闲坐在市场上耽误他自己的工作吗?

阿:不会的。市场那里有人看到这种情况,就会出来专门为他服务的。在管理有方的城邦里,这是些身体最弱不能干其他工作

D 的人干的。他们就等在市场上,拿钱来跟愿意卖的人换货,再拿货来跟愿意买的人换钱。

苏:在我们的城邦里,这种需要产生了一批店老板。那些常住在市场上做买卖的人,我们叫他店老板,或者小商人。那些往来于城邦之间做买卖的人,我们称之为大商人。是不是?

阿:是的。

E　　苏:此外我认为还有别的为我们服务的人,这种人有足够的力气可以干体力劳动,但在智力方面就没有什么长处值得当我们的伙伴。这些人按一定的价格出卖劳力,这个价格就叫工资。因此毫无疑问,他们是靠工资为生的人。不知你意下如何?

阿:我同意。

苏：那么靠工资为生的人，似乎也补充到我们城邦里来了。

阿：是的。

苏：阿得曼托斯，那么我们的城邦已经成长完备了吗？

阿：也许。

苏：那么在我们城邦里，何处可以找到正义和不正义呢？在我们上面所列述的那几种人里，正义和不正义是被哪些人带进城邦来的呢？

阿：我可说不清，苏格拉底！要么那是因为各种人彼此都有某种需要。

苏：也许你的提法很对。我们必须考虑这个问题，不能退缩。首先，让我们考虑一下在做好上面种种安排以后，人们的生活方式将会是什么样子。他们不要烧饭，酿酒，缝衣，制鞋吗？他们还要造屋，一般说，夏天干活赤膊光脚，冬天穿很多衣服，着很厚的鞋子。他们用大麦片、小麦粉当粮食，煮粥，做成糕点，烙成薄饼，放在苇叶或者干净的叶子上。他们斜躺在铺着紫杉和桃金娘叶子的小床上，跟儿女们欢宴畅饮，头戴花冠，高唱颂神的赞美诗。满门团聚，其乐融融，一家数口儿女不多，免受贫困与战争。

〔这时候格劳孔插嘴说：〕

格：不要别的东西了吗？好像宴会上连一点儿调味品也不要了。

苏：真的，我把这点给忘了。他们会有调味品的，当然要有盐、橄榄、乳酪，还有乡间常煮吃的洋葱、蔬菜。我们还会给他们甜食——无花果、鹰嘴豆、豌豆，还会让他们在火上烤爱神木果、橡子吃，适可而止地喝上一点酒，就这样让他们身体健康，太太平平度过一生,然后无病而终,并把这种同样的生活再传给他们的下一代。

格:如果你是在建立一个猪的城邦,除了上面这些东西而外,你还给点什么别的饲料吗?

苏:格劳孔,你还想要什么?

格:还要一些能使生活稍微舒服一点的东西。我想,他们要有让人斜靠的睡椅,免得太累,还要有几张餐桌几个碟子和甜食等等。就像现在大家都有的那些。

苏:哦,我明白了。看来我们正在考虑的不单是一个城邦的成长,而且是一个繁华城邦的成长。这倒不见得是个坏主意。我们观察这种城邦,也许就可以看到在一个国家里,正义和不正义是怎么成长起来的。我认为真正的国家,乃是我们前面所讲述的那样——可以叫做健康的国家。如果你想研究一个发高烧的城邦也未始不可。不少人看来对刚才这个菜单或者这个生活方式并不满意。睡椅毕竟是要添置的,还要桌子和其他的家具,还要调味品、香料、香水、歌伎、蜜饯、糕饼——诸如此类的东西。我们开头所讲的那些必需的东西:房屋、衣服、鞋子,是不够了;我们还得花时间去绘画、刺绣,想方设法寻找金子、象牙以及种种诸如此类的装饰品,是不是?

格:是的。

苏:那么我们需要不需要再扩大这个城邦呢?因为那个健康的城邦还是不够,我们势必要使它再扩大一点,加进许多必要的人和物——例如各种猎人、模仿形象与色彩的艺术家,一大群搞音乐的,诗人和一大群助手——朗诵者、演员、合唱队、舞蹈队、管理员以及制造各种家具和用品的人,特别是做妇女装饰品的那些人,我们需要更多的佣人。你以为我们不需要家庭教师、奶妈、保姆、理发师、厨师吗？我们还需要牧猪奴。在我们早期的城邦里，这些人一概没有，因为用不着他们。不过，在目前这个城邦里，就有这个需要了。我们还需要大量别的牲畜作为肉食品。你说对不对？

格：对！

苏：在这样的生活方式里，我们不是比以前更需要医生吗？

格：是更需要。

苏：说起土地上的农产品来，它们以前足够供应那时所有的居民，现在不够了，太少了。你说对不对？

格：对！

苏：如果我们想要有足够大的耕地和牧场，我们势必要从邻居那儿抢一块来；而邻居如果不以所得为满足，也无限制地追求财富的话，他们势必也要夺一块我们的土地。

格：必然如此。苏格拉底。

苏：格劳孔呀！下一步，我们就要走向战争了，否则你说怎么办？

格：就是这样，要战争了。

苏：我们且不说战争造成好的或坏的结果，只说现在我们已经找到了战争的起源。战争使城邦在公私两方面遭到极大的灾难。

格：当然。

苏：那么我们需要一个更大的城邦，不是稍微大一点，而是要加上全部军队那么大，才可以抵抗和驱逐入侵之敌，保卫我们所列举的那些人民的生命和我们所有的一切财产。

格：为什么？难道为了自己，那么些人还不够吗？

苏:不够。想必你还记得,在创造城邦的时候,我们曾经一致说过,一个人不可能擅长许多种技艺的。

格:不错。

B　苏:那么好,军队打仗不是一种技艺吗?

格:肯定是一种技艺。

苏:那么我们应该注意做鞋的技艺,而不应该注意打仗的技艺吗?

格:不,不!

苏:为了把大家的鞋子做好,我们不让鞋匠去当农夫,或织工,或瓦工。同样,我们选拔其他的人,按其天赋安排职业,弃其所短,C 用其所长,让他们集中毕生精力专搞一门,精益求精,不失时机。那么,对于军事能不重视吗?还是说,军事太容易了,连农夫鞋匠和干任何别的行当的人都可以带兵打仗?就说是下棋掷骰子吧,如果只当作消遣,不从小就练习的话,也是断不能精于此道的。难D 道,在重武装战争或者其他类型的战争中,你拿起盾牌,或者其他兵器一天之内就能成为胜任作战的战士吗?须知,没有一种工具是拿到手就能使人成为有技术的工人或者斗士的,如果他不懂得怎么用工具,没有认真练习过的话。

格:这话不错,不然工具本身就成了无价之宝了。

苏:那么,如果说护卫者的工作是最重大的,他就需要有比别E 种人更多的空闲,需要有最多的知识和最多的训练。

格:我也这么想。

苏:不是还需要有适合干这一行的天赋吗?

格:当然。

苏：看来，尽可能地挑选那些有这种天赋的人来守护这个城邦乃是我们的责任。

格：那确是我们的责任。

苏：天啊！这个担子可不轻，我们要尽心尽力而为之，不可退缩。

格：对！决不可退缩。

苏：你觉得一条养得好的警犬和一个养得好的卫士，①从保卫工作来说，两者的天赋才能有什么区别吗？

格：你究竟指的什么意思？

苏：我的意思是说，两者都应该感觉敏锐，对觉察到的敌人要追得快，如果需要一决雌雄的话，要能斗得凶。

格：是的，这些品质他们都需要。

苏：如果要斗得胜的话，还必须勇敢。

格：当然。

苏：不论是马，是狗，或其他动物，要不是生气勃勃，它们能变得勇敢吗？你有没有注意到，昂扬的精神意气，是何等不可抗拒不可战胜吗？只要有了它，就可以无所畏惧，所向无敌吗？

格：是的，我注意到了。

苏：那么，护卫者在身体方面应该有什么品质，这是很清楚的。

格：是的。

苏：在心灵上他们应该意气风发，这也是很明白清楚的。

格：也是的。

---

① 希腊文"警犬"σκύλαξ 和"护卫者""卫士"φύλαξ 是谐音词。

苏:格劳孔呀! 如果他们的天赋品质是这样的,那他们怎么能避免彼此之间发生冲突,或者跟其他公民发生冲突呢?

格:天啊! 的确不容易避免。

苏:他们还应该对自己人温和,对敌人凶狠。否则,用不着敌人来消灭,他们自己就先消灭自己了。

格:真的。

苏:那我们该怎么办? 我们上哪里去找一种既温和,又刚烈的人? 这两种性格是相反的呀。

格:显然是相反的。

苏:但要是两者缺一,他就永远成不了一个好的护卫者了。看来,二者不能得兼,因此,一个好的护卫者就也是不可能有的了。

格:看来是不可能。

苏:我给闹糊涂了。不过把刚才说的重新考虑一下,我觉得我们的糊涂是咎有应得,因为我们把自己所树立的相反典型给忘掉了。

格:怎么回事?

苏:我们没有注意到,我们原先认为不能同时具有相反的两种禀赋,现在看来毕竟还是有的。

格:有? 在哪儿?

苏:可以在别的动物身上找到,特别是在我们拿来跟护卫者比拟的那种动物身上可以找到。我想你总知道喂得好的狗吧。它的脾气总是对熟人非常温和,对陌生人却恰恰相反。

格:是的,我知道。

苏:那么,事情是可能的了。我们找这样一种护卫者并不违反事物的天性。

格:看来并不违反。

苏:你是不是认为我们的护卫者,除了秉性刚烈之外,他的性格中还需要有对智慧的爱好,才能成其为护卫者?

格:怎么需要这个的? 我不明白你的意思。

苏:在狗身上你也能看到这个①。兽类能这样,真值得惊奇。

格:"这个"是什么?

苏:狗一看见陌生人就怒吠——虽然这个人并没打它;当它看见熟人,就摇尾欢迎——虽然这个人并没对它表示什么好意。这种事情,你看了从来没有觉得奇怪吗?

格:过去我从来没注意这种事情。不过,狗的行动确实是这样的,这是一目了然的。

苏:但那的确是它天性中的一种精细之处,是一种对智慧有真正爱好的表现。

格:请问你是根据什么这样想的?

苏:我这样想的根据是:狗完全凭认识与否区别敌友——不认识的是敌,认识的是友。一个动物能以知和不知辨别敌友同异,你怎么能说它不爱学习呢?

格:当然不能。

苏:你承认,爱学习和爱智慧是一回事吗?

格:是一回事。

苏:那么,在人类我们也可以有把握地这样说:如果他对自己

---

① 指:对智慧的爱好。照希腊文"哲学家"一词,意即"爱好智慧的人"。

人温和,他一定是一个天性爱学习和爱智慧的人。不是吗?

格:让我们假定如此吧。

苏:那么,我们可以在一个真正善的城邦护卫者的天性里把爱好智慧和刚烈、敏捷、有力这些品质结合起来了。

格:毫无疑问可以这样。

苏:那么,护卫者的天性基础①大概就是这样了。但是,我们的护卫者该怎样接受训练接受教育呢?我们研讨这个问题是不是可以帮助我们弄清楚整个探讨的目标呢——正义和不正义在城邦中是怎样产生的?我们要使我们的讨论既充分又不拖得太长,令人生厌。

阿(格劳孔的兄弟):是的。我希望这个探讨有助于我们一步步接近我们的目标。

苏:那么,亲爱的阿得曼托斯,我们一定不要放弃这个讨论,就是长了一点,也要耐心。

阿:对!一定不放弃。

苏:那么,让我们来讨论怎么教育这些护卫者的问题吧。我们不妨像讲故事那样从容不迫地来谈。

阿:我们是该这样做。

苏:那么,这个教育究竟是什么呢?似乎确实很难找到比我们早已发现的那种教育更好的了。这种教育就是用体操来训练身体,用音乐②来陶冶心灵。

---

① 作为后天接受教育的基础。

② 古代希腊重要的文化生活是听民间艺人弹着竖琴演说史诗故事。故"音乐"一词包括音乐、文学等义,相当于现在的"文化"一词。关于音乐的讨论一直延伸到第三卷。(《理想国》像现在这样分为十卷是柏拉图数世纪后的事情。)

阿:是的。

苏:我们开始教育,要不要先教音乐后教体操?

阿:是的。

苏:你把故事包括在音乐里,对吗?

阿:对。

苏:故事有两种,一种是真的,一种是假的,是吧?

阿:是的。

苏:我们在教育中应该两种都用,先用假的,是吗?

阿:我不理解你的意思。

苏:你不懂吗?我们对儿童先讲故事——故事从整体看是假的,但是其中也有真实。在教体操之前,我们先用故事教育孩子们。

阿:这是真的。

苏:这就是我所说的,在教体操之前先教音乐的意思。

阿:非常正确。

苏:你知道,凡事开头最重要。特别是生物。在幼小柔嫩的阶段,最容易接受陶冶,你要把它塑成什么形式,就能塑成什么形式。

阿:一点不错。

苏:那么,我们应不应该放任地让儿童听不相干的人讲不相干的故事,让他们的心灵接受许多我们认为他们在成年之后不应该有的那些见解呢?

阿:绝对不应该。

苏:那么看来,我们首先要审查故事的编者,接受他们编得好的故事,而拒绝那些编得坏的故事。我们鼓励母亲和保姆给孩子们讲那些已经审定的故事,用这些故事铸造他们的心灵,比用手去塑造他们的身体①还要仔细。他们现在所讲的故事大多数我们必须抛弃。

阿:你指的哪一类故事?

苏:故事也能大中见小,因为我想,故事不论大小,类型总是一样的,影响也总是一样的,你看是不是?

阿:是的,但是我不知道所谓大的故事是指的哪些?

苏:指赫西俄德和荷马以及其他诗人所讲的那些故事。须知,我们曾经听讲过,现在还在听讲着他们所编的那些假故事。

阿:你指的哪一类故事?这里面你发现了什么毛病?

苏:首先必须痛加谴责的,是丑恶的假故事。

阿:这指什么?

苏:一个人没有能用言辞描绘出诸神与英雄的真正本性来,就等于一个画家没有画出他所要画的对象来一样。

阿:这些是应该谴责的。但是,有什么例子可以拿出来说明问题的?

苏:首先,最荒唐莫过于把最伟大的神描写得丑恶不堪。如赫西俄德描述的乌拉诺斯的行为,以及克罗诺斯对他的报复行为②,还有描述克罗诺斯的所作所为和他的儿子对他的行为,这些故事都属此类。即使这些事是真的,我认为也不应该随便讲给天真单纯的年轻人听。这些故事最好闭口不谈。如果非讲不可的话,也

---

① 当时托儿所里采用的一种按摩推拿之类的保育方法。
② 赫西俄德《神谱》154,459。

只能许可极少数人听，并须秘密宣誓，先行献牲，然后听讲，而且献的牲还不是一只猪，而是一种难以弄到的庞然大物。为的是使能听到这种故事的人尽可能地少。

阿：啊！这种故事真是难说。

苏：阿得曼托斯呀！在我们城邦里不应该多讲这类故事。一个年轻人不应该听了故事得到这样一种想法：对一个大逆不道，甚至想尽方法来严惩犯了错误的父亲的人也不要大惊小怪，因为他不过是仿效了最伟大的头号天神的做法而已。

阿：天哪！我个人认为这种事情是不应该讲的。

苏：绝不该让年轻人听到诸神之间明争暗斗的事情（因为这不是真的）。如果我们希望将来的保卫者，把彼此钩心斗角、耍弄阴谋诡计当作奇耻大辱的话。我们更不应该把诸神或巨人之间的争斗，把诸神与英雄们对亲友的种种怨仇作为故事和刺绣的题材。如果我们能使年轻人相信城邦的公民之间从来没有任何争执——如果有的话，便是犯罪——老爷爷、老奶奶应该对孩子们从小就这样说，等他们长大一点还这样说，我们还必须强迫诗人按照这个意思去写作。关于赫拉如何被儿子绑了起来以及赫淮斯托斯见母亲挨打，他去援救的时候，如何被他的父亲从天上摔到地下的话[①]，还有荷马所描述的诸神间的战争等等，作为寓言来讲也罢，不作为寓言来讲也罢，无论如何不该让它们混进我们城邦里来。因为年轻人分辨不出什么是寓言，什么不是寓言。先入为主，早年接受的见解总是根深蒂固不容易更改的。因此我们要特别注意，为了培

---

① 《伊利亚特》Ⅰ 586 以下。

养美德,儿童们最初听到的应该是最优美高尚的故事。

阿:是的,很有道理。但是如果人家要我们明确说出这些故事指的哪些?我们该举出哪些来呢?

苏:我亲爱的阿得曼托斯啊!你我都不是作为诗人而是作为城邦的缔造者在这里发言的。缔造者应当知道,诗人应该按照什么路子写作他们的故事,不许他写出不合规范的东西,但不要求自己动手写作。

阿:很对。但,就是这个东西——故事里描写诸神的正确的路子或标准应该是什么样的呢?

苏:大致是这样的:应该写出神之所以为神,即神的本质来。无论在史诗、抒情诗,或悲剧诗里,都应该这样描写。

阿:是的,应该这样描写。

苏:神不肯定是实在善的吗?故事不应该永远把他们描写成善的吗?

阿:当然应该。

苏:其次,没有任何善的东西是有害的,是吧?

阿:我想是的。

苏:无害的东西会干什么坏事吗?

阿:啊,不会的。

苏:不干坏事的东西会作恶吗?

阿:绝对不会。

苏:不作恶的东西会成为任何恶的原因吗?

阿:那怎么会呢?

苏:好,那么善的东西是有益的?

阿:是的。

苏:因此是好事的原因吗?

阿:是的。

苏:因此,善者并不是一切事物的原因,只是好的事物的原因,不是坏的事物的原因。

阿:完全是这样。

苏:因此,神既然是善者,它也就不会是一切事物的原因——像许多人所说的那样。对人类来说,神只是少数几种事物的原因,而不是多数事物的原因。我们人世上好的事物比坏的事物少得多,而好事物的原因只能是神。至于坏事物的原因,我们必须到别处去找,不能在神那儿找。

阿:你说的话,在我看来再正确不过了。

苏:那么我们就不能接受荷马或其他诗人关于诸神的那种错误说法了。例如荷马在下面的诗里说:①

> 宙斯大堂上,并立两铜壶。
> 壶中盛命运,吉凶各悬殊。
> 宙斯混吉凶,随意赐凡夫。

当宙斯把混合的命运赐给哪个人,那个人就——

> 时而遭灾难,时而得幸福。

当宙斯不把吉凶相混,单赐坏运给一个人时,就——

> 饥饿逼其人,飘泊无尽途。

---

① 《伊利亚特》XXIV 527—532。这里引文与现行史诗原文略有出入。

E　我们也不要去相信那种宙斯支配命运的说法：

　　　　祸福变万端，宙斯实主之。

如果有人说，潘德罗斯违背誓言①，破坏停战，是由于雅典娜和宙斯的怂恿，我绝不能同意。我们也不能同意诸神之间的争执和分裂是由于宙斯和泰米斯②作弄的说法。我们也不能让年轻人听到像埃斯库洛斯所说的③：

　　　　天欲毁巨室，降灾群氓间。

如果诗人们描写尼俄珀的悲痛——埃斯库洛斯曾用抑扬格诗描写过——或者描写佩洛匹达的故事、特洛伊战争的事迹，以及别的传说，我们一定要禁止他们把这些痛苦说成是神的意旨。如果要这么说，一定要他们举出这样说的理由，像我们正在努力寻找的一
B　样——他们应该宣称神做了一件合乎正义的好事，使那些人从惩罚中得到益处。我们无论如何不能让诗人把被惩罚者的生活形容得悲惨，说是神要他们这样的。但是我们可以让诗人这样说：坏人日子难过，因为他们该受惩罚。神是为了要他们好，才惩罚他们的。假使有人说，神虽然本身是善的，可是却产生了恶。对于这种谎言，必须迎头痛击。假使这个城邦要统治得好的话，更不应该让任何
C　人，不论他是老是少，听到这种故事（不论故事是有韵的还是没有韵的）。讲这种话是渎神的，对我们有害的，并且理论上是自相矛盾的。

阿：我跟你一道投票赞成这条法律。我很喜欢它。

----

① 《伊利亚特》Ⅳ 69 以下。
② 希腊神话中代表法律的女神。
③ 埃斯库洛斯，轶诗 160。

苏:很好。这将成为我们关于诸神的法律之一,若干标准之一。故事要在这个标准下说,诗要在这个标准下写——神是善的原因,而不是一切事物之因。

阿:这样说算是说到家了。

苏:那么,其次,你认为神是一个魔术师吗?他能按自己的意图在不同的时间显示出不同的形象来吗?他能有时变换外貌,乔装打扮惑世欺人吗?还是说,神是单一的,始终不失他本相的呢?

阿:我一下子答不上来。

苏:那么好好想想吧。任何事物一离开它的本相,它不就要(或被自己或被其他事物)改变吗?

阿:这是必然的。

苏:事物处于最好的状况下,最不容易被别的事物所改变或影响,例如,身体之受饮食、劳累的影响,植物之受阳光、风、雨等等的影响——最健康、最强壮者、最不容易被改变。不是吗?

阿:怎么不是呢?

苏:心灵不也是这样的吗?最勇敢、最智慧的心灵最不容易被任何外界的影响所干扰或改变。

阿:是的。

苏:根据类推,那些制成的东西也肯定是这样的了。——家具、房屋、衣服,如果做得很好很牢,也最不容易受时间或其他因素的影响。

阿:的确是这样。

苏:那么万事万物都是这样的了。——任何事物处于最好状况之下(不管是天然的状况最好,还是人为的状况最好,或者两种状况都最好），是最不容易被别的东西所改变的。

阿：看来是这样。

苏：神和一切属于神的事物，无论如何都肯定是处于不能再好的状态下。

阿：当然。

苏：因此看来，神是绝对不能有许多形象的。

阿：确实不可能的。

苏：但是，神能变形，即自己改变自己吗？

阿：如果他能被改变，显然是能自己改变自己的。

苏：那么他把自己变美变好呢，还是变丑变坏呢？

阿：如果变，他一定是变坏。因为我们定然不能说神在美和善方面是有欠缺的。

苏：你说得对极了。如果这样尽善尽美，阿得曼托斯，你想想看，无论是哪一个神或哪一个人，他会自愿把自己变坏一点点吗？

阿：不可能的。

苏：那么，一个神想要改变他自己，看来是连这样一种愿望也不可能有的了。看来还是：神和人都尽善尽美，永远停留在自己单一的既定形式之中。

阿：我认为这是一个必然的结论。

苏：那么，我的高明的朋友啊！不许任何诗人这样对我们说：

　　诸神乔装来异乡，
　　变形幻影访城邦。①

----

① 《奥德赛》XVII 485—486。

也不许任何人讲关于普罗图斯和塞蒂斯的谎话,也不许在任何悲剧和诗篇里,把赫拉带来,扮作尼姑,为

　　　阿尔戈斯的伊纳霍斯河的赐予生命的孩子们　　　　E

挨门募化,我们不需要诸如此类的谎言。做母亲的也不要被这些谎言所欺骗,对孩子们讲那些荒唐故事,说什么诸神在夜里游荡,假装成远方来的异客。我们不让她们亵渎神明,还把孩子吓得胆战心惊,变成懦夫。

阿:绝不许这样。

苏:既然诸神是不能改变的,难道他们能给我们幻象,让我们看到他们在光怪陆离的形式之中吗?

阿:也许如此。

苏:什么?难道神明会愿意说谎欺骗,在言行上对我们玩弄玄虚吗?

阿:我不知道。

苏:你难道不懂:真的谎言——如果这话能成立[①]——是所有的神和人都憎恶的吗?

阿:你说的是什么意思?

苏:我的意思是说:谎言乃是一种不论谁在自身最重要的部分[②]——在最重要的利害关系上——都最不愿意接受的东西,是不论谁都最害怕它存在在那里的。

阿:我还是不懂。

[①] "真"和"假"(谎言)是对立的。

[②] 在心灵上。

苏：这是因为你以为我的话有什么重要含义。其实，我的意思只是：上当受骗，对真相一无所知，在自己心灵上一直保留着假象——这是任何人都最不愿意最深恶痛绝的。

阿：确实如此。

苏：但是，受骗者把心灵上的无知说成是非常真的谎言（如我刚才所做的）肯定是完全正确的。因为嘴上讲的谎言只不过是心灵状态的一个摹本，是派生的，仅仅是形象而不是欺骗本身和真的谎言。对吗？

阿：很对。

苏：那么，真的谎言是不论神还是人都深恶痛绝的。

阿：我也这么认为了。

苏：不过，语言上的谎言怎么样？什么时候可以用，对谁可用，所以人家对它才不讨厌的？对敌人不是可用吗？在我们称之为朋友的那些人中间，当他们有人得了疯病，或者胡闹，要做坏事，谎言作为一种药物不也变得有用了，可以用来防止他们作恶吗？在我们刚才的讨论中所提到的故事里，我们尽量以假乱真，是由于我们不知道古代事情的真相，要利用假的传说达到训导的目的。

阿：当然要这样。

苏：那么在什么情况下，谎言能对神有用？会不会因为他们也不知道古代的事情，因此要把假的弄得像真的一样呢？

阿：啊，这是一个荒唐的想法。

苏：那么，神之间没有一个说假话的诗人吧？

阿：我想不会有。

苏：那么他会因为害怕敌人而说假话吗？

阿:绝对不会。

苏:会因为朋友的疯狂和胡闹而说假话吗?

阿:不会,神是没有疯狂和胡闹的朋友的。

苏:那么,神不存在说谎的动机。

阿:不存在。

苏:因此,有一切理由说,心灵和神性都和虚伪无缘。

阿:毫无疑问。

苏:因此,神在言行方面都是单一的、真实的,他是不会改变自己,也不会白日送兆,夜间入梦,玩这些把戏来欺骗世人的。

阿:听你讲了以后,我自己也这样认为。

苏:那么你同意不同意这第二个标准:讲故事、写诗歌谈到神的时候,应当不把他们描写成随时变形的魔术师,在言行方面,他们不是那种用谎言引导我们走上歧途去的角色?

阿:我同意。

苏:那么,在荷马的作品里,虽然许多东西值得我们赞美,可是有一件事是我们不能称赞的,这就是宙斯托梦给阿伽门农的说法①;我们也不能赞美埃斯库洛斯的一段诗,他说,塞蒂斯②告诉大家,在伊结婚时,阿波罗曾唱过如下的歌:

> 多福多寿,子孙昌盛,
> 敬畏命运,大亨以正。
> 当众宣告,胜利功成。

----

① 《伊利亚特》Ⅱ,1—34。
② 埃斯库洛斯,残诗350。

她曾对大家说:

> 出于阿波罗之神口,预言谆谆。
>
> 不欺不诈,信以为真。
>
> 孰知杀吾儿者,竟是此神。
>
> 神而若此,天道宁论。

C 任何诗人说这种话诽谤诸神,我们都将生气,不让他们组织歌舞队演出,也不让学校教师用他们的诗来教育年轻人,如果要使未来的城邦护卫者在人性许可的范围内,成为敬畏神明的人的话。

阿:无论如何要这样。我同意你这两个标准,我愿意把它们当作法律。

第 三 卷

苏：关于神的看法，大致就如上所说。为了使我们的护卫者敬神明，孝父母，重视彼此朋友间的友谊，有些故事应当从小就讲给他们听，有些故事就不应该讲给他们听。

阿：我也这样认为，我觉得我们的看法是对的。

苏：那么，其次是什么？如果要他们勇敢，我们不能就此为止。我们要不要用正确的说法教育他们，使他们不要怕死？你以为一个人心里怕死能勇敢吗？

阿：当然不能。

苏：如果一个人相信地狱是确实存在的而且非常可怕，他能不怕死，打仗的时候能宁死不屈不做奴隶吗？

阿：不能。

苏：看来我们对于写作这些故事的人，应该加以监督，要求他们称赞地狱生活，不要信口雌黄，把它说得一无是处。因为他们所讲的既不真实，对于未来的战士又是有害无益的。

阿：应该监督他们这样做。

苏：那么，让我们从史诗开始，删去下面几节：

  宁愿活在人世做奴隶啊
    跟着一个不算富裕的主人，

> 不愿在黄泉之下啊
> 统帅鬼魂。①

其次，

> 他担心对凡人和天神
> 暴露了冥府的情景：
> 阴暗、凄惨，连不死的神
> 看了也触目心惊。②

其次，

> 九泉之下虽有游魂幻影，
> 奈何已无知识。③

其次，

> 独他还有智慧知识，别人不过幻形阴影，
> 来去飘忽不定。④

---

① 诗见《奥德赛》XI 489—491。奥德修斯游地府看见阿克琉斯的鬼魂时，对他说了些安慰的话，称赞他死后还是英雄。阿克琉斯却表示了好死不如赖活的想法。

② 《伊利亚特》XX 64。神分成两派，一派站在希腊人一边，一派站在特洛伊人一边。诸神亲自参战，以致山摇地震，吓坏了冥王哈得斯，他担心地面震裂，让人和神看到了阴间的恐怖情景。

③ 阿克琉斯梦见好友派特罗克洛斯的鬼魂，想去拥抱他。但鬼魂的阴影避开了。阿克琉斯发出了感叹。见《伊利亚特》XXIII 103。

④ 古希腊人认为，人死了便不再知道人世的事，连亲人都不认识。只有受祭吃了牺牲的血时才认识还活着的人。

女神刻尔吉叫奥德修斯去地府向先知泰瑞西阿的鬼魂打听自己的前程。据她说，这位先知虽然死了，冥府王后波塞芳妮让他仍然保持着先知的智慧。见《奥德赛》X 495。

其次，

> 魂灵儿离开了躯体，他飞往哈得斯的宫殿，
> 　一路痛哭着命运的不幸，把青春和刚气
> 　一起抛闪。①

其次，

> 魂飞声咽，去如烟云。②

其次，

> 如危岩千窟中，蝙蝠成群，
> 　有一失足落地，其余惊叫飞起：
> 黄泉鬼魂熙攘，啾啾来去飞鸣。③

如果我们删去这些诗句，我们请求荷马不要见怪。我们并不否认这些是人们所喜欢听的好诗。但是愈是好诗，我们就愈不放心人们去听，这些儿童和成年人应该要自由，应该怕做奴隶，而不应该怕死。

阿：我绝对同意。

苏：此外，我们还必须从词汇中剔除那些可怕的凄惨的名字，如"悲惨的科库托斯河""可憎的斯土克斯河"，以及"阴间""地

---

① 关于派特罗克洛斯的死，见《伊利亚特》XVI 856。关于赫克托之死，见同书 XXII 362。

② 诗见《伊利亚特》XXIII 100。阿克琉斯在梦中看见派特罗克洛斯的鬼魂，像一阵烟似地消失了。

③ 诗见《奥德赛》XXIV 6。求婚子弟都被奥德修斯杀死。这里描写他们的鬼魂在神使赫尔墨斯引领之下去地府时的情景。

狱""死人""尸首"等等名词。它们使人听了毛骨悚然。也许这些名词自有相当的用处,不过,目前我们是在关心护卫者的教育问题,我们担心这种恐惧会使我们的护卫者软弱消沉,不像我们所需要的那样坚强勇敢。

阿:我们这样担心是很应该的。

苏:那么,我们应当废除这些名词?

阿:是的。

苏:我们在故事与诗歌中应当采用恰恰相反的名词?

阿:这是显而易见的。

D　　苏:我们要不要删去英雄人物的号啕痛哭?

阿:同上面所讲的一样,当然要的。

苏:仔细考虑一下,把这些删去究竟对不对?我们的原则是:一个好人断不以为死对于他的朋友——另一个好人,是一件可怕的事情。

阿:这是我们的原则。

苏:那么,他不会哀伤他朋友的死去,好像他碰到了一件可怕的事情似的。

阿:他不会的。

E　　苏:我们还可以说这种人最为乐天知足。最少要求于人乃是他们的特点。

阿:真的。

苏:因此,失掉一个儿子,或者一个兄弟,或者钱财,或者其他种种,对他说来,丝毫不觉得可怕。

阿:是的,毫不可怕。

苏：因此他绝不忧伤憔悴，不论什么不幸临到他身上，他都处之泰然。

阿：肯定如此。

苏：那么，我们应该删去著名作者所作的那些挽歌，把它们归之于妇女（也还不包括优秀的妇女），归之于平庸的男子，使我们正在培养的护卫者，因此看不起这种人，而不去效法他们。

阿：应该如此。

苏：我们请求荷马以及其他诗人不要把女神的儿子阿克琉斯形容得：

> 躺在床上，一忽儿侧卧，一忽儿朝天，
> 一忽儿伏卧朝地。①

然后索性爬起来

> 心烦意乱踯躅于荒海之滨，②

也不要形容他两手抓起乌黑的泥土，泼撒在自己头上③，也不要说他长号大哭，呜咽涕泣，有如荷马所描写的那样；也不要描写普里阿摩斯那诸神的亲戚，在粪土中爬滚，

> 挨个儿呼唤着人们的名字，
> 向大家恳求哀告。④

---

① ② 见《伊利亚特》XXIV 10—12。描写阿克琉斯思念亡友派特罗克洛斯时的情景。

③ 见《伊利亚特》XVIII 23。阿克琉斯第一次听到派特罗克洛斯战死的消息时的情景。

④ 这位特洛伊老王看见儿子赫克托死后尸体遭到凌辱，悲痛欲绝，要大家放他出城去赎回赫克托的尸体。见《伊利亚特》XXII 414。

我们尤其请求诗人们不要使诸神号啕大哭,

> 我心伤悲啊生此英儿,
>
> 英儿在世啊常遭苦恼。①

对于诸神要如此,对于诸神中最伟大的神更不应当描写得太无神的庄严气象,以至于唉声叹气:

> 哎呀,我的朋友被绕城穷追。
>
> 目睹此情景我心伤悲。②

还说:

> 伤哉!最最亲爱的萨尔佩冬
>
> 竟丧生于梅诺提俄斯之子派特罗克洛斯之手中。③

我的好友阿得曼托斯啊!倘使我们的年轻人一本正经地去听了这些关于神的故事而不以为可耻可笑,那么到了他自己——不过一个凡人——身上,对于这种类似的言行,就更不以为可鄙可笑了;他也更不会遇到悲伤,自我克制,而会为了一点小事就怨天尤人,哀痛呻吟。

阿:你说得很对。

苏:他们不应该这样。我们刚才的辩论已经证明这一点。我们要相信这个结论,除非别人能给我们另一个更好的证明。

阿:他们实在不应该这样。

---

① 《伊利亚特》XVIII 54。阿克琉斯的母亲,女神特提斯的话。
② 《伊利亚特》XXII 168。主神宙斯所说关于赫克托的话。
③ 见《伊利亚特》XVI 433。

苏:再说,他们也不应该老是喜欢大笑。一般说来,一个人纵情狂笑,就很容易使自己的感情变得非常激动。

阿:我同意你这个想法。

苏:那么,如果有人描写一个有价值的人捧腹大笑,不能自制,我们不要相信。至于神明,更不用说。

阿:更不用说。

苏:那么,我们绝不应该从荷马那里接受下面关于诸神的说法:

> 赫淮斯托斯手执酒壶,
>
> 　绕着宴会大厅忙碌奔跑;
>
> 极乐天神见此情景,
>
> 　迸发出阵阵哄堂大笑。①

用你的话说,我们"不应该接受"它。

阿:如果你高兴把这个说法算作我的说法,那就算是我的说法吧。反正我们不应该接受的。

苏:我们还必须把真实看得高于一切。如果我们刚才所说不错:虚假对于神明毫无用处,但对于凡人作为一种药物,还是有用的。那么显然,我们应该把这种药物留给医生,一般人一概不准碰它。

阿:这很清楚。

---

① 见《伊利亚特》Ⅰ 599。诸神看着赫淮斯托斯拐着瘸腿来往奔忙,给众神斟酒,滑稽可笑。实际上是笑话他多管闲事。在奥林波斯山上替神们斟酒本来是青春女神赫柏的任务。

苏：国家的统治者，为了国家的利益，有理由用它来应付敌人，甚至应付公民。其余的人一概不准和它发生任何关系。如果一般人对统治者说谎，我们以为这就像一个病人对医生说谎，一个运动员不把身体的真实情况告诉教练，就像一个水手欺骗舵手关于船只以及本人或其他水手的情况一样是有罪的，甚至罪过更大。

阿：极是。

苏：那么，在城邦里治理者遇上任何人，

> 不管是预言者、医生还是木工，①

或任何工匠在讲假话，就要惩办他。因为他的行为像水手颠覆毁灭船只一样，足以颠覆毁灭一个城邦的。

阿：他会颠覆毁灭一个城邦的，如果他的胡言乱语见诸行动的话。

苏：我们的年轻人需要不需要有自我克制的美德？

阿：当然需要。

苏：对于一般人来讲，最重要的自我克制是服从统治者；对于统治者来讲，最重要的自我克制是控制饮食等肉体上快乐的欲望。

阿：我同意。

苏：我觉得荷马诗里迪奥米特所讲的话很好：

> 朋友，君且坐，静听我一言。②

---

① 《奥德赛》XVII 383。

② 《伊利亚特》IV 412。迪奥米特对斯特涅洛斯说的话。阿伽门农责备迪奥米特和斯特涅洛斯等作战不力，迪奥米特虚心接受了元帅的批评。当斯特涅洛斯反驳阿伽门农时，迪奥米特制止他这样做，要求他理解和尊重元帅的批评。

还有后面：

> 阿凯亚人惧怕长官，
> 静悄悄奋勇前进。①

以及其他类似的几段也很好。

阿：说得很好。

苏：那么，这一行怎么样？

> 狗眼鼠胆，醉汉一条。②

390

后面的那几行你觉得好吗？还有其他诗歌散文中描写庸俗不堪犯上无礼的举动也好吗？

阿：不好。

苏：这些作品不适宜于给年轻人听到，使他们失掉自我克制。要是作为一种娱乐，我觉得还勉强可以。你的意见呢？

阿：我同意。

苏：再说荷马让一位最有智慧的英雄说出一席话，称赞人生最大的福分是，

> 有侍者提壶酌酒，将酒杯斟得满满的，
> 丰盛的宴席上麦饼、肉块堆得满满的。③

B

年轻人听了这些话，对于自我克制有什么帮助？还有听了：

---

① 《伊利亚特》Ⅲ 8 和 Ⅳ 431。

② 《伊利亚特》Ⅰ 225。阿克琉斯辱骂阿伽门农的话，骂他没有勇气亲自上前线作战。同一处还有别的骂他的话。

③ 《奥德赛》Ⅸ 8。奥德修斯对阿吉诺王说的开头几句话。

> 生民最苦事，独有饥饿死！①

或者听了关于宙斯：当其他诸神，已入睡乡，他因性欲炽烈，仍然辗转反侧，瞥见赫拉浓妆艳抹，两情缱绻，竟迫不及待露天交合。宙斯还对妻子说，此会胜似初次幽会，

> 背着他们的父母。②

于是他将一切谋划顷刻忘怀。以及听了关于赫淮斯托斯为了战神阿瑞斯和爱神阿芙洛狄特的情事用铁链把他俩绑住的事，③对年轻人的自我克制有什么益处呢？

阿：据我看来，绝对没有什么益处。

苏：至于一些名人受到侮辱而能克制忍受的言行，这些倒是值得我们让年轻人看看听听的，例如：

> 他捶胸叩心责备自己：
> "我的心呀，你怎么啦？更坏的事情都忍受过来了。"④

阿：当然。

苏：此外，我们不能让他们纳贿贪财。

阿：绝不能。

苏：也不能向他们朗诵：

> 钱能通神呀，钱能通君王。⑤

---

① 《奥德赛》XII 342。在存粮吃尽时奥德修斯的伙伴尤吕洛科说的话。
② 《伊利亚特》XIV 294—341。诗见同书 XIV 281。
③ 《奥德赛》VIII 266。
④ 同上书 XX 17。奥德修斯回到自己家里看到混乱情况时，对自己说的话。
⑤ 见十世纪时的辞典 Suidas 中的 δῶρα 条。其中告诉我们：有人认为这行诗是赫西俄德的。

我们不应该表扬阿克琉斯的导师菲尼克斯,是他教唆阿克琉斯拿到阿凯亚人的钱,就出来保卫他们,否则绝不释怒。① 我们也不应该同意或者相信这种说法,说阿克琉斯是如此贪财,他曾接受阿伽门农的礼物;②还曾接受了钱财,才放还人家的尸体,否则绝不放还。③

阿:不应该,表扬这些事情是不应该的。 391

苏:但是为了荷马,我不愿说这类事情是阿克琉斯做的。如有别人说,我也不愿相信。否则是不虔敬的。我也不愿相信阿克琉斯对阿波罗神说的话:

> 敏捷射手,极恶之神,尔不我助!
> 手无斧柯,若有斧柯,必重责汝!④

还有,关于他怎样对河神凶暴无礼,准备争吵;⑤关于他怎样讲到 B 他把已经许愿献给另一河神的卷发一束,献与亡友派特罗克洛斯之手中。⑥

---

① 菲尼克斯对阿克琉斯讲的一番话。见《伊利亚特》IX 515 以下。菲尼克斯讲话的主旨还是想打动阿克琉斯的心,求他出战。没有"否则绝不释怒"的意思。
② 《伊利亚特》XIX 278。在荷马笔下阿克琉斯并不是一个特别贪财的人。他和阿伽门农和解并答应出战主要是为了替好友派特罗克洛斯复仇。
③ 见《伊利亚特》XXIV 502,555,594。事指特洛伊老王普里阿摩斯送给阿克琉斯许多礼品,赎回爱子赫克托的尸体。
④ 《伊利亚特》XXII 15。
⑤ 阿克琉斯对斯卡曼德洛斯河神。见《伊利亚特》XXI 130。
⑥ 阿克琉斯的父亲曾给斯珀尔克斯河神许愿:如果阿克琉斯能平安地从特洛伊回到家乡,就把阿克琉斯的一卷长发和五十头羊作祭品献给这位神。可现在阿克琉斯知道自己命中注定要死在特洛伊,回不去了。所以愤怒地把长发剪下献给亡友。见《伊利亚特》XXIII 151。

C 这许多无稽之谈,我们都是不能相信的。至于拖了赫克托的尸首绕派特罗克洛斯的坟墓疾走,并将俘虏杀死放在自己朋友的火葬堆上,这些事我们也不能信以为真。我们不能让年轻人相信阿克琉斯——女神和佩莱斯(素以自我克制闻名,且是主神宙斯之孙)的儿子,由最有智慧的赫戎抚养成人——这个英雄的性格竟如此混乱,他的内心竟有这两种毛病:卑鄙贪婪与蔑视神、人。

阿:你说得很对。

苏:很好,让我们简直不要相信这一派胡言乱语,更不要让任何人说海神波塞顿的儿子提修斯①和主神宙斯的儿子佩里索斯掳
D 掠妇女的骇人听闻的事情,也不要让人任意诬蔑英雄或神明的儿子,把那些无法无天、胆大妄为的行动归之于他们。让我们还要强迫诗人们否认这些事情是神的孩子们所做的,或者否认做这些事情的人是神明的后裔。总之两者他们都不应该说。他们不应该去要年轻人认为,神明会产生邪恶,英雄并不比一般人好。因为在前
E 面讨论中我们已经说过,这种话既不虔诚,又不真实。我相信我们已经指出,神明为邪恶之源是绝不可能的事情。

阿:当然那是不可能的。

苏:再说,这些荒诞不经的言行,对于听者是有害无益的。因为每个人都会认为自己的作恶没什么了不起,如果他相信这些坏事神明的子孙过去都曾做过,现在也还在做的话——

---

① 传说,提修斯曾在佩里索斯协助下抢劫海伦,还曾和佩里索斯一起企图诱抢冥后波塞芳妮。提修斯的故事曾是一些史诗和索福克勒斯与欧里庇得斯失传悲剧的题材。

诸神亲属,宙斯之苗裔兮,

巍巍祭坛,伊达山之巅兮,

一脉相承,尔炽而昌兮。①

由于这些理由我们必须禁止这些故事的流传。否则就要在青年人心中,引起犯罪作恶的念头。

阿:我们一定要禁止。

苏:那么,什么应该讲,什么不应该讲——在这个问题上我们还有什么要规定的呢？我们已经提出了关于诸神、神灵、英雄以及冥界的正确说法了。

阿:我们提出了。

苏:剩下来还须规定的恐怕是关于人的说法吧？

阿:显然是的。

苏:我的朋友啊,我们目前还不能对这个问题作出规定呢!

阿:为什么？

苏:因为我恐怕诗人和故事作者,在最紧要点上,在关于人的问题上说法有错误。他们举出许多人来说明不正直的人很快乐,正直的人很苦痛;还说不正直是有利可图的,只要不被发觉就行;正直是对人有利而对己有害的。这些话我们不应该让他们去讲,而应该要他们去歌唱去说讲刚刚相反的话。你同意我的话吗？

阿:我当然同意。

苏:如果你同意我所说的,我可以说你实际上已经承认我们正在讨论寻找的那个原则了。

---

① 诗出埃斯库洛斯失传悲剧《尼俄珀》。

阿:你的想法很对。

苏:那么,我们一定先要找出正义是什么,正义对正义的持有者有什么好处,不论别人是否认为他是正义的。弄清楚这个以后,我们才能在关于人的说法上取得一致意见,即,哪些故事应该讲,又怎样去讲。

阿:极是。

苏:关于故事的内容问题就讨论到这里为止,下面我们要讨论故事的形式或风格的问题。这样我们就可以把内容与形式——即讲什么和怎样讲的问题——全部检查一番了。

阿:我不懂你的意思。

苏:啊,我一定会使你懂的。也许你这样去看就更容易懂得我的意思了:讲故事的人或诗人所说讲的不外是关于已往、现在和将来的事情。

阿:唔,当然。

苏:他们说故事,是用简单的叙述,还是用模仿,还是两者兼用?

阿:这一点我也很想懂得更清楚一些。

苏:哎呀!我真是一个可笑而又蹩脚的教师呀!我只好像那些不会讲话的人一样,不能一下子全部讲明白了,我只能一点一滴地讲了。《伊利亚特》开头几行里诗人讲到赫律塞斯祈求阿伽门农释放他的女儿,阿伽门农大为震怒。当赫律塞斯不能得到他的女儿的时候,他咒诅希腊人。请问,你知道这一段诗吗?

阿:我知道的。

苏:那么,你一定知道接着下面的几行:

> 彼祈求全体阿凯亚人兮,
> 哀告于其两元首之前,
> 那一对难兄难弟,
> 阿特瑞斯之两子兮。①

这里是诗人自己在讲话,没有使我们感到有别人在讲话。在后面一段里,好像诗人变成了赫律塞斯,在讲话的不是诗人荷马,而是那个老祭司了。特洛伊故事其余部分在伊塔卡发生的一切,以及整个《奥德赛》的故事,诗人几乎都是这么叙述的。②

阿:确是这样。

苏:所有的道白以及道白与道白之间的叙述,都是叙述。对吗?

阿:当然对的。

苏:但是当他讲道白的时候,完全像另外一个人,我们可不可说他在讲演时完全同化于那个故事中的角色了呢?

阿:是的。

苏:那么使他自己的声音笑貌像另外一个人,就是模仿他所扮演的那一个人了。

阿:当然。

苏:在这种情况下,看来他和别的诗人是通过了模仿来叙述的。

---

① 诗见《伊利亚特》Ⅰ 15。阿凯亚人即希腊人。阿特瑞斯之两子,指的是阿伽门农和其弟墨涅拉俄斯。

② 诗人既用自己的口吻叙述,有的地方又用角色的口吻讲话。后一方法是诗人讲故事的另一方式,也是一种"叙述"。如果给以另一名称,就是"模仿"。

阿：极是。

苏：但是如果诗人处处出现，从不隐藏自己，那么模仿便被抛弃，他的诗篇就成为纯纯粹粹的叙述。可是为了使你不再说"我不懂"，我将告诉你这事情可以怎么做。例如荷马说：祭司来了，手里带了赎金要把女儿领回，向希腊人特别是向两国王祈求——这样讲下去，不用赫律塞斯的口气，一直用诗人自己的口气。他这样讲就没有模仿而是纯粹的叙述。叙述大致就像这个样子：（我不用韵律，因为我不是诗人）祭司来了，祝告诸神，让希腊人夺取特洛伊城平安回去。他这样讲了，希腊人都敬畏神明，同意他的请求。但是阿伽门农勃然大怒，要祭司离开，不准再来，否则他的祭司节杖和神冠都将对他毫无用处。阿伽门农要和祭司的女儿终老阿尔戈斯城。他命令祭司，如果想安然回去，必须离开，不要使他恼怒。于是这个老祭司在畏惧与静默中离开了。等到离了营帐，老祭司呼唤阿波罗神的许多名号，求神回忆过去他是怎样厚待神明的，是怎样建庙祀享的，祭仪是多么丰盛。神明应当崇德报功，神矢所中应使希腊人受罚抵偿所犯的罪过。我的朋友，就这样，不用模仿，结果便是纯粹的叙述了。

阿：我懂了。

苏：或者你可设想恰恰相反的文体，把对话之间诗人所写的部分一概除去，仅仅把对话留下。

阿：这我也懂得。这就是悲剧所采用的文体。

苏：你完全猜对了我的意思。我以前不能做到，现在我想我能够明白告诉你了。诗歌与故事共有两种体裁：一种完全通过模仿，就是你所说的悲剧与喜剧；另外一种是诗人表达自己情感的，你可以看到酒神赞美歌大体都是这种抒情诗体。第三种是二者并用，可以在史诗以及其他诗体里找到，如果你懂得我的意思的话。

阿：啊，是的，我现在懂得你的意思了。

苏：那么，回忆一下以前说过的话。我们前面说过，在讨论完了讲什么的问题之后，应该考虑怎么讲的问题。

阿：是的，我记得。

苏：我的意思是说：我们必须决定下来，是让诗人通过模仿进行叙述呢？还是有些部分通过模仿，有些部分不通过模仿呢？所谓有些部分通过模仿究竟是指哪些部分？还是根本不让他们使用一点模仿？

阿：我猜想你的问题是，要不要把悲剧与喜剧引进城邦里来。

苏：也许是的。也许比这个问题的意义还要重大一点。说实在的，我自己也不知道。总之，不管辩论之风把我们吹到什么地方，我们就要跟着它来到什么地方。

阿：你说得很对。

苏：阿得曼托斯啊，在这一点上，我们一定要注意我们的护卫者应该不应该是一个模仿者？从前面所说过的来推论，每个人只能干一种行业而不能干多种行业，是不是？如果他什么都干，一样都干不好，结果一事无成。

阿：毫无疑问就会这样。

苏：同样的道理不是也可以应用于模仿问题吗？一个人模仿许多东西能够像模仿一种东西那样做得好吗？

阿：当然是不能的。

苏：那么，他更不能够一方面干着一种有价值的行业，同时又是一个模仿者,模仿许多东西了,既然同一模仿者无论如何也不能同时搞好两种模仿,哪怕是一般被认为很相近的两种模仿,譬如搞悲剧与喜剧。你不是刚才说它们是两种模仿吗?

阿:我是这样说过的。你说得很对,同一人不可能两者都行。

苏:同一人也不可能既是好的朗诵者,又是好的演员。

阿:真的。

B　苏:喜剧演员和悲剧演员不一样。而这些人都是模仿者,不是吗?

阿:是的。

苏:阿得曼托斯啊,人性好像铸成的许多很小的钱币,它们不可能成功地模仿许多东西,也不可能做许多事情本身。所谓各种模仿只不过是事物本身的摹本而已。

阿:极是。

C　苏:假使我们要坚持我们最初的原则,一切护卫者放弃一切其他业务,专心致志于建立城邦的自由大业,集中精力,不干别的任何事情,那么他们就不应该参与或模仿别的任何事情。如果他们要模仿的话,应该从小起模仿与他们专业有正当关系的人物——模仿那些勇敢、节制、虔诚、自由的一类人物。凡与自由人的标准不符合的事情,就不应该去参与或巧于模仿。至于其他丑恶的事情,当然更不应该模仿,否则模仿丑恶,弄假成真,变为真的丑恶

D　了。你有没有注意到从小到老一生连续模仿,最后成为习惯,习惯成为第二天性,在一举一动,言谈思想方法上都受到影响吗?

阿:的确是的。

苏:任何我们所关心培育的人,所期望成为好人的人,我们不

应当允许他们去模仿女人——一个男子反去模仿女人,不管老少——与丈夫争吵,不敬鬼神,得意忘形;一旦遭遇不幸,便悲伤憔悴,终日哭泣;更不必提模仿那在病中、在恋爱中或在分娩中的女人了。

阿:很不应当。

苏:他们也不应该模仿奴隶(不论女的或男的),去做奴隶所做的事情。

阿:也不应该。

苏:看来也不应该模仿坏人,模仿鄙夫,做和我们刚才所讲的那些好事情相反的事情——互相吵架,互相挖苦,不论喝醉或清醒的时候,讲不堪入耳的坏话。这种人的言行,不足为训,对不起人家,也对不起自己。我觉得在说话行动方面他们不应该养成简直像疯子那样的恶习惯。他们当然应该懂得疯子,懂得坏的男女,但决不要装疯作邪去模仿疯子。

阿:极是。

苏:那么他们能去模仿铁工、其他工人、战船上的划桨人、划桨人的指挥以及其他类似的人们吗?

阿:那怎么可能?他们连去注意这些事情都是不准许的。

苏:那么马嘶、牛叫、大河咆哮、海潮呼啸以及雷声隆隆等一类事情,他们能去模仿吗?

阿:不行。已经禁止他们不但不要自己做疯子,也不要去模仿人家做疯子。

苏:如果我理解你的话,你的意思是说:有一种叙述体是给真正的好人当他有话要讲的时候用的。另外有一种叙述体是给一个在性格和教育方面相反的人用的。

阿:这两种文体究竟是什么?

苏:据我看来,一个温文正派的人在叙述过程中碰到另一个好人的正派的言语行动,我想他会喜欢扮演这个角色,模拟得惟妙惟肖,仿佛自己就是这个人,丝毫不以为耻。他尤其愿意模仿这个好人坚定而明于事理时候的言谈行动;如果这个人不幸患病或性情暴躁,或酩酊大醉,或遭遇灾难,他就不大愿意去模仿他,或者模仿了也是很勉强。当他碰到一个角色同他并不相称,他就不愿意去扮演这个不如自己的人物。他看不起这种人,就是对方偶有长处值得模仿一下,他也不过偶一为之,还总觉得不好意思。他对模仿这种人没有经验,同时也会憎恨自己,竟取法乎下,以坏人坏事为陶铸自己的范本。除非是逢场作戏。他心里着实鄙视这种玩意儿。

阿:很可能是这样。

苏:那么他会采用我们曾经从荷马诗篇里举例说明过的一种叙述方法,就是说,他的体裁既是叙述,又是模仿,但是叙述远远多于模仿。你同意我的说法吗?

阿:我很同意。说故事的人必须以此为榜样。

苏:另外有一种说故事的人,他什么都说。他的品质愈坏就愈无顾忌,他什么东西都模仿,他觉得什么东西都值得模仿。所以他想尽方法,一本正经,在大庭广众之间什么东西都模仿,包括我刚才所提到的雷声、风声、雹声、滑轮声、喇叭声、长笛声、哨子声、各种的乐器声,他还会狗吠羊咩鸟鸣。所以他的整个体裁完全是声音姿态的模仿,至于叙述那就很少。

阿:这种作家势必如此。

苏:这就是我说过的两种文体。

阿:是的。

苏:且说,这两种体裁中有一种体裁,变化不多。如果我们给它以合适的声调和节奏,其结果一个正确的说唱者岂不是几乎只是用同一的声调同一的抑扬顿挫讲故事吗？——因为变化少,节奏也几乎相同嘛。

阿:很对。

苏:另一种体裁需要各种声调和各种节奏,如果给它以能表达各种声音动作的合适的唱词的话。——因为这种体裁包含各色各样的变化。

阿:这话完全对。

苏:是不是所有诗人、说唱者在选用体裁时,不是取上述两种体裁之一,就是两者并用呢？

阿:那是一定的。

苏:那么,我们怎么办？我们的城邦将接受所有这些体裁呢？还是只接受两种单纯体裁之一呢？还是只接受那个混合体裁呢？

阿:如果让我投票选择的话,我赞成单纯善的模仿者的体裁。

苏:可是,亲爱的阿得曼托斯,混合体裁毕竟是大家所喜欢的；小孩和小孩的老师们,以及一般人所最最喜欢的和你所要选择的恰恰相反。

阿:它确是大家喜欢的。

苏:但是也许你要说这与我们城邦的制度是不适合的。因为

E 我们的人既非兼才,亦非多才,每个人只能做一件事情。

　　阿:是不适合的。

　　苏:这也就是为什么我们的城邦是唯一这种地方的理由:鞋匠总是鞋匠,并不在做鞋匠以外,还做舵工;农夫总是农夫,并不在做农夫以外,还做法官;兵士总是兵士,并不在做兵士以外,还做商人,如此类推。不是吗?

　　阿:是的。

398　　苏:那么,假定有人靠他一点聪明,能够模仿一切,扮什么,像什么,光临我们的城邦,朗诵诗篇,大显身手,以为我们会向他拜倒致敬,称他是神圣的,了不起的,大受欢迎的人物了。与他愿望相反,我们会对他说,我们不能让这种人到我们城邦里来;法律不准许这样,这里没有他的地位。我们将在他头上涂以香油,饰以羊毛
B 冠带,送他到别的城邦去。至于我们,为了对自己有益,要任用较为严肃较为正派的诗人或讲故事的人,模仿好人的语言,按照我们开始立法时所定的规范来说唱故事以教育战士们。

　　阿:我们正应该这样做,假定我们有权这样做的话。

　　苏:现在,我的朋友,我们可以认为已经完成了关于语言或故事的"音乐"①部分的讨论,因为我们已经说明了应该讲什么以及怎样讲法的问题。

　　阿:我也这样认为。

C　　苏:那么,是不是剩下来的还有诗歌和曲调的形式问题?

　　阿:是的,显然如此。

---

　　① 指文艺教育。

苏:我想任何人都可以立刻发现我们对这个问题应该有什么要求,假定我们的说法要前后一致的话。

格(笑着):苏格拉底,我恐怕你说的"任何人",并不包括我在里面,我匆促之间没有把握预言我们应该发表的见解是什么,虽然多少有一点想法。

苏:我猜想你肯定有把握这样说的:诗歌有三个组成部分——词,和声,节奏。①

格:啊,是的,这点我知道。

苏:那么就词而论,我想唱的词和说的词没有分别,必须符合我们所讲过的那种内容和形式。

阿:是的。

苏:还有,调子和节奏也必须符合歌词。

格:当然。

苏:可是我们说过,我们在歌词里不需要有哀挽和悲伤的字句。

格:我们不需要。

苏:那么什么是挽歌式的调子呢?告诉我,因为你是懂音乐的。

格:混合的吕底亚调,高音的吕底亚调,以及与此类似的一些音调属于挽歌式的调子。

苏:那么我们一定要把这些废弃掉,因为它们对于一般有心上

---

① 古代希腊一曲完整的诗歌,包括诗词、节奏和和声。所谓"和声"或"和谐"是一种高低音的音调系统,即我们现在所说的歌的"曲调"或"调子"。

进的妇女尚且无用,更不要说对于男子汉了。

格:极是。

苏:再说,饮酒对于护卫者是最不合适的,萎靡懒惰也是不合适的。

格:当然。

苏:那么有哪些调子是这种软绵绵的靡靡之音呢?

格:伊奥尼亚调,还有些吕底亚调都可说是靡靡之音。

苏:好,我的朋友,这种靡靡之音对战士有什么用处?

格:毫无用处。看来你只剩下多利亚调或佛里其亚调了。

苏:我不懂这些曲调,我但愿有一种曲调可以适当地模仿勇敢的人,模仿他们沉着应战,奋不顾身,经风雨,冒万难,履险如夷,视死如归。我还愿再有一种曲调,模仿在平时工作的人,模仿他们出乎自愿,不受强迫或者正在尽力劝说、祈求别人,——对方要是神的话,则是通过祈祷,要是人的话,则是通过劝说或教导——或者正在听取别人的祈求、劝告或批评,只要是好话,就从善如流,毫不骄傲,谦虚谨慎,顺受其正。就让我们有这两种曲调吧。它们一刚一柔,能恰当地模仿人们成功与失败、节制与勇敢的声音。

阿:你所需要的两种曲调,正就是我刚才所讲过的多利亚调和佛里其亚调呀。

苏:那么,在奏乐歌唱里,我们不需要用许多弦子的乐器,不需要能奏出一切音调的乐器。

阿:我觉得你的话不错。

苏:我们就不应该供养那些制造例如竖琴和特拉贡琴这类多弦乐器和多调乐器的人。

阿：我想不应该的。

苏：那么要不要让长笛制造者和长笛演奏者到我们城邦里来？也就是说，长笛是不是音域最广的乐器，而别的多音调的乐器仅是模仿长笛而已？

格：这很清楚。

苏：你只剩下七弦琴和七弦竖琴了，城里用这些乐器；在乡里牧人则吹一种短笛。

格：我们讨论的结果这样。

苏：我们赞成阿波罗及其乐器而舍弃马叙阿斯及其乐器。① 我的朋友，这样选择也并非我们的创见。

格：真的！我也觉得的确不是我们的创见。

苏：哎呀！我们无意之间已经在净化这个城邦了，我们刚才说过这个城邦太奢侈了。

格：我们说得很有道理。

苏：那么好，让我们继续来做净化的工作吧！曲调之后应当考虑节奏。我们不应该追求复杂的节奏与多种多样的韵律，我们应该考虑什么是有秩序的勇敢的生活节奏，进而使音步和曲调适合这种生活的文辞，而不是使这种生活的文辞凑合音步和曲调。但是这种节奏究竟是哪些节奏，这要由你来告诉我们，像上面你告诉我们是哪些曲调那样。

格：这我实在说不上。音步的组成有三种形式，就像音阶的组

---

① 阿波罗代表理智，所用乐器为七弦琴（λύρα）；马叙阿斯是森林之神，代表情欲，所用乐器为长笛（αὐλος）。

成有四种形式一样,这些我懂得,我能够告诉你。至于哪些音步是模仿哪种生活的,这我不知道。

苏:关于这一点,我们也要去请教戴蒙,[①]问他,哪些节奏适宜于卑鄙、凶暴、疯狂或其他邪恶,哪些节奏适宜于与此相反的内容。我似乎还记得戴蒙说过一些晦涩的话,谈到关于一种复合节奏的进行曲,以及长短短格以及英雄体节奏,按照我所莫名其妙的秩序排列的,有的高低相等,有的有高有低,有的长短不一;我记得似乎他称呼一种为短长格,另一种为长短格,再加上长音节或短音节。在这些谈话里有些地方,我觉得他对音步拍子所作的赞扬或贬低不减于对节奏本身所作的赞扬或贬低;也有可能情况不是这样;究竟怎样我也实在说不清楚。我刚才讲过,这些都可以去请教戴蒙。要把这些弄得明白,并不简单。你以为如何?

格:是的,我很以为然。

苏:不过有一点你是可以立刻决定下来的,——美与丑是紧跟着好的节奏与坏的节奏的。

格:当然。

苏:再说,好的节奏紧跟好的文辞,有如影之随形。坏的节奏紧跟坏的文辞。至于音调亦是如此。因为我们已经讲过,节奏与音调跟随文辞,并不是文辞去跟随节奏与音调嘛。

格:显然是这样,这两者一定要跟随文辞。

苏:你认为文辞和文辞的风格怎么样?它们是不是和心灵的精神状态一致的?

[①] 公元前5世纪时的著名音乐家。

格:当然。

苏:其他一切跟随文辞?

格:是的。

苏:那么,好言辞、好音调、好风格、好节奏都来自好的精神状态,所谓好的精神状态并不是指我们用以委婉地称呼那些没有头脑的忠厚老实人的精神状态,而是指用来称呼那些智力好、品格好的人的真正良好的精神状态。

格:完全是这样。

苏:那么,年轻人如果要做真正他们该做的事情,不当随时随地去追求这些东西吗?

格:他们应该这样。

苏:绘画肯定充满这些特点,其他类似工艺如纺织、刺绣、建筑、家具制作、动物身体以及植物树木等的自然姿态,也都充满这些品质。因为在这些事物里都有优美与丑恶。坏风格、坏节奏、坏音调,类乎坏言辞、坏品格。反之,美好的表现与明智、美好的品格相合相近。

格:完全对。

苏:那么,问题只在诗人身上了?我们要不要监督他们,强迫他们在诗篇里培植良好品格的形象,否则我们宁可不要有什么诗篇?我们要不要同样地监督其他的艺人,阻止他们不论在绘画或雕刻作品里,还是建筑或任何艺术作品里描绘邪恶、放荡、卑鄙、龌龊的坏精神?哪个艺人不肯服从,就不让他在我们中间存在下去,否则我们的护卫者从小就接触罪恶的形象,耳濡目染,有如牛羊卧毒草中嘴嚼反刍,近墨者黑,不知不觉间心灵上便铸成大错了。因此我们必须寻找一些艺人巨匠,用其大才美德,开辟一条道路,使我们的年轻人由此而进,如入健康之乡;眼睛所看到的,耳朵所听到的,艺术作品,随处都是;使他们如坐春风如沾化雨,潜移默化,不知不觉之间受到熏陶,从童年时,就和优美、理智融合为一。

格:对于他们,这可说是最好的教育。

苏:亲爱的格劳孔啊! 也就是因为这个缘故,所以儿童阶段文艺教育最关紧要。一个儿童从小受了好的教育,节奏与和谐浸入了他的心灵深处,在那里牢牢地生了根,他就会变得温文有礼;如果受了坏的教育,结果就会相反。再者,一个受过适当教育的儿童,对于人工作品或自然物的缺点也最敏感,因而对丑恶的东西会非常反感,对优美的东西会非常赞赏,感受其鼓舞,并从中吸取营养,使自己的心灵成长得既美且善。对任何丑恶的东西,他能如嫌恶臭不自觉地加以谴责,虽然他还年幼,还知其然而不知其所以然。等到长大成人,理智来临,他会似曾相识,向前欢迎,因为他所受的教养,使他同气相求,这是很自然的嘛。

格:至少在我看来,这是幼年时期为什么要注重音乐文艺教育的理由。

苏:这正如在我们认字的时候那样,只有在我们认识了全部字母[①]——它们为数是很少的——时我们才放心地认为自己是识字了。不论字大字小[②]我们都不敢轻忽其组成元素,不论何处我们

[①] 柏拉图常常使用字母或元素(στοιχεῖα)来说明知识的获得、元素和复合物的关系、分类原则和理念论。

[②] 柏拉图的基本原则之一认为,真实与事物的大小等看上去似乎重要的特性无关。

都热心急切地去认识它们,否则,我们总觉得就不能算是真正识字了。

格:你说得很对。

苏:同样,比如有字母显影在水中或镜里。如果不是先认识了字母本身,我们是不会认识这些映像的。因为认识这两者属于同一技能同一学习。

格:确是如此。

苏:因此,真的,根据同样的道理,我们和我们要加以教育的护卫者们,在能以认识节制、勇敢、大度、高尚等等美德以及与此相反 C 的诸邪恶的本相,也能认识包含它们在内的一切组合形式,亦即,无论它们出现在哪里,我们都能辨别出它们本身及其映像,无论在大事物中还是在小事物中都不忽视它们,深信认识它们本身及其映像这两者属于同一技能同一学习——在能以做到这样之前我们和我们的护卫者是不能算是有音乐文艺教养的人的。不是吗?

格:确实是的。

苏:那么如果有一个人,在心灵里有内在的精神状态的美,在 D 有形的体态举止上也有同一种的与之相应的调和的美,——这样一个兼美者,在一个能够沉思的鉴赏家眼中岂不是一个最美的景观?

格:那是最美的了。

苏:再说,最美的总是最可爱的。

格:当然。

苏:那么,真正受过音乐的教育的人,对于同道,气味相投,一见如故;但对于浑身不和谐的人,他避之唯恐不远。

格：对于心灵上有缺点的人，他当然厌恶；但对于身体有缺点的人，他还是可以爱慕的。

苏：听你话的意思，我猜想你有这样的好朋友，不过我也赞成你作这样的区别。只是请你告诉我：放纵与节制能够并行不悖吗？

格：怎么能够？过分的快乐有如过分的痛苦可以使人失态忘形。

苏：放纵能和别的任何德行并行不悖吗？

格：不能。

苏：能和横暴与放肆并行不悖吗？

格：当然。

苏：还有什么快乐比色欲更大更强烈的吗？

格：没有，没有比这个更疯狂的了。

苏：正确的爱难道不是对于美的有秩序的事物的一种有节制的和谐的爱吗？

格：我完全同意。

苏：那么，正确的爱能让任何近乎疯狂与近乎放纵的东西同它接近吗？

格：不能。

苏：那么，正确的爱与纵情任性，泾渭分明。真正的爱者与被爱者决不与淫荡之徒同其臭味。

格：真的，苏格拉底，它们之间断无相似之处。

苏：这样很好，在我们正要建立的城邦里，我们似乎可以规定这样一条法律：一个爱者可以亲吻、昵近、抚摸被爱者，像父亲对儿子一样；如要求被爱者做什么也一定是出于正义。在与被爱者的其他形式的接触中,他也永远不许有任何越此轨道的举动,否则要谴责他低级趣味,没有真正的音乐文艺教养。

格:诚然。

苏:那么,你也同意我们关于音乐教育的讨论可以到此结束了吧?据我看来,这样结束是很恰当的。音乐教育的最后目的在于达到对美的爱。

格:我同意。

苏:音乐教育之后,年轻人应该接受体育锻炼。

格:当然。

苏:体育方面,我们的护卫者也必须从童年起就接受严格的训练以至一生。我所见如此,不知你以为怎样?因为我觉得凭一个好的身体,不一定就能造就好的心灵好的品格。相反,有了好的心灵和品格就能使天赋的体质达到最好,你说对不对?

格:我的想法同你完全一样。

苏:倘使我们对于心灵充分加以训练,然后将保养身体的细节交它负责,我们仅仅指出标准,不啰唆,你看这样行不行?

格:行。

苏:我们说过护卫者必须戒除酗酒,他们是世界上最不应该闹酒的人,人一闹酒就糊涂了。

格:一个护卫者要另外一个护卫者去护卫他,天下哪有这样荒唐的事?

苏:关于食物应该怎样?我们的护卫者都是最大竞赛中的斗士,不是吗?

格:是的。

404　苏：我们目前所看到的那些斗士,他们保养身体的习惯能适应这一任务吗?

格：也许可以凑合。

苏：啊,他们爱睡,这是一种于健康很危险的习惯。你有没有注意到,他们一生几乎都在睡眠中度过,稍一偏离规定的饮食作息的生活方式,他们就要害严重的疾病吗?

格：我注意到了这种情况。

苏：那么,战争中的斗士应该需要更多样的锻炼。他们有必要像终宵不眠的警犬;视觉和听觉都要极端敏锐;他们在战斗的生活

B 中,各种饮水各种食物都能下咽;烈日骄阳狂风暴雨都能处之若素。

格：很对。

苏：那么,最好的体育与我们刚才所描述的音乐文艺教育难道不是很相近相合吗?

格：你指的什么意思?

苏：这是指一种简单而灵活的体育,尤其是指为了备战而进行的那种体育锻炼。

格：请问具体办法。

苏：办法可以从荷马诗里学得。你知道在战争生活中英雄们会餐时,荷马从不给他们鱼吃,虽然队伍就驻扎在靠近赫勒斯滂特

C 海岸那里①;他也从不给他们炖肉吃,只给烤肉,因为这东西战士最容易搞,只要找到火就行了,什么地方都可以,不必随身带许多

---

① 黑海通地中海的海峡口,现达达尼尔海峡。

坛坛罐罐。

格:确是如此。

苏:据我所知,荷马也从未提到过甜食。这不是每一个从事锻炼的战士都可以理解的事情吗?——要把他们的身体练好,这种东西是一定要戒掉的。

格:他们懂得这个道理,并且把这种东西戒除了。他们做得对。

苏:那么,我的朋友,既然你觉得这是对的,你当然就不会赞成叙拉古的宴会和西西里的菜肴了。

格:我不会赞成的。

苏:你也不会让一个男子弄一个科林斯女郎来做他的情妇吧,如果要他把身体保养好的话。

格:当然不会。

苏:你也不会赞成有名的雅典糕点的吧?

格:一定不会。

苏:因为我认为所有这种混杂的饮食很像多音调多节奏的诗歌作品。

格:诚然。

苏:复杂的音乐产生放纵;复杂的食品产生疾病。至于朴质的音乐文艺教育则能产生心灵方面的节制,朴质的体育锻炼产生身体的健康。

格:极是。

苏:一旦放纵与疾病在城邦内泛滥横溢,岂不要法庭药铺到处皆是,讼师医生趾高气扬,虽多数自由人也将不得不对他们鞠躬敬礼了。

格：这是势所必至的。

苏：奇货可居的医生、法官，不仅为一般老百姓和手艺人所需要，也为受过自由人类型教育的人们所需要。你们能看到还有什么更足以证明一个城邦教育又丑又恶的呢？这些法官、医生全是舶来品（因为你们自己中间缺少这种人才），你不认为这是教育丑恶可耻到了极点的明证吗？

格：没有比这个更可耻的了。

苏：啊，还有一种情况你是不是觉得比刚才说的那种情况还要可耻呢？一个人不仅把自己的大部分时光花在法庭上打官司，忽而做原告，忽而做被告；而且还由于不知怎样生活更有意义，一天到晚要弄滑头，颠倒是非，使用各种推论、借口、诡计、阴谋，无理也要说出理来；而所有这一切努力又都不过是为了无聊的争执。因为，他不知道抛开那些漫不经心的陪审员安排自己的生活要美好高尚得多。

格：真的，这种比前面所讲的更可耻了。

苏：除了受伤或偶得某种季节病而外，一个人到处求医，岂不更是可耻？由于游手好闲和我们讲过的那种好吃贪睡的生活方式，身子像一块沼泽地一样充满风湿水汽，逼使阿斯克勒比斯①的子孙们不得不创造出腹胀、痢疾之类的病名来，岂不更是可耻？

格：这确是些古怪的医学名词。

苏：我想在阿斯克勒比斯本人的时期，是没有这种东西的。我是根据特洛伊的故事这样推想的。当欧律皮吕斯②在特洛伊负伤

---

① 特洛伊战争时希腊军中的医生。

② 柏拉图大概是凭自己记忆引用荷马史诗的。这里的说法与现行史诗所记有出入。《伊利亚特》XI 624 处说是赫卡墨得把酒调给马卡昂和涅斯托尔喝的。

时,那个妇人给他吃普拉纳酒,上面撒了大麦粉和小块乳酪,显然是一服热药。那个时候所有医生并没有说她用错了药,也没有说当看护的派特罗克洛斯犯了什么错误。

格:受了伤,给他服这种药确是古怪。

苏:如果你记得在赫罗迪科斯以前医生并不用我们现在的这些药物治病的话,你就不会感到古怪了。赫罗迪科斯是一个教练员,因为他有病,他把体操和医术混而为一,结果先主要折磨了自己,然后又折磨了许多后来人。

格:怎么会的?

苏:他身患不治之症,靠了长年不断的细心照料自己,居然活了好多年。但他的痼病始终没能治好。就这么着,他一生除了医疗自己外,什么事都没干,一天到晚就是发愁有没有疏忽了规定的养生习惯;他靠了自己的这套医术,在痛苦的挣扎中夺得了年老而死的锦标①。

格:这可是对他医道的崇高奖品啊!

苏:他得之无愧呢。他这种人不知道,阿斯克勒比斯并不是因为不知道或不熟悉这种医道而不传给他的后代,而是因为他懂得在有秩序的城邦里,每一个人都有他应尽的职务。人们没有工夫来生病,不可能一生没完没了地治病。我们在工人中间看到这种情况会觉得荒唐不经的,可是在有钱的人和所谓有福的人中间看到这种情况就视若无睹了。

格:怎么会这样的?

---

① 柏拉图是不赞成这样对待疾病的。揶揄讥讽的口气跃然纸上。

苏：一个木工当他病了要医生给他药吃，把病呕吐出来，或者把病下泻出来，或者用烧灼法或者动手术。但是，如果医生叫他长期疗养搞满头包包扎扎的那一套，他会立刻回答，说他没有工夫生病，一天到晚想着病痛，把当前工作搁置一旁，过这种日子没有意思。他就要同医生说声再会，回家仍去干他原来的活儿去了。他也许身体居然变好了，活下去照常工作，也许身体吃不消，抛弃一切麻烦，死了算了。

格：这种人可称为善于利用医道的人。

苏：是不是因为他有一种工作要做，如果做不了，他就不值得活下去？

格：显然是这样。

苏：可是我们并不说一个有钱的人也有这种规定的工作要做，不做他就觉得不值得活下去。

格：据我所知，不是这样。

苏：哎呀！你有没有听到过福库利得斯说的话"吃饱饭以后①应该讲道德"。

格：我想吃饱饭以前也应该讲道德。

苏：好，让我们不要和他在那一点上争吵。让我们先弄清这一点：有钱人②要不要讲道德？如果不要讲，活了是不是有意思？一天到晚当心身体，对他们遵从福库利得斯的劝告，有没有妨碍？虽然对于专搞木工以及其他工艺的人无疑是一大障碍。

---

① 或译为"有了钱以后……"
② 有钱人自然是"吃饱饭以后……"

格：的确，在体育锻炼之外再过分当心身体①，对这方面是一个最大的妨碍。

苏：这样对于家务管理、军事服役、上班办公都造成了不少累赘。最坏的是使任何学习、思考或沉思冥想都变得困难。自朝至暮老是疑心着头痛目眩、神经紧张，而且把这些都委过于哲学研究，说它是总的起因。这样便使人老觉得身上有这种那种的不舒服，老是烦恼。这对于学习、沉思这类的道德实践和锻炼简直是一种绊脚石。

格：当然会这样的。

苏：那么，我们可以说阿斯克勒比斯是早已知道这个道理了；对于那些体质好生活习惯健康，仅只有些局部疾病的人，他教给了医疗方法，用药物或外科手术将病治好，然后吩咐他们照常生活，不妨碍各人尽公民的义务。至于内部有严重全身性疾病的人，他不想用规定饮食以及用逐渐抽出或注入的方法来给他们以医疗，让他痛苦地继续活下去，让他再产生体质同样糟糕的后代。对于体质不合一般标准的病人，他则认为不值得去医治他，因为这种人对自己对国家都没有什么用处。

格：照你说来，阿斯克勒比斯真是一个最有政治头脑的人呀！

苏：显然是的。他的孩子们也是这样的人，在特洛伊战场上都是好战士，又是好医生，他们②就是用我上面所讲的那种医疗方法给人治伤的。——这你知道吗？墨涅拉俄斯被潘达洛斯射了一

---

① 在《高尔吉亚》篇（464B），医术被认为就是体操。
② 柏拉图引文有出入。《伊利亚特》Ⅳ 218 处说，给墨涅拉俄斯治伤的是马卡昂。因此，这两处都应该用"他"而不是用"他们"。

箭,受了伤。

他们把淤血吸出,敷上了些缓解草药。

他们并没有给他规定饮食,同从前对欧律皮吕斯一样,他们以为对于那些在受伤以前体质原来很好,生活简朴的人,受伤以后敷这么一层草药就够了,虽然偶然也喝一种奶酒。但是对于那些先天病弱又无节制的人,他们则认为这种人活了于己于人都无用处,他们的医道不是为这班人服务的。这种人虽富过弥达斯①,他们也不给他治疗。——这些故事你还记得吗?

格:让你这么一说,阿斯克勒比斯的这些孩子真了不起呀!

苏:他们确是这样。但是悲剧家们和诗人品达的说法和我们的原则有分歧。他们说阿斯克勒比斯是阿波罗神的儿子,他受了贿去医治一个要死的富人,因此被闪电打死。根据前面我们讲过的原则,我们不相信悲剧家和品达的说法。我们认为,如果他是神的儿子,肯定他是不贪心的,如果他是贪心的,他就不是神的儿子。

格:就此为止,你说得再对不过了。但是苏格拉底,我有一个问题,看你怎么答复?我们在城邦里要不要有好的医生?是不是最好的医生应当是医治过最大多数病人的(包括天赋健全的与不健全的)?同样,最好的法官是否应该是同各色各样品格的人都打过交道的?

苏:无疑我们要好的医生和好的法官。但是你知道我所谓"好的"是什么意思吗?

格:我不知道,除非你告诉我。

---

① 希腊神话中的佛里其亚国王。他贪恋财富,曾祈求神明赐他点物成金的法术。

苏：好，让我来试试看。我说你把两样不同的事情混在一个问题里了。

格：什么意思？

苏：医生假使从小就学医，对各色各样的病人都有接触，对各种疾病还有过切身的体验（如果他们自己体质并不太好的话），那么这样的医生确实可能成为极有本领的医生。因为我想，他们并不是以身体医治身体，如果是以身体治身体，我们就不应该让他们的身体有病或者继续有病。他们是用心灵医治身体，如果心灵原来是坏的或者变坏了的，他们就不可能很好地医病了。

格：你说得对。

苏：至于法官，我的朋友，那是以心治心。心灵决不可以从小就与坏的心灵厮混在一起，更不可犯罪作恶去获得第一手经验以便判案时可以很快地推测犯罪的过程，好像医生诊断病人一样。相反，如果要做法官的人心灵确实美好公正，判决正确，那么他们的心灵年轻时起就应该对于坏人坏事毫不沾边，毫无往还。不过这样一来，好人在年轻时便显得比较天真，容易受骗，因为他们心里没有坏人心里的那种原型。

格：他们的确有此体验。

苏：正因为这样，所以一个好的法官一定不是年轻人，而是年纪大的人。他们是多年后年龄大了学习了才知道不正义是怎么回事的。他们懂得不正义，并不是把它作为自己心灵里的东西来认识的，而是经过长久的观察，学会把它当作别人心灵里的别人的东西来认识的，是仅仅通过知识，而不是通过本人的体验认识清楚不正义是多么大的一个邪恶的。

格:这样的法官将被认为是一个最高贵的法官。

苏:并且是一个好的法官。你的问题的要旨就在"好的"这两个字上,因为有好心灵的人是"好的"。而那种敏于怀疑的狡诈之徒,以及那种自己干过许多坏事的人和认为自己手段高明瞒得过人的人,当他和自己同类人打交道时,他注视着自己心灵里的原型,便显得聪明能干,但是当他和好人或老一辈的人相处时,他便显得很蠢笨了,因为,不当怀疑的他也怀疑。见了好人,他也不认识,因为他自己心里没有好的原型。可是,因为他碰到的坏人比好人多得多,所以无论他自己还是别人就都觉得他似乎是一个聪明人而不是一个笨蛋了。

格:的确是这样。

苏:因此,好而明察的理想法官绝不是这后一种人,而是前一种人。因为邪恶决不能理解德性和邪恶本身,但天赋的德性通过教育最后终能理解邪恶和德性本身。因此据我看来,不是那种坏人而是这种好人,才能做一个明察的法官。

格:我同意。

苏:那么,你要不要在城邦里把我们所说过的医疗之术以及司法之术制定为法律呢?这两种法律都对那些天赋健全的公民的身体和心灵抱有好意;而对那些身体不健全的,城邦就让其死去;那些心灵天赋邪恶且又不可救药的人,城邦就毫不姑息处之以死。

格:这样做已被证明对被处理者个人和城邦都是最好的事情。

苏:这样,年轻人接受了我们说过的那种简单的音乐文艺教育的陶冶,养成了节制的良好习惯,他们显然就能自己监督自己,不需要打官司了。

格:是的。

苏:这种受过音乐教育的青年,运用体育锻炼(如果他愿意的话),通过同样苦练的过程,他会变得根本不需要什么医术,除非万不得已。

格:我也这样想。

苏:再说,在不畏艰辛苦练身体的过程中,他的目的主要在锻炼他心灵的激情部分,不是仅仅为了增加体力,他同一般运动员不一样,一般运动员只注意进规定的饮食,使他们力气大臂膀粗而已。

格:你说得对极了。

苏:因此,把我们的教育建立在音乐和体育上的那些立法家,其目的并不像有些人所想象的那样,在于用音乐照顾心灵,用体育照顾身体。格劳孔,我可以这样说吗?

格:为什么不可以?

苏:他们规定要教音乐和体育主要是为了心灵。

格:怎么会的?

苏:你有没有注意到一生专搞体育运动而忽略音乐文艺教育对于心灵的影响是怎样的?反之,专搞音乐文艺而忽略体育运动的影响又是怎样的?

格:你指的是什么?

苏:我指的一是野蛮与残暴,另一是软弱与柔顺。

格:啊,很对。我注意到那些专搞体育锻炼的人往往变得过度粗暴,那些专搞音乐文艺的人又不免变得过度软弱。

苏:天性中的激情部分的确会产生野蛮;如果加以适当训练就

可能成为勇敢,如果搞得过了头,就会变成严酷粗暴。

格:我也这样看法。

E　苏:再说,温文是不是人性中爱智部分的一种性质?是不是这种性质过度发展便会变为过分软弱,如培养适当就能变得温文而秩序井然?是不是这样?

格:确是这样。

苏:但是我们说我们的护卫者需要两种品质兼而有之。

格:他们应该这样。

苏:那么这两种品质要彼此和谐吗?

格:当然要。

411　苏:有这种品质和谐存在的人,他的心灵便既温文而又勇敢。

格:诚然。

苏:没有这种和谐存在的人便既怯懦而又粗野。

格:的确这样。

苏:好;假定一个人纵情乐曲,让各种曲调唱腔,甜的、软的、哭哭啼啼的(像我们刚才所讲过的那些),醍醐灌顶似地,把耳朵当作漏斗,注入心灵深处,假使他全部时间都沉溺于丝弦杂奏歌声婉转

B　之间,初则激情部分(如果有的话),像铁似的由粗硬变得柔软,可以制成有用的器具。倘若他这样继续下去,像着了魔似的,不能适可而止,他就开始融化了,液化了,分解了。结果就会激情烟消云散,使他萎靡不振,成为一个"软弱的战士"。①

---

① 《伊利亚特》XVII 588。

格:极是。

苏:如果①他一开始就不是一个天性刚强的人,这种萎靡不振的恶果很快就会出现。如果①原来是一个刚强的人,经过刺激情绪就会变得不稳定,容易生气,也容易平静。结果便成了一个爱同人吵架爱发脾气的喜怒无常性情乖张的人。

格:确实如此。

苏:再说,如果一个人全副精神致力于身体的锻炼,胃口好食量大,又从来不学文艺和哲学,起初他会变得身强力壮,心灵充满自信,整个人变得比原来更勇敢。你看他会这样吗?

格:他真会这个样子的。

苏:不过,要是他除了搞体操训练外,别无用心,怕见文艺之神,结果会怎么样呢?对于学习科研从来没有尝过一点滋味,对于辩证推理更是一窍不通,他心灵深处可能存在的爱智之火光难道不会变得暗淡微弱吗?由于心灵没有得到启发和培育,感觉接受能力没有得到磨练,他会变得耳不聪目不明。不是吗?

格:诚然。

苏:结果,我以为这种人会成为一个厌恶理论不知文艺的人,他不用论证说服别人,而是像一只野兽般地用暴力与蛮干达到自己的一切目的。在粗野无知中过一种不和谐的无礼貌的生活。

格:完全是这样。

苏:为这两者,似乎有两种技术——音乐和体育(我要说这是某一位神赐给我们人类的)——服务于人的两个部分——爱智部

---

① 都包括一个大前提:即,全部时间只搞音乐文艺,不搞体育锻炼。

分和激情部分。这不是为了心灵和身体(虽然顺便附带也为了心灵和身体),而是为了使爱智和激情这两部分张弛得宜配合适当,达到和谐。

格:看来如此。

苏:因此,那种能把音乐和体育配合得最好,能最为比例适当地把两者应用到心灵上的人,我们称他们为最完美最和谐的音乐家应该是最适当的,远比称一般仅知和弦弹琴的人为音乐家更适当。

格:讲得有理,苏格拉底。

苏:那么,格劳孔,在这方面,是不是我们也需要一个常设的监护人呢,如果城邦的宪法要加以监护的话?

格:当然非常需要。

苏:关于教育和培养公民的原则纲要就是这些。一一细述他们的跳舞、打猎、跑狗、竞技、赛马,试问有什么必要呢? 细节必须符合纲要,大纲定了,细节就不难发现,这是一清二楚的事情。

格:也许就不困难了。

苏:那么好,下面我们要确定什么呢? 是不是要决定,公民里面哪些人是统治者,哪些人是被统治者呢?

格:显然是的。

苏:统治者必须是年纪大一点的,被统治者必须是年纪小一点的。这是显然的吗?

格:是显然的。

苏:统治者必须是他们中间最好的人。这也是明显的吗?

格:也是明显的。

苏：最好的农民是最善于种田的人，是不是？

格：是的。

苏：那么，现在既然要选择的是护卫者中最好的，我们不是要选择最善于护卫国家的人吗？

格：是的。

苏：那么，他们除了首先应当是有护卫国家的智慧和能力的人而外，难道不还应当是一些真正关心国家利益的人吗？

格：当然应当是。

苏：一个人总最关心他所爱的东西。

格：必然如此。

苏：又，一个人总是最爱那些他认为和自己有一致利益，和自己得失祸福与共的东西的。

格：确是这样。

苏：那么，我们必须从所有护卫者里选择那些在我们观察中显得最愿毕生鞠躬尽瘁，为国家利益效劳，而绝不愿做任何不利于国家的事情的人。

格：选择这些人是最妥当的了。

苏：其次，我觉得，我们还得随时考察他们，看他们是否能终身保持这种护卫国家的信念，是否既非魔术又非武力所能于不知不觉之间使他们放弃为国尽力的信念①的？

格：你所说的"放弃"是指的什么？

苏：让我来告诉你。我觉得，一个意见②之离开心灵，或为自

---

① δόξα"决定"，"意见"。这里译"信念"，比较明达些。
② "意见"，和前注"信念"是一个词，在希腊文同为 δόξα。

413 愿的,或为不自愿的。一个错误意见离开学好了的人是自愿的离开,一切正确意见的离开是不自愿的离开。

格:我理解自愿的那个,但是我希望听你讲讲不自愿的那个。

苏:啊,可以。人们总是不愿意失掉好的东西,而愿意丢掉坏的东西,你同意我这个想法吗?难道在真理上的受骗不是坏事,得到真理不是好事吗?你难道不认为取得反映真实的意见是得到真理吗?

格:你说得很对。我也认为,人们的正确意见总是不愿被剥夺的。

苏:不自愿的放弃总是发生在人们被巧取豪夺——或被欺骗诱惑或被强力压迫的情况下。

格:此刻你讲的巧取豪夺的两种情况是什么意思我都不懂。

B 苏:我一定是像悲剧角色在讲话,有点晦涩了。所谓"被欺骗诱惑",我的意思是指人们经过辩论,被人说服了,或者经过一段时间忘掉了,于不知不觉间放弃了原来的意见。现在你也许懂了吧?

格:是的。

苏:所谓"被强力压迫",我的意思是指有些困苦或忧患逼得人们改变了原有的意见。

格:我也懂了。我想你所说的是对的。

C 苏:至于"被欺骗诱惑者"我想你会同意我是指那些人:他们受享乐引诱,或者怕字当头,有所畏惧,改变了意见。

格:是的,凡是带欺骗性的东西,总是起一种魔术般的迷惑作用。

苏:言归正传,我们必须寻找坚持原则孜孜不倦为他们所认为的国家利益服务的那些护卫者。我们必须从他们幼年时起,就考察他们,要他们做工作,在工作中考察他们。其中有的人可能会忘掉那个原则,受了欺骗。我们必须选择那些不忘原则的,不易受骗的人做护卫者,而舍弃其余的人。你同意吗?

格:同意。

苏:再者,劳筋骨、苦心志,见贤思齐,我们也要在这些方面注意考察他们。

格:极是。

苏:好,让我们再进行第三种反欺骗诱惑的考察,看他们是否经得起。你知道人们把小马带到嘈杂喧哗的地方去,看它们怕不怕;同样,我们也要把年轻人放到贫穷忧患中去,然后再把他们放到锦衣玉食的环境中去,同时,比人们用烈火炼金制造金器还要细心得多地去考察他们,看他们受不受外界的引诱,是不是能泰然无动于衷,守身如玉,做一个自己的好的护卫者,是不是能护卫自己已受的文化修养,维持那些心灵状态在他身上的谐和与真正的节奏(这样的人对国家对自己是最有用的)。人们从童年、青年以至成年经过考验,无懈可击,我们必须把这种人定为国家的统治者和护卫者。当他生的时候应该给予荣誉,死了以后给他举行公葬和其他的纪念活动。那些不合格的人应该予以排斥。格劳孔啊!我想这就是我们选择和任命统治者和护卫者的总办法。当然这仅仅是个大纲,并不是什么细节都列出来了。

格:我同意,大体上我也觉得事情应该这样做。

苏:我们的确可以在最完全的含义上称这些人为护卫者。他们对外警惕着敌人,内部注意朋友,以致朋友不愿,敌人不敢危害城邦。至于刚才我们称之为护卫者的那些人中的年轻人,则我们称之为辅助者或助手,他们是执行统治者法令的。是这样吧?

格:我也认为是这样。

苏:不久前①,我们刚谈到过偶然使用假话的问题,现在我们或许可以用什么方法说一个那样的高贵的假话,使统治者自己相信(如果可能的话),或者至少使城邦里其他的人相信(如果不能使统治者相信的话)。

格:什么假话?

苏:并没什么新奇的。这是一个老早以前在世界上许多地方流传过的腓尼基人的传说。它是诗人告诉我们,而我们也信以为真的一个故事。但是这样的故事在我们今天已听不到,也不大可能再听到,它也没有任何说服力可以使人相信的了。

格:你似乎吞吞吐吐很不愿意直说出来。

苏:等我讲了你就会懂得我为什么不肯直说了。

格:快讲吧,不要怕。

苏:那么好,我就来讲吧。不过,我还是没有把握我是否能有勇气,是否能找到什么语言来表达我的意思,首先说服统治者们自己和军队,其次说服城邦的其他人:我们给他们教育和培养,其实他们一切如在梦中。实际上他们是在地球深处被孕育被陶铸成的,他们的武器和装备也是在那里制造的;地球是他们的母亲,把他们抚养大了,送他们到世界上来。他们一定要把他们出生的土地看作母亲看作保姆,念念不忘,卫国保乡,御侮抗敌,团结一致,

---

① 389 B 以下。

有如亲生兄弟一家人似的。

格:现在我明白你刚才为什么欲言又止,不肯把这个荒唐故事直说出来的了。

苏:我这样做自有我的理由;不去管它,且听下文。我们在故事里将要告诉他们:他们虽然一土所生,彼此都是兄弟,但是老天铸造他们的时候,在有些人的身上加入了黄金,这些人因而是最可宝贵的,是统治者。在辅助者(军人)的身上加入了白银。在农民以及其他技工身上加入了铁和铜。但是又由于同属一类,虽则父子天赋相承,有时不免金父生银子,银父生金子,错综变化,不一而足。所以上天给统治者的命令最重要的就是要他们做后代的好护卫者,要他们极端注意在后代灵魂深处所混合的究竟是哪一种金属。如果他们的孩子心灵里混入了一些废铜烂铁,他们决不能稍存姑息,应当把他们放到恰如其分的位置上去,安置于农民工人之间;如果农民工人的后辈中间发现其天赋中有金有银者,他们就要重视他,把他提升到护卫者或辅助者中间去。须知,神谕曾经说过"铜铁当道,国破家亡",你看你有没有办法使他们相信这个荒唐的故事?

格:不,这些人是永远不会相信这个故事的。不过我看他们的下一代会相信的,后代的后代子子孙孙迟早总会相信的。

苏:我想我是理解你的意思的。就是说,这样影响还是好的,可以使他们倾向于爱护他们的国家和他们相互爱护。我想就这样口头相传让它流传下去吧!

现在让我们武装这些大地的子孙们,指导他们在统治者的导引下迈步前进。让他们去看看城邦里最适宜于扎营的地方,从那里他们可以对内镇压不法之徒,对外抗虎狼般的入侵之敌。扎下营盘祭过神祇之后,他们必须做窝。你同意我这个说法吗?

格:我同意。

苏:这些窝要能冬天暖和夏天宽敞吗?

格:当然是的。因为我想你是指他们的住处。

苏:是的,我是指兵士的营房,不是指商人的住房。

格:这两者分别在哪里?

苏:让我来告诉你。对牧羊人来说,人世上最可怕最可耻的事情实在莫过于把那些帮助他们管羊群的猎犬饲养成这个样子:它们或因放纵或因饥饿或因别的坏脾气,反而去打击和伤害所保管的羊群,它们倒像是豺狼而不像是猎犬了。

格:确是可怕。

苏:那么我们要不要注意用我们所能的一切方法防止我们的助手用任何这样的态度来对付人民,并且由于自己比较强,因而使自己由一个温和的朋友变成了一个野蛮的主子呢?

格:我们一定要这样。

苏:他们要是受过真正好的教育,他们在这方面不就有了主要的保证了吗?

格:他们已经受过好教育了呀!

苏:我们还不能肯定这样说,亲爱的格劳孔,不过我们可以肯定正在说的那句话,他们一定要有正确的教育(不管它是什么),使他们不仅主要能够对他们自己温文和蔼,而且对他们所治理的人们也温文和蔼。

格:这话很对。

苏:那么,除了好的教育之外,任何明白事理的人都要说,我们必须给他们住处给他们别的东西,使他们得以安心去做优秀的保卫者,而不要迫使他们在老百姓中间为非作歹。

格:这话说得极是。

苏:好,请考虑一下,如果要他们做优秀的护卫者,像我们所希望的那样,下述这种生活方式,这种住处能行吗?第一,除了绝对的必需品以外,他们任何人不得有任何私产。第二,任何人不应该有不是大家所公有的房屋或仓库。至于他们的食粮则由其他公民供应,作为能够打仗既智且勇的护卫者职务的报酬,按照需要,每年定量分给,既不让多余,亦不使短缺。他们必须同住同吃,像士兵在战场上一样。至于金银我们一定要告诉他们,他们已经从神明处得到了金银,藏于心灵深处,他们更不需要人世间的金银了。他们不应该让它同世俗的金银混杂在一起而受到玷污;因为世俗的金银是罪恶之源,心灵深处的金银是纯洁无瑕的至宝。国民之中只有这些护卫者不敢与金和银发生任何关系,甚至不敢接触它们,不敢和它们同居一室,他们不敢在身上挂一点金银的装饰品或者用金杯银杯喝一点儿酒;他们就这样来拯救他们自己,拯救他们的国家。他们要是在任何时候获得一些土地、房屋或金钱,他们就要去搞农业、做买卖,就不再能搞政治做护卫者了。他们就从人民的盟友蜕变为人民的敌人和暴君了;他们恨人民,人民恨他们;他们就会算计人民,人民就要谋图打倒他们;他们终身在恐惧之中,他们就会惧怕人民超过惧怕国外的敌人。结果就会是,他们和国家一起走上灭亡之路,同归于尽。

苏:根据以上所有的理由,让我们就怎样供给护卫者以住处及其他的一切达成一致意见,并且制定为法律吧。我们要不要这样?

格:完全要。

第 四 卷

〔到此阿得曼托斯插进来提出一个问题。〕

阿:苏格拉底,假如有人反对你的主张,说你这是要使我们的护卫者成为完全没有任何幸福的人,使他们自己成为自己不幸的原因;虽然城邦确乎是他们的,但他们从城邦得不到任何好处,他们不能像平常人那样获得土地,建造华丽的住宅,置办各种奢侈的家具,用自己的东西献祭神明,款待宾客,以争取神和人的欢心,他们也不能有你刚才所提到的金和银以及凡希望幸福的人们常有的一切;我们的护卫者竟穷得全像那些驻防城市的雇佣兵,除了站岗放哨而外什么事都没有份儿那样。——对于这种指责你怎么答复呢?

苏:嗯,我还可以替他们补充呢:我们的护卫者只能得到吃的,除此而外,他们不能像别的人那样,再取得别的报酬;因此,他们要到那里去却不能到那里去;他们没钱给情人馈赠礼品,或在其他方面像那些被认为幸福的人那样随心所欲地花钱。诸如此类的指责我还可以补充许许多多呢。

阿:如果这些话一并包括在指责里,怎么样呢?

苏:你是问我们怎样解答吗?

阿:是的。

苏:如果我们沿着这个路子论证下去,我相信我们会找到答案的。我们的答案将是:我们的护卫者过着刚才所描述的这种生活而被说成是最幸福的,这并没有什么可奇怪的。因为,我们建立这个国家的目标并不是为了某一个阶级的单独突出的幸福,而是为了全体公民的最大幸福;因为,我们认为在一个这样的城邦里最有可能找到正义,而在一个建立得最糟的城邦里最有可能找到不正义。等到我们把正义的国家和不正义的国家都找到了之后,我们也许可以作出判断,说出这两种国家哪一种幸福了。当前我认为我们的首要任务乃是铸造出一个幸福国家的模型来,但不是支离破碎地铸造一个为了少数人幸福的国家,而是铸造一个整体的幸福国家。(等会儿我们还要考察相反的那种国家①。)打个比方,譬如我们要给一个塑像画上彩色,有人过来对我说:"你为什么不把最美的紫色用到身体最美的部分——眼睛上去,而把眼睛画成了黑色的呢?"对于这个问题我们完全可以认为下述回答是正确的:"你这是不知道,我们是不应该这样来美化眼睛的,否则,眼睛看上去就不像眼睛了。别的器官也如此。我们应该使五官都有其应有的样子而造成整体美。"因此我说:别来硬要我们给护卫者以那种幸福,否则就使他们不成其为护卫者了。须知,我们也可以给我们的农民穿上礼袍戴上金冠,地里的活儿,他们爱干多少就干多少;让我们的陶工也斜倚卧榻,炉边宴会,吃喝玩乐,至于制作陶器的事,爱干多少就干多少;所有其他的人我们也都可以这样使他们幸福;这样一来就全国人民都幸福啦②。但是我们不这样认为。因为,如果我们信了你的话,农民将不成其为农民,陶工将不成其为

---

① 指449A和第八卷、第九卷。退化的国家类型有四种,不过,和好的国家最为相反的类型是一种,即僭主政治。

② 这是一句带揶揄口吻的反话。

陶工,其他各种人也将不再是组成国家一个部分的他们那种人了。这种现象出现在别种人身上问题还不大,例如一个皮匠,他腐败了,不愿干皮匠活儿,问题还不大。但是,如果作为法律和国家保卫者的那种人不成其为护卫者了,或仅仅似乎是护卫者,那么你可以看到他们将使整个国家完全毁灭,反之,只要护卫者成其为护卫者就能使国家有良好的秩序和幸福。我们是要我们的护卫者成为真正的护国者而不是覆国者。而那些和我们主张相反的人,他们心里所想的只是正在宴席上饮酒作乐的农民,并不是正在履行对国家职责的公民。若是这样,我们说的就是两码事了,而他们所说的不是一个国家。因此,在任用我们的护卫者时,我们必须考虑,我们是否应该割裂开来单独注意他们的最大幸福,或者说,是否能把这个幸福原则不放在国家里作为一个整体来考虑。我们必须劝导护卫者及其辅助者,竭力尽责,做好自己的工作。也劝导其他的人,大家和他们一样。这样一来,整个国家将得到非常和谐的发展,各个阶级将得到自然赋予他们的那一份幸福。

阿:我认为你说得很对。

苏:我还有一个想法,不知你是否赞同。

阿:什么想法?

苏:似乎有两个原因能使技艺退化。

阿:哪两个原因?

苏:贫和富。

阿:它们怎么使技艺退化的呢?

苏:是这样的:当一个陶工变富了时,请想想看,他还会那样勤苦地对待他的手艺吗?

阿：定然不会。

苏：他将日益懒惰和马虎，对吗？

阿：肯定是这样。

苏：结果他将成为一个日益蹩脚的陶工，对吗？

阿：是的，大大退化。

苏：但是，他如果没有钱，不能买工具器械，他也不能把自己的 E 工作做得那么好，他也不能把自己的儿子或徒弟教得那么好。

阿：当然不能。

苏：因此，贫和富这两个原因都能使手艺人和他们的手艺退化，对吗？

阿：显然是这样。

苏：因此，如所看到的，我们在这里发现了第二害，它们是护卫者必须尽一切努力防止其在某个时候悄悄地潜入城邦的。

阿：什么害？

苏：贫和富呀。富则奢侈、懒散和要求变革，贫则粗野、低劣，422 也要求变革。

阿：的确是这样；但是，苏格拉底啊，我还要请问，如果我们国家没有钱财物资，我们城邦如何能进行战争呢？特别是一旦不得不和一个富足而强大的城邦作战时。

苏：很明显，和一个这样的敌人作战是比较困难的；但是和两 B 个这样的敌人作战，却比较容易。

阿：这是什么意思？

苏：首先，请告诉我，如果不得不打仗，我方将是受过训练的战士，而对方则是富人组成的军队，是不是？

阿：是这样的。

苏：阿得曼托斯，你不认为，精于拳术的人只要一个就可以轻易地胜过两个对拳术一窍不通的胖大个儿的富人吗？

阿：如果两个人同时向一个人进攻，我认为这一个人不见得能轻易取胜。

C　苏：如果他能以脱身在前面逃，然后返身将两对手中之先追到者击倒，如果他能在如火的烈日之下多次这样做，他也不能取胜吗？这样一个斗士不能甚至击倒更多的那种对手吗？

阿：如能那样，胜利当然就没什么可奇怪的了。

苏：你不认为和军事方面比较起来，富人在拳术方面的知识和经验要多些吗？

阿：我看是的。

苏：因此，我们的拳斗士大概是容易击败数量比他多两倍、三倍的对手的。

阿：我同意你的看法，因为我觉得你说的有道理。

D　苏：如果我们派遣一名使节到两敌国之一去，把真实情况告诉他们：金银这东西我们是没有也不容许有的，但他们可以有，所以他们还是来帮助我们作战，掳掠另一敌国的好。听到这些话，有谁愿去和瘦而有力的狗打，而不愿意和狗在一边去攻打那肥而弱的羊呢？

阿：我想不会有谁愿意和狗打的。但是许多国家的财富聚集
E　到一个国家去了，对于这个穷国可能有一种危险。

苏：对于和我们所建立的这个城邦不同的任何别的国家，如果你认为值得把它称呼为一个国家，那就太天真了。

阿：那么怎么称呼它呢？

苏：称呼别的国家时，"国家"这个名词应该用复数形式，因为它们每一个都是许多个而不是一个，正如戏曲里所说的那样。无论什么样的国家，都分成相互敌对的两个部分，一为穷人的，一为富人的，而且这两个部分各自内部还分成许多个更小的对立部分。如果你把它们都当作许多个，并且把其中一些个的财富、权力或人口许给另一些个部分，那你就会永远有许多的盟友和不多的敌人。你们的国家只要仍在认真地执行这一既定方针，就会是最强大的。我所说的最强大不是指名义上的强大，而是指实际上的强大，即使它只有一千名战士也罢。像我们拟议中的城邦这样规模而又"是一个"的国家，无论在希腊还是在希腊以外的任何地方都是很难找得到的，而"似乎是一个"的国家，比我们大许多许多倍的你也可以找得到。或许，你有不同的想法吧？

阿：没有，真的。

苏：因此我国的当政者在考虑城邦的规模或要拥有的疆土大小时似乎应该规定一个不能超过的最佳限度。

阿：什么限度最佳呢？

苏：国家大到还能保持统一——我认为这就是最佳限度，不能超过它。

阿：很好。

苏：因此，这是我们必须交给我们国家的护卫者的又一项使命，即尽一切办法守卫着我们的城邦，让它既不要太小，也不要仅仅是看上去很大，而要让它成为一个够大的且又统一的城邦。

阿：我们交给他们的这个使命或许算不上一个很难的使命。

苏：还有一个更容易的使命，我们在前面说到过的①，即如果护卫者的后裔变低劣了，应把他降入其他阶级，如果低等阶级的子孙天赋优秀，应把他提升为护卫者。这用意在于昭示：全体公民无例外地，每个人天赋适合做什么，就应派给他什么任务，以便大家各就各业，一个人就是一个人而不是多个人，于是整个城邦成为统一的一个而不是分裂的多个。

阿：是的，这个使命比那个还要来得容易。

苏：我的好阿得曼托斯，我们责成我国当政者做的这些事并不像或许有人认为的那样，是很多的困难的使命，它们都是容易做得到的，只要当政者注意一件大家常说的所谓大事就行了。（我不喜欢称之为"大事"，而宁愿称之为"能解决问题的事"。）

阿：这是什么事呢？

苏：教育和培养。因为，如果人们受了良好的教育就能成为事理通达的人，那么他们就很容易明白，处理所有这些事情还有我此刻没有谈及的别的一些事情，例如婚姻嫁娶以及生儿育女——处理所有这一切都应当本着一个原则，即如俗话所说的，"朋友之间不分彼此"。

阿：这大概是最好的办法了。

苏：而且，国家一旦很好地动起来，就会像轮子转动一般，以越来越快的速度前进。因为良好的培养和教育造成良好的身体素质，良好的身体素质再接受良好的教育，产生出比前代更好的体质，这除了有利于别的目的外，也有利于人种的进步，像其他动物

---

① 415B。

一样。

阿:有道理。

苏:因此扼要地说,我国的领袖们必须坚持注视着这一点,不让国家在不知不觉中败坏了。他们必须始终守护着它,不让体育和音乐翻新,违犯了固有的秩序。他们必须竭力守护着。当有人说,人们最爱听

> 歌手们吟唱最新的歌①

时,他们会担心,人们可能会理解为,诗人称誉的不是新歌,而是新花样的歌,所以领袖们自己应当不去称赞这种东西,而且应当指出这不是诗人的用意所在。因为音乐的任何翻新对整个国家是充满危险的,应该预先防止。因为,若非国家根本大法有所变动,音乐风貌是无论如何也不会改变的。这是戴蒙说的,我相信他这话。

阿:是的。你也把我算作赞成这话的一个吧。

苏:因此,我们的护卫者看来必须就在这里——在音乐里——布防设哨。

阿:这种非法②的确容易悄然潜入。

苏:是的。因为它被认为不过是一种游戏,不成任何危害③。

阿:别的害处是没有,只是它一点点地渗透,悄悄地流入人的性格和习惯,再以渐大的力量由此流入人与人之间的关系,再由人与人的关系肆无忌惮地流向法律和政治制度,苏格拉底呀,它终于

---

① 史诗《奥德赛》Ⅰ 352。
② 非法(παρανομία),除了道德上的含义外(537E)还暗示音乐中的非法的翻新。
③ 比读《法律》篇 797A—B,那里警告人们不要在孩子游戏中翻新。

破坏了^①公私方面的一切。

苏:呀！是这样吗？

阿:我相信是这样。

苏:那么,如我们开头说的,我们的孩子必须参加符合法律精神的正当游戏。因为,如果游戏是不符合法律的游戏,孩子们也会成为违反法律的孩子,他们就不可能成为品行端正的守法公民了。

阿:肯定如此。

苏:因此,如果孩子们从一开始做游戏起就能借助于音乐养成遵守法律的精神,而这种守法精神又反过来反对不法的娱乐,那么这种守法精神就会处处支配着孩子们的行为,使他们健康成长。一旦国家发生什么变革,他们就会起而恢复固有的秩序。

阿:确实是的。

苏:孩子们在这样的教育中长大成人,他们就能自己去重新发现那些已被前辈全都废弃了的看起来微不足道的规矩。

阿:哪种规矩？

苏:例如下述这些:年轻人看到年长者来到应该肃静；要起立让座以示敬意;对父母要尽孝道;还要注意发式、袍服、鞋履;总之体态举止,以及其他诸如此类,都要注意。你或许有不同看法吧？

阿:我和你看法相同。

苏:但是,把这些规矩订成法律我认为是愚蠢的。因为,仅仅订成条款写在纸上,这种法律是得不到遵守的,也是不会持久的。

阿:那么,它们怎么才能得到遵守呢？

---

① 比读 389D。

苏:阿得曼托斯啊,一个人从小所受的教育把他往哪里引导,却能决定他后来往哪里走。"同声相应,同气相求"——事情不总是这样吗?

阿:的确是的。

苏:直到达到一个重大的结果,这个结果也许是好的,也许是不好的。

阿:当然啰。

苏:由于这些理由,因此我不想再把这种事情制定成法律了。

阿:理由充足。

苏:但是,关于商务,人们在市场上的相互交易,如果你愿意的话,还有,和手工工人的契约,关于侮辱和伤害的诉讼,关于民事案件的起诉和陪审员的遴选这些问题,还可能有人会提出关于市场上和海港上必须征收的赋税问题。总之,市场的、公安的、海港的规则,以及其他诸如此类的事情,我的天哪,是不是都得我们来一一订成法律呢?

阿:不,对于优秀的人,把这么许多的法律条文强加给他们是不恰当的。需要什么规则,大多数他们自己会容易发现的。

苏:对,朋友,只要神明保佑他们能保存住我们已给他们订定的那些法律,也就可以了。

阿:否则的话,他们将永无止境地从事制定这类烦琐的法律,并为使它们达到完善把自己的一生都用来修改这种法律。

苏:你的意思是说,这种人的生活很像那些纵欲无度而成痼疾的人不愿抛弃对健康不利的生活制度一样。

阿:很对。

苏：诚然，他们过着极乐生活。他们虽就医服药但一无效果，只有使疾病更复杂并加重；他们还一直指望有人能告诉他们一种灵丹妙药，使他们可以恢复健康。

阿：有这种疾病的人大都这副样子。

苏：是的，而且有趣的是，谁对他们说实话，告诉他们：如果他们不停止大吃大喝，寻花问柳，游手好闲，那么显而易见，无论药物还是烧灼法还是外科手术，是咒语还是符箓或别的任何治疗方法都治不好他们的病。——谁对他们这样说，他们就会把谁视为自己最可恶的敌人。

阿：根本谈不上有趣，因为对说老实话的人生气是不好的。

苏：我觉得你似乎对这种人没有好感。

阿：的确没有好感。

苏：如果一个国家也像我刚才说的那种人那样行事，你大概也不会称赞它的行为的。你没有看到有些国家的行为也是这样的吗？那里政治不良，但禁止公民触动整个国家制度，任何企图改变国家制度的要处以死刑；但同时不论什么人，只要他能极为热忱地为生活在这种不良政治秩序下的公民服务，为了讨好他们不惜奉承巴结，能窥探他们的心意，巧妙地满足他们的愿望，他们就把这种人视为优秀的有大智大慧的人并给予尊敬。

阿：是的，我认为这种国家的行为和那种病人的行为是一样的，我无论如何也不能称赞它。

苏：但是，对于那些愿为这种国家热诚服务的人又怎么样呢？你能不称赞他们的勇敢和不计个人利害的精神吗？

阿：我称赞他们，只是不称赞其中那些缺乏自知之明的，因为有许多人称赞他们而竟以为自己真是一个政治家了的人们。

苏:你的意思是什么呢?你不原谅他们一点吗?一个人不会量尺寸,另外有许多人也不会量尺寸,但他们告诉他说他身长四肘尺,你认为他能不相信这个关于他身长的说法吗?

阿:他怎能不相信呢?

苏:因此,你别对他们生气。因为,他们不也挺可怜吗?他们像我刚才说过的那样不停地制定和修改法律,总希望找到一个办法来杜绝商业上的以及我刚才所说的那些其他方面的弊端,他们不明白,他们这样做其实等于在砍九头蛇的脑袋①。

阿:的确,他们所做的正是这样的事。

苏:因此我认为,真正的立法家不应当把力气花在法律和宪法方面做这一类的事情,不论是在政治秩序不好的国家还是在政治秩序良好的国家;因为在政治秩序不良的国家里法律和宪法是无济于事的,而在秩序良好的国家里法律和宪法有的不难设计出来,有的则可以从前人的法律条例中很方便地引申出来。

阿:那么,在立法方面还有什么事要我们做的呢?

苏:没什么还要我们做的,特尔斐的阿波罗还有事要做,他还有最重大最崇高最主要的法律要规定。

阿:有哪些?

苏:祭神的庙宇和仪式,以及对神、半神和英雄崇拜的其他形式,还有对死者的殡葬以及安魂退鬼所必须举行的仪式。这些事是我们所不知道的,作为一个城邦的建立者的我们,如果是有头脑

---

① 古希腊神话中的怪蛇,九个头,斩去一头又生两头。

的,也不会把有关这些事的法律委诸别的解释者而不委诸我们祖传的这位神祇的。因为,这位神乃是给全人类解释他们祖先的这些宗教律令的神祇,我们的祖先就是在这位大神的设在大地中央的脐石上的他的神座上传达他的解释的。

阿:你说得很好,我们必须这样做。

苏:因此,阿里斯同之子,你们的城邦已经可以说是建立起来了。接下来的事情就是要从某个地方弄到足够的灯光来照明,以便你自己,还要叫来你的兄弟,玻勒马霍斯以及其他朋友来帮你一起,寻找一下,看看我们是否能用什么办法发现,在城里什么地方有正义,在什么地方有不正义,两者之间区别又何在,以及想要得到幸福的人必须具有正义呢还是不正义,不论诸神和人们是否知道[①]。

格劳孔:废话,你曾答应要亲自寻找正义的。你曾说过,你如果不想一切办法尽力帮助正义,就是不虔敬的人。

苏:我确曾这样说过,我必须这样做,但你也应助我一臂之力。

格:我们愿意。

苏:因此我希望用如下的办法找到它。我认为我们的城邦假定已经正确地建立起来了,它就应是善的。

格:必定的。

苏:那么可想而知,这个国家一定是智慧的、勇敢的、节制的和正义的。

格:这是很明白的。

───────────────

[①] 367E。

苏：因此，假定我们在这个国家里找到了这些性质之一种，那么，我们还没有找到的就是剩下的那几种性质了①。对吗？

格：怎么不对呢？

苏：正如另外有四个东西，假定我们要在某事物里寻求它们之中的某一个，而一开始便找到了它，那么这在我们就很满意了。但是，如果我们所找到的是另外三个，那么这也足以使我们知道我们所要寻求的那第四个了，因为它不可能是别的，而只能是剩下来的那一个。

格：说得对。

苏：那么，既然我们现在所要寻求的东西也是四个，我们不也可以用同样的方法来寻求它们吗？

格：当然可以。

苏：而且我在我们国家中清清楚楚看到的第一件东西便是智慧，而这个东西显得有点奇特之处。

格：有什么奇特之处？

苏：我觉得我们所描述的这个国家的确是智慧的，因为它是有很好的谋划的，不是吗？

格：是的。

苏：好的谋划这东西本身显然是一种知识。因为，其所以有好的谋划，乃是由于有知识而不是由于无知。

格：显然是这样。

苏：但是在一个国家里有着多种多样的知识。

---

① 这里是在玩弄逻辑上的推论。

格:当然。

苏:那么,一个国家之所以称为有智慧和有好的谋划,是不是由于它的木工知识呢?

格:绝对不是。凭这个只能说这个国家有发达的木器制造业。

苏:这样看来,一个国家不能因为有制造木器的知识,能谋划生产最好的木器,而被称为有智慧。

格:的确不能。

苏:那么,能不能因为它长于制造铜器或其他这一类东西而被称为有智慧呢?

格:不能,根本不能。

苏:我想,也不能凭农业生产的知识吧!因为这种知识只能使它有农业发达之名。

格:我想是这样。

苏:在我们刚才建立起来的这个国家里,是不是有某些公民具有一种知识,这种知识并不是用来考虑国中某个特定方面事情的,而只是用来考虑整个国家大事,改进它的对内对外关系的呢?

格:是的,有这么一种知识。

苏:这是一种什么知识呢?它在哪里呢?

格:这种知识是护国者的知识,这种知识是在我们方才称为严格意义下的护国者的那些统治者之中。

苏:那么,具有这种知识的国家你打算用什么名称来称呼它呢?

格:我要说它是深谋远虑的,真正有智慧的。

苏:你想在我们的国家里究竟是哪一种人多?铜匠多呢,还是这种真正的护国者多呢?

格:当然是铜匠多得多。

苏:和各种具有某个特定方面知识而得到某种与职业有关的名称的人相比,这种护国者是不是最少呢?

格:少得多。

苏:由此可见,一个按照自然①建立起来的国家,其所以整个被说成是有智慧的,乃是由于它的人数最少的那个部分和这个部分中的最小一部分,这些领导着和统治着它的人们所具有的知识。并且,如所知道的,唯有这种知识才配称为智慧,而能够具有这种知识的人按照自然规律总是最少数。

格:再对不过。

苏:现在我们多少总算是找到了我们的四种性质的一种了,并且也找到了它在这个国家里的所在了。

格:不管怎么说,我觉得它是被充分地找到了。

苏:接下去,要发现勇敢本身和这个给国家以勇敢名称的东西究竟处在国家的哪一部分,应当是并不困难的吧!

格:你为什么这么说呢?

苏:因为凡是说起一个国家懦弱或勇敢的人,除掉想到为了保卫它而上战场打仗的那一部分人之外,还能想到别的哪一部分人呢?

格:没有人会想着别的部分人的。

---

① "自然"以及后文中用到的"本性""天性",在希腊文中是一个词,也是一个意思。

苏：我想，其所以这样，就是因为国家的这种性质不能视其他人的勇敢或懦弱而定。

格：是的，是不能视其他人的勇敢与否而定的。

苏：因此，国家是因自己的某一部分人的勇敢而被说成勇敢的。是因这一部分人具有一种能力，即无论在什么情形之下他们都保持着关于可怕事物的信念，相信他们应当害怕的事情乃是立法者在教育中告诫他们的那些事情以及那一类的事情。这不就是你所说的勇敢吗？

格：我还没完全了解你的话，请你再说一说。

苏：我的意思是说，勇敢就是一种保持。

格：一种什么保持？

苏：就是保持住法律通过教育所建立起来的关于可怕事物——即什么样的事情应当害怕——的信念。我所谓"无论在什么情形之下"的意思，是说勇敢的人无论处于苦恼还是快乐中，或处于欲望还是害怕中，都永远保持这种信念而不抛弃它。如果你想听听的话，我可以打个比方来解释一下。

格：我想听听你的解释。

苏：你知道，染色工人如果想要把羊毛染成紫色，首先总是从所有那许多颜色的羊毛中挑选质地白的一种，再进行辛勤仔细的预备性整理，以便这种白质羊毛可以最成功地染上颜色，只有经过了挑选和整理之后才着手染色。通过这样的过程染上颜色的东西颜色吃得牢。洗衣服的时候不管是否用碱水①，颜色都不会褪掉。

---

① 那个时候，希腊人多用草木灰泡成的碱性水洗衣服。

但是，如果没有很好地准备整理，那么不论人们把东西染成紫色还是别的什么颜色，会发生什么样的情况你是可想而知的。

格：我知道会褪色而变成可笑的样子。

苏：因此，你一定明白，我们挑选战士并给以音乐和体操的教育，这也是在尽力做同样的事情。我们竭力要达到的目标不是别的，而是要他们像羊毛接受染色一样，最完全地相信并接受我们的法律，使他们的关于可怕事情和另外一些事情的信念都能因为有良好的天性和得到教育培养而牢牢地生根，并且使他们的这种"颜色"不致被快乐这种对人们的信念具有最强褪色能力的碱水所洗褪，也不致被苦恼、害怕和欲望这些比任何别的碱水褪色能力都强的碱水所洗褪。这种精神上的能力，这种关于可怕事物和不可怕事物的符合法律精神的正确信念的完全保持，就是我主张称之为勇敢的，如果你没有什么异议的话。

格：我没有任何异议。因为，我觉得你对勇敢是有正确理解的，至于那些不是教育造成的，与法律毫不相干的，在兽类或奴隶身上也可以看到的同样的表现，我想你是不会称之为勇敢，而会另给名称的。

苏：你说得对极了。

格：那么，我接受你对勇敢所作的这个说明。

苏：好。你在接受我的说明时，如在"勇敢"上再加一个"公民的"限定词，也是对的。如果你有兴趣，这个问题我们以后再作更充分的讨论，眼前我们要寻找的不是勇敢而是正义，为达到这个目的，我认为我们说这么些已经够了。

格：有道理。

D　苏：我们要在这个国家里寻求的性质还剩下两种,就是节制和我们整个研究的对象——正义了。

格：正是。

苏：我们能够有办法不理会节制而直接找到正义吗？

格：我既不知道有什么办法,也不想先发现正义,以免我们会把节制忽略了。因此,如果你愿意让我高兴的话,请你先考虑节制吧！

E　苏：不愿意让你高兴,我是肯定不会的。

格：那就研究起来吧！

苏：我一定来研究。尽目前所知,节制比前面两种性质更像协调或和谐。

格：何以这样？

苏：节制是一种好秩序或对某些快乐与欲望的控制。这就是人们所说的"自己的主人"这句我觉得很古怪的话的意思——我们还可以听到其他类似的话——是不是呢？

格：是的,很对。

苏："自己的主人"这种说法不是很滑稽吗？因为一个人是自己的主人也就当然是自己的奴隶,一个人是自己的奴隶也就当然

431　是自己的主人,因为所有这两种说法都是说的同一个人。

格：无疑是的。

苏：不过我认为这种说法的意思是说,人的灵魂里面有一个较好的部分和一个较坏的部分,而所谓"自己的主人"就是说较坏的部分受天性较好的部分控制。这无疑是一句称赞之词。当一个人由于坏的教养或者和坏人交往而使其较好的同时也是较小的那个

部分受到较坏的同时也是较大的那个部分统治时,他便要受到谴责而被称为自己的奴隶和没有节制的人了。

格:这看来是不错的。

苏:现在来看看我们的新国家吧。你在这里也会看到有这两种情况之一。因为,既然一个人的较好部分统治着他的较坏部分,就可以称他是有节制的和自己是自己的主人。那么你应该承认,我们说这个国家是自己的主人是说得对的。

格:我看过了这个国家。你是说得对的。

苏:还可以看到,各种各样的欲望、快乐和苦恼都是在小孩、女人、奴隶和那些名义上叫做自由人的为数众多的下等人身上出现的。

格:正是这样。

苏:反之,靠理智和正确信念帮助,由人的思考指导着的简单而有分寸的欲望,则只能在少数人中见到,只能在那些天分最好且又受过最好教育的人中间见到。

格:对。

苏:你不是在这个国家里也看到这一点吗?你不是看到了,在这里为数众多的下等人的欲望被少数优秀人物的欲望和智慧统治着吗?

格:是的。

苏:因此,如果说有什么国家应被称为自己快乐和欲望的主人,即自己是自己主人的话,那它就必定是我们这个国家了。

格:一点不错。

苏:根据所有上述理由,这个国家不也可以被称为有节制的吗?

格:当然可以。

苏:又,如果有什么国家,它的统治者和被统治者,在谁应当来统治这个问题上具有一致的信念,那也只有我们这个国家是这样的了,你不这样认为吗?

格:我坚定地这样认为。

苏:既是这样,那么你认为节制存在于哪个部分的公民中呢?存在于统治者中还是存在于被统治者中呢?

格:两部分人中都存在。

苏:因此你看到,我们刚才揣测节制像是一种和谐,并不很错吧?

格:为什么呢?

苏:因为它的作用和勇敢、智慧的作用不同,勇敢和智慧分别处于国家的不同部分中而使国家成为勇敢的和智慧的。节制不是这样起作用的。它贯穿全体公民,把最强的、最弱的和中间的(不管是指智慧方面,还是——如果你高兴的话——指力量方面,或者还是指人数方面,财富方面,或其他诸如此类的方面)都结合起来,造成和谐,就像贯穿整个音阶,把各种强弱的音符结合起来,产生一支和谐的交响乐一样。因此我们可以正确地肯定说,节制就是天性优秀和天性低劣的部分在谁应当统治,谁应当被统治——不管是在国家里还是在个人身上——这个问题上所表现出来的这种一致性和协调。

格:我完全同意你的意见。

苏:好了,我们至此可以认为,我们已经在我们国家中找到了三种性质了。剩下的那个使我们国家再具一种美德的性质还能是什么呢？剩下来的这个显然就是正义了。

格：显然是的。

苏：格劳孔啊，现在正是要我们像猎人包围野兽的藏身处一样密切注意的时候了。注意别让正义漏了过去，别让它从我们身边跑掉在不知不觉中消失了。它显然是在附近的某个地方。把你的眼睛睁大些，努力去发现它。如果你先看见了，请你赶快告诉我。

格：但愿我能够，不过你最好还是把我看成只是一个随从，我所能看见的只不过是你指给的东西罢了，这样想你就能最有效地使用我了。

苏：既然如此，那么为了胜利，就请你跟着我前进吧！

格：请你只管前头走，我跟着来了。

苏：这真像是个无法到达的所在呢，一片黑暗呀！

格：的确是一片黑暗，不容易寻找。

苏：不管怎么样，我们总得向前进！

格：好，向前进。

苏：〔我看见了什么，并招呼他〕喂，格劳孔，我想我找到了它的踪迹了，我相信它是逃不掉了。

格：听到这个消息我很高兴。

苏：真的，我们的确太愚蠢了。

格：为什么？

苏：为什么吗？你想想，这个东西从一开始就老是在我们跟前晃来晃去，但是我们却总是看不见它。我们就像一个人要去寻觅始终在他自己手上的东西一样可笑。我们不看近在眼前的这个东西，反而去注意远处。这或许就是为什么我们总是找不到它的缘故呢。

格：你说的是什么意思？

苏：我的意思是说，我们一直以某种方式在谈论这个东西，但是我们自己却始终不知道我们是在谈论着它。

433　　格：对于一个性急的听众说来，你这篇前言太冗长了。赶快言归正传吧！

苏：那么你听着，看我说得对不对。我们在建立我们这个国家的时候，曾经规定下一条总的原则。我想这条原则或者这一类的某条原则就是正义。你还记得吧，我们规定下来并且时常说到的这条原则就是：每个人必须在国家里执行一种最适合他天性的职务。

格：是的，我们说过这点。

B　　苏：再者，我们听到许多人说过，自己也常常跟着说过，正义就是只做自己的事而不兼做别人的事。

格：是的，我们也曾说过这话。

苏：那么，朋友，做自己的事——从某种角度理解这就是正义。可是，你知道我是从哪里推导出这个结论的吗？

格：不知道，请你告诉我。

苏：我认为，在我们考察过了节制、勇敢和智慧之后，在我们城邦里剩下的就是正义这个品质了，就是这个能够使节制、勇敢、智慧在这个城邦产生，并在它们产生之后一直保护着它们的这个品

C　质了。我们也曾说过，如果我们找到了三个，正义就是其余的那一

个了。

格:必定的。

苏:但是,如果有人要我们判断,这四种品质中我们国家有了哪一种最能使我们国家善,是统治者和被统治者的意见一致呢,还是法律所教给军人的关于什么该怕什么不该怕的信念在军人心中的保持呢?还是统治者的智慧和护卫呢,还是这个体现于儿童、妇女、奴隶、自由人、工匠、统治者、被统治者大家身上的品质,即每个人都作为一个人干他自己分内的事而不干涉别人分内的事呢?——这似乎是很难判断的。

格:的确很难判断。

苏:看来,似乎就是"每个人在国家内做他自己分内的事"这个品质在使国家完善方面与智慧、节制、勇敢较量能力大小。

格:是的。

苏:那么,在使国家完善方面和其余三者较量能力大小的这个品质不就是正义吗?

格:正是。

苏:再换个角度来考察一下这个问题吧,如果这样做能使你信服的话。你们不是委托国家的统治者们审理法律案件吗?

格:当然是的。

苏:他们审理案件无非为了一个目的,即,每一个人都不拿别人的东西,也不让别人占有自己的东西,除此而外还有别的什么目的吗?

格:只有这个目的。

苏:这是个正义的目的吗?

格:是的。

苏:因此,我们大概也可以根据这一点达到意见一致了:正义就是有自己的东西干自己的事情。

格:正是这样。

苏:现在请你考虑一下,你是不是同意我的下述看法:假定一个木匠做鞋匠的事,或者一个鞋匠做木匠的事,假定他们相互交换工具或地位,甚至假定同一个人企图兼做这两种事,你想这种互相交换职业对国家不会有很大的危害,是吧?

格:我想不会有太大的危害。

苏:但是我想,如果一个人天生是一个手艺人或者一个生意人,但是由于有财富、或者能够控制选举、或者身强力壮、或者有其他这类的有利条件而又受到蛊惑怂恿,企图爬上军人等级,或者一个军人企图爬上他们不配的立法者和护国者等级,或者这几种人相互交换工具和地位,或者同一个人同时执行所有这些职务,我看你也会觉得这种交换和干涉会意味着国家的毁灭吧。

格:绝对是的。

苏:可见,现有的这三种人互相干涉互相代替对于国家是有最大害处的。因此可以正确地把这称为最坏的事情。

格:确乎是这样。

苏:对自己国家的最大危害,你不主张这就是不正义吗?

格:怎么会不呢?

苏:那么这就是不正义。相反,我们说:当生意人、辅助者和护国者这三种人在国家里各做各的事而不相互干扰时,便有了正义,从而也就使国家成为正义的国家了。

格:我看情况不可能不是这样。

苏:我们还不能把这个关于正义的定义就这么最后地定下来。但是如果它在应用于个人时也能被承认为正义的定义,那时我们就承认它,因为我们还有什么别的话好说呢?否则我们将另求别的正义。但是现在我们还是来做完刚才这个对正义定义的研究工作吧。在这一工作中我们曾假定,如果我们找到了一个具有正义的大东西并在其中看到了正义,我们就能比较容易地看出正义在个人身上是个什么样子的。我们曾认为这个大东西就是城邦,并且因而尽我们之所能建立最好的城邦,因为我们清楚地知道,在这个好的国家里会有正义。因此,让我们再把在城邦里发现的东西应用于个人吧。如果两处所看到的是一致的,就行了。如果正义之在个人身上有什么不同,我们将再回到城邦并在那里检验它。把这两处所见放在一起加以比较研究,仿佛相互摩擦,很可能擦出火光来,让我们照见了正义,当它这样显露出来时,我们要把它牢记在心。

格:你提出了一个很好的程序,必须这么办。

苏:那么,如果两个事物有同一名称,一个大一个小,它们也相同呢,还是,虽有同一名称而不相同呢?

格:相同。

苏:那么,如果仅就正义的概念而论,一个正义的个人和一个正义的国家也毫无区别吗?

格:是的。

苏:现在,当城邦里的这三种自然的人各做各的事时,城邦被认为是正义的,并且,城邦也由于这三种人的其他某些情感和性格①而被认为是有节制的、勇敢的和智慧的。

格:是的。

苏:因此,我的朋友,个人也如此。我们也可以假定个人在自己的灵魂里具有和城邦里所发现的同样的那几种组成部分,并且有理由希望个人因这些与国家里的相同的组成部分的"情感"而得到相同的名称。

格:无疑的。

苏:啊,我们又碰上了一件容易事,即研究:灵魂里是否有这三种品质。

格:我倒不认为这是个容易解决的问题呢。因为,苏格拉底呀,或许俗话说得对:"不入虎穴,焉得虎子"呢。

苏:显然如此。让我告诉你,格劳孔,我也认为,用我们现在的这个论证方法是无论如何也不能弄清楚这个问题的。解决这个问题的正确方法是一个另外的有着困难而长远道路的方法。但是用我们这个方法使问题得到一定程度的解决,做到像解决前面的问题那样的程度或许还是可以的。

格:不就够了吗?在我这方面,在目前阶段这就满意了。

苏:在我这方面也的确满意了。

格:那么不要厌倦,让我们继续研究下去。

---

① ἕξεις(性格),这里近似亚里士多德的 ἕξις。亚里士多德《尼各马可伦理学》1105b 20,把人的全部精神因素归结为 πάθη(情感)、ἕξις(性格)和 δυνάμεις(能力),并对这些概念作了明白的解释。

苏：因此我们不是很有必要承认，在我们每个人身上都具有和城邦里一样的那几种品质和习惯①吗？因为除了来自个人而外城邦是无从得到这些品质的。须知，假如有人认为，当城邦里出现激情②时，它不是来自城邦公民个人——如果他们被认为具有这种像色雷斯人和西徐亚人以及一般地说北方人样的品质的话——那是荒谬的。其他如城邦里出现热爱智慧这种品质（它被认为主要是属于我们这个地方的），或贪婪财富这种品质时（在腓尼基人和埃及人那里都可以看到这种性格，而且他们彼此不相上下），也都应该认为这是由于公民个人具有这种品质使然的。

格：对。

苏：事实如此，理解这一点毫不困难。

格：当然不困难。

苏：但是，如果有人进一步问：个人的品质是分开的三个组成部分呢还是一个整体呢？回答这个问题就不那么容易了。就是说，我们学习时是在动用我们自己的一个部分，愤怒时是在动用我们的另一个部分，要求满足我们的自然欲望时是在动用我们的第三个部分呢，还是，在我们的每一种活动中都是整个灵魂一起起作用的呢？确定这一点就难了。

格：我也有这个感觉。

苏：那么现在让我们来试着确定这个问题吧：它们是一个东西

---

① 参考亚里士多德《尼各马可伦理学》1103 a—b。道德方面的美德是"习惯"（ἦθος）的结果。道德方面的美德没有一种是由于自然而产生的，要通过运用的实践才能获得。立法者通过使公民养成习惯而使他们变好。

② θυμοειδες（激情）是理智和欲望之间的一种品质。

呢还是不同的几个呢?

格:怎么确定呢?

苏:有一个道理是很明白的:同一事物的同一部分关系着同一事物,不能同时有相反的动作或受相反的动作。因此,每当我们看到同一事物里出现这种相反情况时我们就会知道,这不是同一事物而是不同的事物在起作用。

格:很好。

苏:请注意我的话。

格:说吧!

苏:同一事物的同一部分同时既动又静是可能的吗?

格:是无论如何不可能的。

苏:让我们还要理解得更明确些,以免今后讨论过程中有分歧。例如有一个人站着不动,但是他的头和手在摇着,假如有人认为,这就是同一个人同时既动又静。我认为我们不应当把这个说法当作一个正确的说法,我们应当说,这个人是一部分静另一部分动着,不是吗?

格:是的。

苏:假设争论对方还要更巧妙地把这种玩笑开下去,他说陀螺的尖端固定在一个地点转动着,整个陀螺是同时既动又静,关于任何别的凡是在同一地点旋转的物体他也都可以这么说。我们这方面应当反对这种说法,因为在这种情况下静止和运动着的不是事物的同一部分。我们应该说在它们自身内有轴心的直线部分和另一圆周线部分;着眼于直线部分则旋转物体是静止的,如果它们不向任何方向倾斜的话,如果着眼于圆周线则它们是在运动的。但是,如果转动时轴心线向左或向右、向前或向后倾斜,那么旋转物体就无论如何也谈不上静止了。

格:对。

苏:那么再不会有任何这一类的话能把我们搞糊涂了,能使我们哪怕有一点点相信这种说法了:同一事物的同一部分关系着同一事物能够同时有相反的动作或受相反的动作。

格:我相信再不会了。

苏:不过我们还是说的:我们可以不必一一考察所有这类的反对意见和证明它们的谬误,让我们且假定它们是谬误的,并在这个假设下前进,但是心里要记住,一旦发现我们这个假设不对,就应该把所有由此引申出来的结论撤销。

格:我们必须这样做。

苏:另外我要问:你同意以下这些以及诸如此类的东西都是彼此相反的吗:赞同和异议、求取和拒受、吸引和排斥?——不论是主动的还是被动的,因为这对于相反毫无影响。

格:是的,它们都是相反的。

苏:那么,干渴和饥饿以及一般地说欲望,还有愿望和希望,你不把所有这些东西归到刚才说的那些类的某一类里去吗?你不认为有所要求的那个人的灵魂正在求取他所要的东西,希望有某东西的人在吸引这个东西到自己身边来吗?或者还有,当一个人要得到某一东西,他的心因渴望实现自己的要求,不会向他的愿望点头赞同(仿佛有一个人在向他提出这个问题那样),让他得到这个东西吗?

格:我会这样认为的。

苏：关于不愿意、不喜欢和无要求你又有什么看法呢？我们不应该把它们归入灵魂的拒受和排斥，一般地说，归到与所有前者相反的那一类里去吗？

格：不，应该。

苏：既然总的关于欲望的说法是对的，那么我们不认为欲望是一个类，这一类中最为明显的例子乃是我们所谓的干渴与饥饿吗？

格：我们将这样认为。

苏：这两种欲望不是一个要求饮料另一个要求食物吗？

格：是的。

苏：那么，就渴而言，我们说渴是灵魂对饮料的欲望，这里所涉及的除了饮料而外，我们还提到过什么别的没有？我们有没有指明，例如渴望得到热的饮料还是得到冷的饮料，多的饮料还是少的饮料，一句话，有没有指明渴望得到的是什么样的饮料呢？但是，假设渴同时伴有热，那么欲望便会要求冷的饮料，如果渴同时伴有冷，那么欲望会要求热的饮料，不是吗？如果渴的程度大，所要求的饮料也就多，如果渴的程度小，所要求的饮料也就少，不是吗？单纯渴本身永远不会要求任何别的东西，所要求的不外是得到它本性所要求的那东西，即饮料本身，饥对食物的欲望情况也如此。不是吗？

格：是这样。每一种欲望本身只要求得到自己本性所要求得到的那种东西。特定的这种欲望才要求得到特定的那种东西。

苏：这里可能会有人提出反对意见说，没有人会只要求饮料而不要求好的饮料，只要求食物而不要求好的食物的。因为所有的人都是想要好东西的。因此，既然渴是欲望，它所要求的就会是好的饮料。别的欲望也同样。对于这种反对意见我们不能粗心大意,不要让人家把我们搞糊涂了。

格:反对意见看来或许有点道理。

苏:不过我们还是应当认为,特定性质的东西关系着特定性质的相关者,仅本身的东西关系着仅本身的相关者。

格:我不懂你的意思。

苏:你应当懂得,所谓较大的东西是一个相关的名称。

格:这一点我很清楚。

苏:那不是和较小的东西相关吗?

格:是和较小的东西相关。

苏:大得多的东西关系着小得多的东西,是吧?

格:是的。

苏:某个时候较大的东西关系着某个时候较小的东西,将较大者关系着将较小者,不也是这样吗?

格:也这样。

苏:它如较多者关系着较少者,一倍者关系着一半者,以及诸如此类,还有,较重者关系着较轻者,较快者关系着较慢者,还有,较热者关系着较冷者,以及所有诸如此类,不都是这样吗?

格:是这样。

苏:科学怎么样?是同一个道理吗?仅科学本身就只是关于知识本身,或别的无论什么我们应当假定为科学对象的东西的,但是一门特定的科学是关于一种特定知识的。我的意思是譬如,既然有建房造屋的科学,它不同于别的科学,它不是被叫做建筑学吗?

格:有什么不是呢?

苏:那不是因为它有特定的,非别的任何科学所有的性质吗?

格:是的。

苏:它有这个特定的性质,不是因为它有特定的对象吗?其他科学和技艺不也是如此吗?

格:是如此。

苏:那么,如果你现在了解我的意思了,你也就必定明白,我前面所说的那些关于种种相对关系的话,其用意也就在这里了。我前面说过:仅本身的东西关系着仅本身的东西,特定性质的东西也关系着特定性质的东西。我完全不是说,它们关系着什么就是和什么同类,以致关于健康和疾病的科学也就是健康的科学和有病的科学了,关于邪恶和美德的科学因而就是丑恶的科学和美好的科学了。我不是这个意思。我的意思只是说,当科学变得不再是关于一般科学对象的,而是变成了关于特定对象的,即关于疾病和健康的科学时,它就成了某种科学,这使它不再被单纯地叫做"科学",而被叫做特定的科学,即医学了。

格:我懂了。我也认为是这样。

苏:再说渴。你不认为渴属于这种本质上就是有相关事物的东西之一吗?渴无疑关系着某种事物。

格:我也这样认为;它关系着饮料。

苏:那么,如果饮料是特定种类的,渴就也是特定种类的,但是与渴单纯自身相关的饮料无所谓多和少或好和坏,总之,不管饮料是什么种类的,单纯的渴自身自然仅单纯地关系着饮料单纯本身。不是吗?

格:无疑是的。

苏:因此渴的灵魂,如果仅渴而已,它所想要的就没有别的,仅饮而已,它就极为想要这个并力求得到它。

格:这是很明显的。

苏:因此,如果一个人在渴的时候他心灵上有一个东西把他拉开不让他饮,那么这个东西必定是一个另外的东西,一个不同于那个感到渴并牵引着他像牵引着牲畜一样去饮的东西,不是吗? 因为我们说过,同一事物以自己的同一部分在同一事情上不能同时有相反的行动。

格:是不能的。

苏:所以我认为,关于射箭者的那个比方里,说他的手同时既拉弓又推弓是说得不妥的,应当说他的一只手推弓另一只手拉弓才对。

格:确实是的。

苏:那么,我们不是可以说有这种事情吗:一个人感到渴但不想要饮?

格:这诚然是常见的。

苏:关于这些事例人们会有什么看法呢? 岂不是在那些人的灵魂里有两个不同的东西,一个叫他们饮另一个阻止他们饮,而且阻止的那个东西比叫他们饮的那个东西力量大吗?

格:我也这样认为。

苏:而且,这种行为的阻止者,如果出来阻止的话,它是根据理智考虑出来阻止的,而牵引者则是情感和疾病使之牵引的。不是吗?

格：显然是的。

苏：那么，我们很有理由假定，它们是两个，并且彼此不同。一个是人们用以思考推理的，可以称之为灵魂的理性部分；另一个是人们用以感觉爱、饿、渴等等物欲之骚动的，可以称之为心灵的无理性部分或欲望部分，亦即种种满足和快乐的伙伴。

E 格：我们这样假定是很有道理的。

苏：那么让我们确定下来，在人的灵魂里确实存在着这两种东西。再说激情①，亦即我们借以发怒的那个东西。它是上述两者之外的第三种东西呢，还是与其中之一同种的呢？

格：它或许与其中之一即欲望同种吧。

苏：但是，我曾经听说过一个故事，并且相信它是真的。故事告诉我们：阿格莱翁之子勒翁提俄斯从比雷埃夫斯进城去，路过北
440 城墙下，发现刑场上躺着几具尸体，他感觉到想要看看但又害怕而嫌恶它们，他暂时耐住了，把头蒙了起来，但终于屈服于欲望的力量，他张大眼睛冲到尸体跟前骂自己的眼睛说："瞧吧，坏家伙，把这美景瞧个够吧！"

格：我也听说过这个故事。

苏：这个故事的寓意在于告诉人：愤怒有时作为欲望之外的一个东西和欲望发生冲突。

格：是有这个意思。

---

① 激情（θυμός），照柏拉图的意思，如果不被坏的教育带坏，激情在本性上是理智的盟友。但照字面上理解，激情或许属于灵魂的无理性部分。因此，照格劳孔的暗示，它应和欲望同种。

苏:我们不是还看到过许多这类的事例吗:当一个人的欲望在力量上超过了他的理智,他会骂自己,对自身内的这种力量生气。这时在这种像两个政治派别间的斗争中,人的激情是理智的盟友。激情参加到欲望一边去——虽然理智不同意它这样——反对理智,这种事情我认为是一种你大概从来不会承认曾经在你自己身上看到出现过的,我也认为是一种不曾在别的任何人身上看到出现过的事情。

格:真的,不曾有过的。

苏:再说,假定有一个人认为自己有错,那么这个人愈是高贵,他对自己所受到的饥、寒或任何其他诸如此类的别人可能加诸他的苦楚——他认为这个人的做法是公正的——就愈少可能感到愤怒,照我的说法就是,他的情感拒绝被激发起来反对那个人。我这样说对吗?

格:对的。

苏:但是,假如一个人认为自己受到了不公正的待遇,他会怎么样呢?他的情感会激动而发怒,加入到他认为是正义的那方面作战,并且还会由于受到饥、寒以及其他诸如此类的苦楚,而更坚决地争取胜利,他的高贵的灵魂不会平静下来,直至或者杀死对方或被对方杀死,或者直至听到理智的呼声而停战,就像狗听到牧人的禁约声而停止吠叫一样。是这样吧?

格:你的比方很贴切。如我们前面说过的,在我们的国家里辅助者像狗一样,他们听命于统治者,后者仿佛是城邦的牧人。

苏:你对我所想说明的意思理解得很透彻。但是,你也注意到了这一点吗?

格：哪一点？

苏：我们现在对激情的看法正好和刚才的印象相反。刚才我们曾假定它是欲望的一种。但现在大不同了，我们很应该说，在灵魂的分歧中它是非常宁愿站在理性一边的。

格：当然。

苏：那么它和理性也不同吗，或者，它只是理性的一种，因此在灵魂里只有两种东西而不是三种呢，即只有理性和欲望呢？或者还是说，正如国家由三等人——生意人、辅助者和谋划者——组成一样，在灵魂里也这样地有一个第三者即激情呢（它是理智的天然辅助者，如果不被坏教育所败坏的话）？

格：必然有第三者。

苏：正如已证明它是不同于欲望的另一种东西一样，如果它也能被证明是不同于理性的另一种东西的话，就可以肯定了。

格：这不难证明。人们在小孩身上也可以看到：他们差不多一出世就充满了激情，但是有些孩子我们从未看到他们使用理智，而大多数孩子他们能使用理智则都是很迟很迟以后的事情。

苏：确实是这样，你说得很好。还有，人们在兽类身上也可以看到你所说的有激情存在的现象。并且，在这些例子之外我们还可以把前面我们曾经引用过的荷马的一句诗拿来作证明，这句诗是：

捶胸叩心责备自己。①

因为在这行诗里荷马分明认为，判断好坏的理智是一个东西，它在

---

① 《奥德赛》XX 17。本书第三卷 390 D 处引用过。

责备那个无理智的主管愤怒的器官,后者被当作另一个东西。

格:你说的很对。

苏:我们漂洋过海,好不容易到达了目的地,并且取得了相当一致的意见:在国家里存在的东西在每一个个人的灵魂里也存在着,且数目相同。

格:是的。

苏:那么据此我们不是可以立即得到如下的必然推论吗:个人的智慧和国家的智慧是同一智慧,使个人得到智慧之名的品质和使国家得到智慧之名的品质是同一品质?

格:当然可以这样推论。

苏:我们也可以推论:个人的勇敢和国家的勇敢是同一勇敢,使个人得到勇敢之名的品质和使国家得到勇敢之名的品质是同一品质,并且在其他所有美德方面个人和国家也都有这种关系。

格:必然的。

苏:那么,格劳孔,我认为我们以什么为根据承认国家是正义的,我们也将以同样的根据承认个人是正义的。

格:这也是非常必然的。

苏:但是我们可别忘了:国家的正义在于三种人在国家里各做各的事。

格:我认为我们没有忘了。

苏:因此我们必须记住:我们每一个人如果自身内的各种品质在自身内各起各的作用,那他就也是正义的,即也是做他本分的事情的。

格:的确,我们也必须记住这一点。

苏：理智既然是智慧的，是为整个心灵的利益而谋划的，还不应该由它起领导作用吗？激情不应该服从它和协助它吗？

格：无疑应该如此。

苏：因此，不是正如我们说过的，音乐和体育协同作用将使理智和激情得到协调吗，既然它们用优雅的言辞和良好的教训培养和加强理智，又用和谐与韵律使激情变得温和平稳而文明？

格：完全对。

苏：这两者（理智和激情）既受到这样的教养、教育并被训练了真正起自己本分的作用，它们就会去领导欲望——它占每个人灵魂的最大部分，并且本性是最贪得财富的——它们就会监视着它，以免它会因充满了所谓的肉体快乐而变大变强不再恪守本分，企图去控制支配那些它所不应该控制支配的部分，从而毁了人的整个生命。

格：完全正确。

苏：那么，这两者联合一起最好地保卫着整个灵魂和身体不让它们受到外敌的侵犯，一个出谋划策，一个在它的领导下为完成它的意图而奋勇作战，不是这样吗？

格：是这样。

苏：因此我认为，如果一个人的激情无论在快乐还是苦恼中都保持不忘理智所教给的关于什么应当惧怕什么不应当惧怕的信条，那么我们就因他的激情部分而称每个这样的人为勇敢的人。

格：对。

苏：我们也因每个人身上的这个起领导作用的和教授信条的小部分——它也被假定为是这个人身上的懂得这三个部分各自利

益也懂得这三个部分共同利益的——而称他为智慧的。

格:完全对。

苏:当人的这三个部分彼此友好和谐,理智起领导作用,激情 D 和欲望一致赞成由它领导而不反叛,这样的人不是有节制的人吗?

格:的确,无论国家的还是个人的节制美德正是这样的。

苏:我们也的确已经一再说明过,一个人因什么品质或该怎样才算是一个正义的人。

格:非常对。

苏:个人的正义其形象在我们心目中不是有点模模糊糊,好像它是别的什么,不大像它在国家里显示出来的那个形象吗?

格:我觉得不是这样。

苏:这就对了。须知,如果我们心里对这个定义还有什么怀疑 E 存留着的话,那是用一些很平常的事例就可以充分证实我们所说不谬的。

格:你是指什么样的事例呢?

苏:例如假设要我们回答一个关于正义的国家和一个与正义国家有同样先天同样教养的个人的问题,即,我们是否相信这种人——如果把金银财宝交给他管的话——会鲸吞盗用它们,你以为有谁会相信这种人会比不正义的人更像干这种事的呢?

格:没有人会这样相信的。

443

苏:这样的人也是绝不会渎神、偷窃,在私人关系中出卖朋友,在政治生活中背叛祖国的吧?

格:绝不会的。

苏:他也是无论如何也不会不信守誓言或别的协约的。

格:怎么会呢?

苏:这样的人绝不会染上通奸、不尊敬父母、不履行宗教义务的罪恶的,尽管有别人犯这种罪恶。

格:他们是绝不会的。

苏:这一切的原因不是在于,他心灵的各个部分各起各的作用,领导的领导着,被领导的被领导着吗?

格:正是这样,别无其他。

苏:那么,除了能使人和国家成为正义人和正义国家的这种品质之外你还要寻找什么别的作为正义吗?

格:说真的,我不想再找了。

苏:到此我们的梦想已经实现了;而我们所作的推测①——在我们建立这个国家之初由于某种天意我们碰巧就已经想到它是正义的根本定义了——到此已经得到证实了。

格:的的确确。

苏:因此格劳孔,木匠做木匠的事,鞋匠做鞋匠的事,其他的人也都这样,各起各的天然作用,不起别种人的作用,这种正确的分工乃是正义的影子——这也的确正是它②之所以可用的原因所在。

格:显然是的。

苏:但是,真实的正义确是如我们所描述的这样一种东西。然而它不是关于外在的"各做各的事",而是关于内在的,即关于真正

---

① 见前文 434D。
② 从语气看来,显然是指以正确的分工作为正义的定义。

本身,真正本身的事情。这就是说,正义的人不许可自己灵魂里的各个部分相互干涉,起别的部分的作用。他应当安排好真正自己的事情,首先达到自己主宰自己,自身内秩序井然,对自己友善。当他将自己心灵的这三个部分合在一起加以协调,仿佛将高音、低音、中音以及其间的各音阶合在一起加以协调那样,使所有这些部分由各自分立而变成一个有节制的和和谐的整体时,于是,如果有必要做什么事的话——无论是在挣钱、照料身体方面,还是在某种政治事务或私人事务方面——他就会做起来;并且在做所有这些事情过程中,他都相信并称呼凡保持和符合这种和谐状态的行为是正义的好的行为,指导这种和谐状态的知识是智慧,而把只起破坏这种状态作用的行为称作不正义的行为,把指导不和谐状态的意见称作愚昧无知。

格:苏格拉底,你说得非常对。

苏:如果我们确定下来说,我们已经找到了正义的人、正义的国家以及正义人里的正义和正义国家里的正义各是什么了,我想,我们这样说是没有错的。

格:真的,没有说错。

苏:那么,我们就定下来了?

格:就这么定下来吧。

苏:这个问题就谈到这里为止了。下面我认为我们必须研究不正义。

格:显然必须研究它了。

苏:不正义应该就是三种部分之间的争斗不和、相互间管闲事和相互干涉,灵魂的一个部分起而反对整个灵魂,企图在内部取得领导地位——它天生就不应该领导的而是应该像奴隶一样为统治部分服务的,——不是吗?我觉得我们要说的正是这种东西。不正义、不节制、懦怯、无知,总之,一切的邪恶,正就是三者的混淆与迷失。

格:正是这个。

苏:如果说不正义和正义如上所述,那么,"做不正义的事"、"是不正义的",还有下面的"造成正义"——所有这些词语的含义不也都跟着完全清楚了吗?

格:怎么会的?

苏:因为它们完全像健康和疾病,不同之点仅在于后者是肉体上的,前者是心灵上的。

格:怎么这样?

苏:健康的东西肯定在内部造成健康,而不健康的东西在内部造成疾病。

格:是的。

苏:不也是这样吗:做正义的事在内部造成正义,做不正义的事在内部造成不正义?

格:必定的。

苏:但是健康的造成在于身体内建立起这样的一些成分:它们合自然地有的统治着有的被统治着,而疾病的造成则在于建立起了这样一些成分:它们反自然地有的统治着有的被统治着。

格:是这样。

苏:正义的造成也就是在灵魂里建立起了一些成分:它们相互间合自然地有的统治着有的被统治着,而相互间反自然地统治着和被统治着就造成不正义,不是吗?

格:的确是的。

苏:因此看来,美德似乎是一种心灵的健康,美和坚强有力,而邪恶则似乎是心灵的一种疾病,丑和软弱无力。

格:是这样。

苏:因此不也是这样吗:实践做好事能养成美德,实践做丑事能养成邪恶?

格:必然的。

苏:到此看来,我们还剩下一个问题要探讨的了:即,做正义的事、实践做好事、做正义的人,(不论是否有人知道他是这样的)有利呢,还是做不正义的人、做不正义的事(只要不受到惩罚和纠正)有利呢?

格:苏格拉底,在我看来这个问题已经变得可笑了。因为,若身体的本质已坏,虽拥有一切食物和饮料,拥有一切财富和权力,它也被认为是死了。若我们赖以活着的生命要素的本质已遭破坏和灭亡,活着也没有价值了。正义已坏的人尽管可以做任何别的他想做的事,只是不能摆脱不正义和邪恶,不能赢得正义和美德了。因为后两者已被证明是我们已经表述过的那个样子的。

苏:这个问题是变得可笑了。但是,既然我们已经爬到这个高度了,(在这里我们可以最清楚地看到这些东西的真实情况),我们必须还是不懈地继续前进。

格:我发誓一点也不懈怠。

苏:那么到这里来,以便你可以看见邪恶有多少种——我是指值得一看的那几种。

格:我的思想正跟着你呢,尽管讲下去吧!

苏:的确,我们的论证既已达到这个高度,我仿佛从这个高处看见了,美德是一种,邪恶却无数,但其中值得注意的有那么四种。

格:这话什么意思?

苏:我是说,有多少种类型的政体就能有多少种类型的灵魂。

格:倒是有多少种呀?

苏:有五种政体,也有五种灵魂。

格:请告诉我,哪五种?

苏:告诉你,其中之一便是我们所描述的这种政体,它可以有两种名称:王政或贵族政治。如果是由统治者中的一个卓越的个人掌权便叫做王政,如果是由两个以上的统治者掌权便叫做贵族政治。

格:对的。

苏:我们刚才说的这两种形式是一种政体。因为无论是两个以上的人掌权还是一个人掌握,只要他们是受过我们前面提出过的那种教育和培养的,他们是不会更改我国的那些值得一提的法令的。

格:一定的。

第　五　卷

苏：这样一种国家，这样一种体制，还有这样一种人物，我说都是善的，正义的；如果在管理国家和培养个人品质方面，这是一种善的制度，那么，其余的各种制度就都是恶的，谬误的。恶的制度可以分为四类。

格：哪四类？

苏：〔当我正要把那四类制度按照看来是自然的次序列举出来时，坐在离阿得曼托斯不远处的玻勒马霍斯伸出手去从上面抓起格劳孔的上装的肩部，拉他靠近些，说了几句耳语，其中我们只听到一句"我们放他走呢，还是怎么样？"其余都没有听清。接着阿得曼托斯说："怎么也不能让他走。"他这句话说得相当响。于是我问他们：〕你们两人说"不能让他走"，请问这个"他"是指的谁？

阿：指你。

苏：指我？请问为什么？

阿：我们觉得你是在偷懒，你是要逃避全部辩论中并非微不足道的一整大段，企图不对我们作出解释就滑过去。你希望随随便便地提了几句话就溜之大吉，似乎那个关于妇女儿童的问题，即，"朋友之间一切共有"①这个原则可以应用于妇女儿童身上，这对

---

① 见第四卷424。

于任何人都是一目了然了似的。

苏:难道我说得不对,阿得曼托斯?

阿:你说的对是对的,不过所谓"对",同别的事情一样,要有个解释,要说明如何共有法?有各种不同的做法,你应该告诉我们你心里想的是哪种做法。我们已经等了好久,希望听听你对儿童的生育和培养的问题有什么高见,看看你对所讲的关于妇女与儿童公有的问题有什么说明。我们觉得事关重大,搞得对不对对于国家有极重大深远的影响。现在你还没有把这个问题讲清楚,倒又想去着手另一个问题了。你必须像论述别的问题一样把这件事说个一清二楚,在此以前如你刚才已听到的,我们是下定决心不让你离开这里的。

格:好,我也投票赞成。

色:苏格拉底,你可以放心大胆地把这看作我们大家一致的决议。

苏:哎哟,你们在搞什么鬼,和我这样过不去?你们要把国家体制从头再辩论一番。这是在引起多么大的一场辩论呀,我总以为辩论算是结束了,心里很庆幸呢。因为只要你们无异议,接受我的想法,我就心满意足了。你们没有看到,你们提出这个要求来会引起多么激烈的一场争论。我是早就预料到的,所以我是尽量避免陷进去拔不出来呀!

色:咳!我们大家来这里干什么的?你以为我们是来淘金发财的,不是来听讲的吗?

苏:听讲也总有个限度嘛。

格:苏格拉底啊,对于一个有头脑的人来说,听这样的谈话,其限度就是到死方休。因此,你不要为我们担心,你自己请不要厌烦,你要答复我们的问题,告诉我们:你觉得我们的护卫者应该怎样去把妇女与儿童归为公有;儿童从出生至接受正规教育,这一阶段大家公认是教育最难的时期,这一时期应该怎样去培养他们。因此,请告诉我们,这一切该怎么办。

苏:我的好朋友,要说明这些不容易;这里比前面讨论的问题,有更多的疑点。因为人们会怀疑,我所建议的是不是行得通;就说行得通吧,人们还会怀疑这做法是不是最善。因此,我的好朋友啊,我怕去碰这个问题,怕我的这个理论会被认为只是一种空想。

格:不用怕。我们听众对你是善意的,信任的,能理解你的困难的。

苏:老朋友,你这些话的意思是为了鼓励我吗?

格:是的。

苏:可是结果适得其反。因为,如果我对于我所要讲的很有把握,那么这种鼓励是非常好的。当一个人和志同道合的朋友们在一起讨论大家所关心的头等大事,心里有数,讲起来自然左右逢源,头头是道。但是,如果像我目前的情况,胸无成竹,临时张皇,那是可怕而危险的。我怕的不是人家嘲笑,那是孩子气;我怕的是迷失真理,在最不应该摔跤的地方摔了跤,自己跌了不算,还把我的朋友们统统拖下去跌成一大堆!所以,格劳孔啊,在我讲以前,我先向复仇女神致敬,求她宽恕。在我看来,失手杀人其罪尚小,混淆美丑、善恶、正义与不正义,欺世惑众,其罪大矣。所以这种事情是一种冒险,是只能在敌人中间干而不能在朋友之间干的。所以你的鼓励是不能增加我的勇气的。

格(带笑):苏格拉底啊!就是你在辩论中偶有错误,对我们有害,我们还是释放你,像在误杀案中一样,赦你无罪,不算你欺骗了我们。所以请你放大胆子讲下去吧!

苏:好,那么,在法律上,凡被开释者,就无罪了;既然法律上是这样,那么我们这里想必也是这样。

格:既然如此,讲下去吧,不要推托了。

苏:那么现在我们必须回过头来把那些按照应有的顺序也许早就应该讲了的东西讲一讲。男子表演过了后,让妇女登台,这可能是一个好办法,尤其是因为你们急得要听我讲。对于像我们在前面说过的那样成长和教育出来的男子说来,我认为他们保有与使用孩子和妇女的唯一正确的方式应像我们在当初开始讨论男子问题时建议的那样[1]。你还记得那时我们曾竭力论证他们应做羊群的护卫者吗?

格:是的。

苏:让我们保持这个比喻,给妇女以同样的培养和训练,看这样说适当不适当。

格:怎么个培养训练法?

苏:这样。我们要不要指望母犬帮助公犬一起在外追寻搜索,参加一切警卫工作?或者还是让母犬躲在窝里,只管生育小犬,抚育小犬,让公犬独任警卫羊群的工作呢?

格:我们除了把母的警犬看作较弱者,公的看作较强者以外,

---

[1] 用动物作比方。见 375—376,422D,466D,467B,491D—E,537A,546A—B,564A。

应当一切工作大家同干。

苏:对于一种兽类如果你不给以同样的饲养同样的训练,你能不分彼此地使用它们吗?

格:不能。

苏:那么,如果我们不分彼此地使用女子,照使用男子那样,我们一定先要给女子以同样的教育。

格:是的。

苏:我们一向是用音乐和体操教育男子的。

格:是的。

苏:那么,为了同样地使用女子,我们一定要同样地用两门功课来教育女子,并且还要给她们军事教育。

格:根据你说的看来似乎有理。

苏:好,我们刚才所提的许多建议,要是付诸实施的话,由于违反当前的风俗习惯,我怕或许会让人觉得好笑的。

格:的确。

苏:你看其中最可笑的是什么?难道不显然是女子在健身房里赤身裸体①地和男子一起锻炼吗?不仅年轻女子这样做,还有年纪大的女人,也像健身房里的老头儿一样,皱纹满面的,看上去很不顺眼,可是她们还在那儿坚持锻炼呢。这不是再可笑没有了吗?

格:啊呀! 在目前情况下,似乎有些可笑。

---

① 古代希腊男子操练时都是裸体。"健身房"一词(γυμνάσιον)原意便是"裸体操练的地方"。

苏：关于女子体育和文艺教育的改革，尤其是关于女子要受军事训练，如携带兵器和骑马等等方面的问题，我们既然开始讨论了，就得坚持下去。文人雅士们的俏皮话、挖苦话我们是必定会听到的，千万不要怕。

格：你说的很对。

苏：我们既然出发了，在立法征途上虽然遇到困难，也绝不能后退。我们请求那些批评家们暂时抛弃轻薄故态，严肃一些；请他们回顾一下希腊人，在并不太久以前，还像现在大多数野蛮人那样，认为男子给人家看到赤身裸体也是可羞可笑的呢。当最初克里特人和后来斯巴达人开始裸体操练时，你知道不是也让那个时候的才子派的喜剧家们用来开过玩笑吗？

格：确是如此。

苏：但是，既然(我认为)经验证明，让所有的这类事物赤裸裸的比遮遮掩掩的要好，又，眼睛看来可笑的事物在理性认为最善的事物面前往往会变得不可笑。那么，这也就说明了下述这种人的话乃是一派胡言：他们不认为邪恶是可笑的，倒认为别的都是可笑的；他们不去讽刺愚昧和邪恶，却眼睛盯着别的现象加以讥讽；他们一本正经地努力建立某种别的美的标准，却不以善为美的标准。

格：你说得完全对。

苏：我们要取得一致意见的第一件事就是，这些建议是否行得通。是吧？因为无论发言人是在开玩笑，还是认认真真的，我们都一定要准备提出这个问题：女子按其天性能胜任男子的一切职务吗，或者还是什么都干不了，或者只能干其中有限的几种？如果说能干其中的几种，战争是不是包括在内？我们这样开始讨论，由此逐渐深入，可以得到最美满的结论。这样不是最好的方法吗？

格：这是极好的方法。

苏：那么我们要不要替我们的假想论敌，向我们自己提出诘难，以免因没有人替他们辩护，只听到我们的一面之词呢？

格：你完全可以这样做。

苏：那么，要不要让我们替他们说句话：我的亲爱的苏格拉底、格劳孔呀！实在没有必要让别人来批评你们。你们自己在开始讨论建立你们国家的时候，早已同意一个原则，即每个人应该做天然适宜于自己的工作。

格：我想，我们的确是同意过的，不是吗？

苏：他们会这样问：男子与女子之间不是天然就有很大的差别吗？当我们承认有之后，他们会问我们要不要给男子女子不同的工作，来照顾这些天然的差别？当我们说要的，他们会再问下去：既说男女应该有同样的职业，又说他们之间有很大的自然差别，这岂不是在犯自相矛盾的错误吗？那怎么办？你聪明人能够答复这个问题吗？

格：要我立刻答复这样突然的问题，实在不容易。我只有请求你替我们这方面答辩一下，话随你怎么说。

苏：亲爱的格劳孔，这些困难，还有别的许多类似的困难都是我早就看到的，因此我怕触及妇女儿童如何公有、如何教育方面的立法问题。

格：真的，这不像是一件容易的事情。真不容易。

苏：当然不容易。但是既然跌到水里了，那就不管是在小池里还是在大海里，我们义无反顾，只好游泳了。

格:极是。

苏:那么,我们也只好游下去,希望安然渡过这场辩论。但愿音乐家阿里安的海豚①把我们驮走,或者还有其他什么急救的办法。

格:看来如此。

E　苏:好,让我们来看看能不能找到一条出路。我们承认过不同的禀赋应该有不同的职业,男子与女子有不同的禀赋。可是现在我们又说不同禀赋的人应该有同样的职业,这岂不是对我们自己的一种反驳吗?

格:一点不错。

454　苏:亲爱的格劳孔,争论艺术的力量真了不起呀!

格:怎么回事?

苏:因为我看到许多人甚至不由自主地跌到这个陷阱中去,他们以为是在辩论,实际上不过在吵架而已。因为他们不懂得在研究一句话的时候怎样去辨别其不同的含义,只知道在字面上寻找矛盾之处。他们咬文嚼字,互相顶嘴,并不是在作辩证式的讨论。

格:是的,许多场合都有这种情况,不过你认为我们这里也是这样吗?

B　苏:绝对是的。无论如何,我担心我们在这里有不知不觉陷入一场文字争吵的危险。

格:怎么会这样的?

苏:不同样的禀赋不应该从事于同样的职业。我们对于这个

---

① 见希罗多德《历史》第一卷第二十四节。

原则,在字面上鼓足勇气,斤斤计较,可是我们从来没有停下来考虑考虑,不同样的禀赋究竟是什么意思,同样的禀赋究竟是什么意思,对不同样的禀赋给以不同样的职业,对同样的禀赋给以同样的职业,究竟是什么意思?

格:我们确实没有考虑过。

苏:看来,根据这个原则,我们就可以问我们自己:秃头的人们和长头发的人们是同样的还是异样的禀赋;要是我们同意他们是异样的禀赋,我们就禁止长头发的人做鞋匠而不禁止秃头的人做鞋匠,或者,禁止秃头的人做鞋匠而不禁止长头发的人做鞋匠。

格:这可笑到极点。

苏:可笑的原因在于,我们所说禀赋的同异,绝不是绝对的,无限制的,而只是关联到行业的同异。例如一个男子和一个女人都有医疗的本领,就有同样的禀赋。你觉得对不对?

格:对的。

苏:但是一个男医生和一个男木工的禀赋就不同。

格:确是不同。

苏:那么,如果在男性和女性之间,发现男性或女性更加适宜于某一种职业,我们就可以把某一种职业分配给男性或女性。但是,如果我们发现两性之间,唯一的区别不过是生理上的区别,阴性受精生子,阳性放精生子,我们不能据此就得出结论说,男女之间应有我们所讲那种职业的区别;我们还是相信,我们的护卫者和他们的妻子应该担任同样的职业为是。

格:你说的很对。

苏:其次,我们要请那些唱反调的人,告诉我们,对建设国家有

455 贡献的技术和职业,哪些仅仅适宜于女性,哪些仅仅适宜于男性呢?

格:这你无论如何是问得公道合理的。

苏:也许有人会像你刚才所说的那样说:一下子不容易找到令人满意的答复,只要给他们时间想一想,这也并不太难的。

格:他也许会这么说。

苏:那么,我们可不可以请求反对我们的人一直跟着我们,以B 便我们或许能够向他证明,在治理一个国家方面没有一件事是只有男子配担任女人担任不了的?

格:当然可以。

苏:那么,让我们来请他答复这个问题。"当你说一个人对某件事有天赋的才能另一个人没有天赋的才能,是根据什么呢?是因为一个人学习起来容易另一个人学起来困难,对吗?是不是因为有的人一学就懂,懂了就能类推,举一反三;有的人学习了好久,甚至还不记得所学的是什么东西?是不是因为有的人身体能充分C 地为心灵服务,有的人身体反而阻碍心灵的发展呢?你还有什么别的东西可用来作为每一问题上区分有好天赋与没有好天赋的依据的吗?"

格:没有人能找到别的东西来作为区分的根据的了。

苏:那么,有没有一种人们的活动,从上述任何方面看,男性都不胜于女性?我们要不要详细列举这种活动,像织布、烹饪、做糕D 点等等,女人以专家自命,要是男人胜了,她们觉得害羞,怕成为笑柄的?

格:你说得对。我们可以说,一种性别在一切事情上都远不如另一性别。虽然在许多事物上,许多女人的确比许多男人更为擅长,但是总的看来,情况是像你所说的那样。

苏:那么,我的朋友,没有任何一项管理国家的工作,因为女人在干而专属于女性,或者因为男人在干而专属于男性。各种的天赋才能同样分布于男女两性。根据自然,各种职务,不论男的女的都可以参加,只是总的说来,女的比男的弱一些罢了。　　　　E

格:很对。

苏:那么,我们要不要把一切职务都分配给男人而丝毫不分配给女人?

格:啊,那怎么行?

苏:我想我们还是这样说的好:有的女人有搞医药的天赋,有的没有,有的女人有音乐天赋,有的没有。

格:诚然。

苏:我们能不能说:有的女人有运动天赋,爱好战斗,有的女人天性不爱战斗,不爱运动? 456

格:能说。

苏:同样我们能不能说有的爱智,有的厌智,有的刚烈,有的懦弱?

格:也能这么说。

苏:因此,有的女人具有担任护卫者的才能,有的没有这种才能;至于,男人难道我们不能根据同样的禀赋来选择男的保卫者吗?

格:是这样。

苏:那么,女人男人可以有同样的才能适宜于担任国家保卫者的职务,分别只在于女人弱些男人强些罢了。

格:显然是如此。

苏:因此应该挑选这种女子和这种男子住在一起同负护卫者的职责,既然女的男的才能相似禀赋相似。

格:当然。

苏:同样的禀赋应该给同样职务,不是吗?

格:是的。

苏:话又说回到前面。我们同意给护卫者的妻子们以音乐和体育上的锻炼,并不违背自然。

格:毫无疑问。

苏:因此我们的立法并不是不切实际的空想,既然我们提出的法律是合乎自然的。看来倒是目下流行的做法是不自然的。

格:似乎如此。

苏:那么,我们所要考虑的问题是:我们的建议是否行得通?如果行得通的话,它们是不是最好?

格:是这个问题。

苏:我们已经同意是行得通的,不是吗?

格:是的。

苏:那么,我们要取得一致意见的次一个问题是:我们建议的是不是最好?

格:显然是的。

苏:好,为了培养护卫者,我们对女子和男子并不用两种不同的教育方法,尤其是因为不论女性男性,我们所提供的天然禀赋是一样的。

格：应该是同样的教育。

苏：那么，对于下面的问题，你的意见如何？

格：什么问题？

苏：问题是：你以为男人们是有的好些有的差些，还是所有男人都是一样的呢？

格：他们当然不是一样的。

苏：那么，在我们正建立的这个国家里，哪些男人是更好的男人？是受过我们所描述过的那种教育的护卫者呢，还是受过制鞋技术教育的鞋匠呢？

格：这是可笑的问题。

苏：我懂。但请你告诉我，护卫者是不是最好的公民？

格：是最好的。好得多。

苏：那么，是不是这些女护卫者也是最好的女人？

格：也是最好的。

苏：一个国家里能够造就这些出类拔萃的女人和男人，还有什么事情比这个更好的吗？

格：没有。

苏：这是受了我们所描述过的音乐和体操教育的结果吧？

格：当然是的。

苏：那么，我们所提议的立法，不仅是可能的，而且对于国家也是最好的。

格：确实是的。

苏：那么，女的护卫者必须裸体操练，既然她们以美德做衣服。她们必须同男人一起参加战争，以及履行其他护卫者的义务，这是

她们唯一的职责。在这些工作中她们承担比较轻些的,因为女性
B 的体质比较文弱。如有任何男人对女人(出于最好的动机)裸体操
练加以嘲笑,正如诗人品达所云"采不熟之果"①,自己不智,反笑
人愚,他显然就不懂自己在笑什么,在做什么。须知,"有益的则
美,有害的则丑"这一句话,现在是名言,将来也是名言。

格:我完全同意。

苏:在讨论妇女法律问题上,我们可以说已经越过了第一个浪
C 头,总算幸而没有遭灭顶之灾。我们规定了男的护卫者与女的护
卫者必须担任同样的职务;并且相当一致地证明了,这个建议不仅
是可行的,而且是有益的。

格:的确如此,你越过的浪头可不小呀!

苏:你要看到了第二个浪头,你就不会说第一个浪头大了。

格:那么,讲下去,让我来看看。

苏:作为上面这个论证以及前面的所有论证的结果,依我看,
是一条如下的法律。

格:什么样的?

苏:这些女人应该归这些男人共有,任何人都不得与任何人组
D 成一夫一妻的小家庭。同样地,儿童也都公有,父母不知道谁是自
己的子女,子女也不知道谁是自己的父母。

格:这比前面说的是一个更大的浪头了,使人怀疑这个建议是
不是行得通,有没有什么益处。

苏:啊,关于有没有什么益处,我看这点不必怀疑,谁都不会否

---

① 见品达,残篇209。柏拉图在这里文字上有改动。

认妇女儿童一律公有有最大的益处。但是,是否行得通?据我看来,这个问题将引起极大的争论。　　　　　　　　　　　　　E

格:两个问题都要大争而特争的。

苏:你的意思是不是说,我要腹背受敌了。我原来希望你同意这个建议是有益的,那样我就可以避重就轻来讨论是否行得通的问题了。

格:你休想滑过去,给我发觉了!你不许走,你得对两个建议,都要说出道理来。

苏:好,我甘愿受罚,但请你原谅让我休息一下。有那么一种懒汉,他们独自徘徊,想入非非,不急于找到实现他们愿望的方法,他们暂时搁起,不愿自寻烦恼去考虑行得通与行不通的问题;姑且当作已经如愿以偿了,然后在想象中把那些大事安排起来,高高兴兴地描写如何推行如何实现;这样做他们原来懒散的心灵更加懒散了。我也犯这个毛病,很想把是否行得通的问题推迟一下,回头再来研究它。现在我们假定这是行得通的;在你许可之下,我愿意先探讨治理者们在实行起来时怎样安排这些事情。同时还要证明这些安排对于国家对于护卫者都有极大的益处。我准备同你先研讨这个问题,然后再考虑其他问题,如果你赞成的话。458

B

格:我赞成,请讲下去。

苏:那么我以为,治理者和他们的辅助者如果都名副其实的话,辅助者必须愿意接受命令,而治理者必须发布命令——在一些事情中按照法律发布命令,在另一些我们让他们自己斟酌的事情中根据法律的精神发布命令。

C

格:大概是的。

苏：那么，假定你这个立法者选出了一些男人，同时选出了一些女人，这些女人的品质和这些男人一样，然后把这些女人派给这些男人。这些男人女人同吃同住，没有任何私财；彼此在一起，共同锻炼，天然的需要导致两性的结合。我所说的这种情况不是一种必然的结果吗？

格：这不是几何学的必然，而是情欲的必然。对大多数人的行动来讲，情欲的必然比几何学的必然有更大的强制力与说服力。

苏：确是如此。不过再说，格劳孔，如果两性行为方面或任何他们别的行为方面毫无秩序，杂乱无章，这在幸福的国家里是亵渎的。我们的治理者是绝不能容许这样的。

格：是的，这是不对的。

苏：因此很明白，婚姻大事应尽量安排得庄严神圣，婚姻若是庄严神圣的，也就能是最有益的。

格：诚然。

苏：那么，怎么做到最有益呢？格劳孔，请告诉我，我在你家里看到一些猎狗和不少纯种公鸡，关于它们的交配与生殖你留意过没有？

格：什么？

苏：首先，在这些纯种之中——虽然它们都是良种——是不是有一些证明比别的一些更优秀呢？

格：是的。

苏：那么，你是一律对待地加以繁殖呢，还是用最大的注意力选出最优秀的品种加以繁殖的呢？

格：我选择最优秀的加以繁殖。

苏:再说,你选择年龄最幼小的,还是选择最老的,还是尽量选择那些正在壮年的加以繁殖呢?

格:我选那些正在壮年的。

苏:如果你不这样选种,你不是要你的猎狗和公鸡的品种每况愈下吗?

格:是的。

苏:马和其他兽类怎么样?情况会有不同吗?

格:倘若不是这样,那才怪呢?

苏:天啊!我亲爱的朋友,这个原则如果同样适用于人类的话,需要我们的统治者拿出多高明的手腕呀!

格:是适用的。但是为什么说需要高明的手腕呢? C

苏:因为他们要用大量我们前面讲过的那种药物①。对肯用规定的膳食,不必服药的病人,普通的医生就可以应付了。如果遇到需要服用药物的病人,我们知道就需要一个敢想敢做的医生才行了。

格:是的。不过同我们的问题有什么关系?

苏:这个,大概是治理者为了被治理者的利益,有时不得不使用一些假话和欺骗。我以为我们说过,它们都是作为一种药物使 D 用的。

格:是的,说得对。

苏:那么,在他们结婚和生育方面,这个"对"看来还不是个最小的"对"呢。

---

① 比喻。含义与前面389B处相同。

格:这是怎么的?

苏:从上面同意的结论里,我们可以推断:最好的男人必须与最好的女人尽多结合在一起;反之,最坏的与最坏的要尽少结合在一起。最好者的下一代必须培养成长,最坏者的下一代则不予养育,如果品种要保持最高质量的话;除了治理者外,别人不应该知道这些事情的进行过程。否则,护卫者中难免互相争吵闹不团结。

格:很对。

苏:按照法律须有假期,新妇新郎欢聚宴饮,祭享神明,诗人做赞美诗,祝贺嘉礼。结婚人数的多寡,要考虑到战争、疾病以及其他因素,由治理者们斟酌决定;要保持适当的公民人口,尽量使城邦不至于过大或过小。

格:对的。

苏:我想某些巧妙的抽签办法一定要设计出来,以使不合格者在每次求偶的时候,只好怪自己运气不好而不能怪治理者。

格:诚然是的。

苏:我想当年轻人在战争中证明他们英勇卫国功勋昭著的,一定要给以荣誉和奖金,并且给以更多的机会,使与妇女配合,从他们身上获得尽量多的后裔。

格:对得很。

苏:生下来的孩子将由管理这些事情的官员带去抚养。这些官员或男或女,或男女都有。因为这些官职对女人男人同样开放。

格:是的。

苏:优秀者的孩子,我想他们会带到托儿所去,交给保姆抚养;保姆住在城中另一区内。至于一般或其他人生下来有先天缺陷的孩子,他们将秘密地加以处理,有关情况谁都不清楚。

格:是的。这是保持治理者品种纯洁的必要条件。

苏:他们监管抚养孩子的事情,在母亲们有奶的时候,他们引导母亲们到托儿所喂奶,但竭力不让她们认清自己的孩子。如果母亲的奶不够,他们另外找奶妈。他们将注意不让母亲们喂奶的时间太长,把给孩子守夜以及其他麻烦事情交给奶妈和保姆去干。

格:你把护卫者妻子抚育孩子的事情,安排得这么轻松!

苏:这是应该的。现在让我们谈谈我们规划的第二部分。我们曾经说过,儿女应该出生在父母年轻力壮的时候。

格:诚然。

苏:你同意一个女人精力最好的时候大概可以说是二十年,男人是三十年吗?

格:你要选择哪几年?

苏:女人应该从二十岁到四十岁为国家抚养儿女,男人应当从过了跑步速度最快的年龄到五十五岁。

格:这是男女在身心两方面都精力旺盛的时候。

苏:因此,如果超过了这个年龄或不到这个年龄的任何人也给国家生孩子,我们说,这是亵渎的不正义的。因为他们生孩子(如果事情不被发觉的话)得不到男女祭司和全城邦的祷告祝福——这种祝祷是每次正式的婚礼都可以得到的,祈求让优秀的对国家有贡献的父母所生的下代胜过老一代变得更优秀,对国家更有益——这种孩子是愚昧和淫乱的产物。

格:很对。

苏:同样的法律也适用于这样的情况:一个尚在壮年的男人与

一个尚在壮年的女子苟合,未得治理者的准许。因为我们将说他们给国家丢下一个私生子,这是不合法的,亵渎神明的。

格:对极了。

苏:但是,我想女人和男人过了生育之年,我们就让男人同任何女人相处,除了女儿和母亲,女儿的女儿以及母亲的母亲。至于女人同样可以和任何男人相处,只除了儿子、父亲,或父亲的父亲和儿子的儿子。我们一定要警告他们,无论如何不得让所怀的胎儿得见天日,如果不能防止,就必须加以处理,因为这种后代是不应该抚养的。

格:你所讲的这些话都很有道理。但是他们将怎样辨别各人的父亲、女儿和你刚才所讲的各种亲属关系呢?

苏:他们是很难辨别。但是有一个办法,即,当他们中间有一个做了新郎之后,他将把所有在他结婚后第十个月或第七个月里出生的男孩作为他的儿子,女孩作为他的女儿;他们都叫他父亲。他又把这些儿女的儿女叫做孙子孙女,这些孙子孙女都叫他的同辈为祖父祖母。所有孩子都把父母生自己期间出生的男孩女孩称呼为兄弟姐妹。他们不许有我们刚才讲的那种性关系。但是,法律准许兄弟姐妹同居,如果抽签决定而且特尔斐的神示也表示同意的话。

格:对极了。

苏:因此,格劳孔,这就是我们城邦里护卫者中间妇女儿童公有的做法。这个做法和我们政治制度的其余部分是一致的,而且是最好最好的做法。这一点我们一定要在下面以论辩证实之。你认为然否?

格：诚然。

苏：因此，为取得一致意见，我们是不是首先要问一问我们自己：什么是国家制度的至善，什么是立法者立法所追求的至善，以及，什么是极恶；其次，我们是不是要考虑一下，我们刚才提出的建议是否与善的足迹一致而不和恶的足迹一致？

格：完全是的。

苏：那么，对于一个国家来讲，还有什么比闹分裂化一为多更恶的吗？还有什么比讲团结化多为一更善的吗？

格：当然没有。

苏：那么，当全体公民对于养生送死尽量做到万家同欢万家同悲时，这种同甘共苦是不是维系团结的纽带？

格：确实是的。

苏：如果同处一国，同一遭遇，各人的感情却不一样，哀乐不同，那么，团结的纽带就会中断了。

格：当然。

苏：这种情况的发生不是由于公民们对于"我的""非我的"以及"别人的"这些词语说起来不能异口同声不能一致吗？

格：正是。

苏：那么，一个国家最大多数的人，对同样的东西，能够同样地说"我的""非我的"，这个国家就是管理得最好的国家。

格：最好最好的。

苏：当一个国家最最像一个人的时候，它是管理得最好的国家。比如像我们中间某一个人的手指受伤了，整个身心作为一个人的有机体，在统一指挥下，对一部分所感受的痛苦，浑身都感觉到了,这就是我们说这个人在手指部分有痛苦了。这个道理同样可应用到一个人的其他部分,说一个人感到痛苦或感到快乐。

格:同样,有如你所说的,管理得最好的国家最像各部分痛痒相关的一个有机体。

苏:那么,任何一个公民有时有好的遭遇,有时有坏的遭遇,这种国家很可能会说,受苦的总是国家自己的一个部分,有福应该同享,有难应该同当。

格:一个管理得很好的国家必须是这样的。

苏:现在是时候了,我们应该回到我们这个国家来看看,是否这里可以看到我们所一致同意过的那些品质,不像别的国家。

格:我们应该这样做。

苏:好,那么,在我们的国家里,也有治理者和人民,像在别的国家里一样,是吗?

格:是这样。

苏:他们彼此互称公民,是吗?

格:当然是的。

苏:在别的国家里,老百姓对他们的治理者,除了称他们为公民外,还称他们什么呢?

格:在很多国家里叫他们首长;在平民国家里叫他们治理者。

苏:在我们国家里对于治理者除了叫他们公民外还叫他们什么?

格:保护者与辅助者。

苏:他们怎样称呼人民?

格:纳税者与供应者。

苏:别的国家的治理者怎样称呼人民?

格:奴隶。

苏:治理者怎样互相称呼?

格:同事们。

苏:我们的治理者怎样互相称呼?

格:护卫者同事们。

苏:告诉我,在别的国家里是不是治理者同事们之间有的以朋友互称,有的却不是?

格:是的,这很普遍。

苏:他们是不是把同事中的朋友看作自己人,把其他同事看作外人?

格:是的。

苏:你们的护卫者们怎么样?其中有没有人把同事看成或说成外人的?

格:当然不会有。他一定会把他所碰到的任何人看作是和他有关系的,是他的兄弟、姐妹,或者父亲、母亲,或他的儿子、女儿,或他的祖父、祖母、孙子、孙女。

苏:你答复得好极了。请再告诉我一点。这些亲属名称仅仅是个空名呢,还是必定有行动来配合这些名称的呢?对所有的父辈,要不要按照习惯,表示尊敬,要不要照顾他们,顺从他们,既然反此的行为是违天背义为神人所共愤的?要不要让这些道理成为人们对待父亲和其他各种亲属应有态度的,从全体人民那里一致听到的神谕呢?还是让别的某种教导从小就充塞孩子们的耳朵呢?

格:要这些道理。如果亲属名称仅仅是口头上说说的,而无行动配合,这是荒谬的。

苏:那么,这个国家不同于别的任何国家,在这里大家更将异口同声歌颂我们刚才所说的"我的"这个词儿。如果有任何一个人的境遇好,大家就都说"我的境遇好",如果有任何一个人的境遇不好,大家就都说"我的境遇不好"。

格:极是。

苏:我们有没有讲过,这种认识这种措辞能够引起同甘共苦彼此一体的感觉?

格:我们讲过。并且讲得对。

苏:那么护卫者们将比别的公民更将公有同一事物,并称之为"我的",而且因这种共有关系,他们苦乐同感。

格:很对。

苏:那么,除了国家的政治制度之外,在护卫者之间妇女儿童的公有不也是产生苦乐与共的原因吗?

格:这无疑是主要的原因。

苏:我们还曾一致说过,这是一个国家的最大的善,我们还曾把一个管理得好的国家比之于个人的身体,各部分苦乐同感,息息相关。

格:我们一致这样说过,说得非常对。

苏:我们还可以说,在辅助者之间妇女儿童公有对国家来说也是最大的善,并且是这种善的原因。

格:完全可以这样说。

苏:这个说法和我们前面的话是一致的。因为我想我们曾经

说过,我们的护卫者不应该有私人的房屋、土地以及其他私人财 C
产。他们从别的公民那里,得到每日的工资,作为他们服务的报
酬,大家一起消费。真正的护卫者就要这个样子。

格:你说得对。

苏:那么,我们已讲过的和我们正在这里讲的这些规划,是不
是能确保他们成为更名副其实的保卫者,防止他们把国家弄得四
分五裂,把公有的东西各个说成"这是我的",各人把他所能从公家 D
弄到手的东西拖到自己家里去,把妇女儿童看做私产,各家有各家
的悲欢苦乐呢? 他们最好还是对什么叫自己的有同一看法,行动
有同一目标,尽量团结一致,甘苦与共。

格:完全对。

苏:那么,彼此涉讼彼此互控的事情,在他们那里不就不会发
生了吗? 因为他们一切公有,一身之外别无长物,这使他们之间不
会发生纠纷。因为人们之间的纠纷,都是由于财产,儿女与亲属的 E
私有造成的。

格:他们之间将不会发生诉讼。

苏:再说,他们之间也不大可能发生行凶殴打的诉讼事件了。
因为我们将布告大众,年龄相当的人之间,自卫是善的和正义的。
这样可以强迫他们注意锻炼,增强体质。

格:很对。

苏:这样一项法令还有一个好处。一个勃然发怒的人经过自 465
卫,怒气发泄,争吵也就不至于走到极端了。

格:诚然。

苏:权力应该赋予年长者,让他们去管理和督教所有比较年轻

的人。

格：道理很明白。

苏：再说，理所当然，年轻人是不大会对老年人动武或者殴打的，除非治理者命令他们这样做。我认为年轻人也不大会对老年人有其他无礼行为的。有两种心理在约束他们：一是畏惧之心，一是羞耻之心。羞耻之心阻止他去冒犯任何可能是他父辈的人；畏惧之心使他生怕有人来援助受害者，而援助者可能是他的儿辈、兄弟或父辈。

格：结果当然是这样。

苏：因此，我们的法律将从一切方面促使护卫者们彼此和平相处。是吧？

格：很和平！

苏：只要他们内部没有纷争，就不怕城邦的其他人和他们闹纠纷或相互闹纠纷了。

格：是的，不必怕。

苏：他们将摆脱一些十分琐碎无聊的事情。这些事是不值得去烦心的，我简直不愿去谈到它们。诸如，要去奉承富人，要劳神焦思去养活一家大小，一会儿借债，一会儿还债，要想尽办法挣几个大钱给妻子仆役去花费。所有这些事琐琐碎碎，大家都知道，不值一提。

格：啊，这个道理连瞎子也能明白。

苏：那么，他们将彻底摆脱这一切，如入极乐世界，生活得比最幸福的奥林匹克胜利者还要幸福。

格：怎么会的？

苏:他们得到的比奥林匹克胜利者还要多。他们的胜利更光荣,他们受到的公众奉养更全面。他们赢得的胜利是全国的资助。他们得到的报酬是他们以及他们的儿女都由公家供养。他们所需要的一切,都由公家配给。活着为全国公民所敬重,死后受哀荣备至的葬礼。

格:真是优厚。

苏:你还记得吗?以前辩论时,有人责怪我们没有使护卫者们得到幸福,说他们掌握一切,自己却什么也没有。我想你还记得,我们曾答应过,在适当的时候可以回到这个问题上来;当时我们所关心的是使一个护卫者成为一个名副其实的护卫者,尽可能使国家作为一个整体得到幸福,而不是只为某一个阶级考虑,只使一个阶级得到幸福。

格:我记得。

苏:那么,好,既然我们的扶助者①的生活,看来比奥林匹克运动会的胜利者的生活还要好,那么,还有什么必要去和鞋匠,其他匠人,以及农民的生活去比较吗?

格:我想没有必要。

苏:再者,我们不妨把我在别的地方说过的一些话在这里重说一遍。如果护卫者一心追求一种不是一个名副其实的护卫者应有的幸福生活,不满足于一种适度的安稳的,在我们看来是最好的生活,反而让一种幼稚愚蠢的快乐观念困扰、支配,以至利用权力损公肥私,损人利己,那么他迟早会发现赫西俄德说的"在某种意义

---

① ἐπικύρων 这里包括治理者在内。

上半多于全"这句话确是至理名言!

格:如果他听我的劝告,他会仍然去过原来的这种生活。

苏:那么,你同意女子也过我们所描述的这种生活?——女子和男子有共同的教育、有共同的子女和共同保护其他公民;无论是在国内还是外出打仗,女子与男子都应当像猎犬似的,一起守卫一起追逐;并且,尽可能以一切方式共有一切事物?你同意,只有这样做他们才能把事情做得最好,既不违反女子与男子不同的自然特性,也不违反女子与男子之间天然的伙伴关系?

格:我同意。

苏:那么,还有待于研究的问题是:这样的共同关系能否像在别的动物中那样,真正在人与人之间建立起来呢?如果可能,还要问,怎么做才可能?

格:我正要提这个问题,给你抢先说了。

苏:他们在战争中将怎么做,我以为是明摆着的。

格:怎么做?

苏:她们将和男子一同整队出发,带了身强力壮的孩子,让他们见识一下将来长大了要做的事情,像别的行业中带着孩子看看一样。除了看看而外,这些孩子还要帮助他们的父母从事各种军中勤务,并侍候他们的父母。你有没有看到过技工(譬如陶工)的孩子在自己正式动手做之前有过长期的观察和帮做的过程?

格:我看到过的。

苏:难道陶工倒更应该比护卫者注意去教育他们的孩子,让孩子们跟他们见识和实习,以便将来做好自己的工作?

格:这种想法就太可笑了。

苏：再说，人也像动物一样，越是在后代面前，对敌人作战也越是勇猛。

格：确是如此。不过苏格拉底，冒的危险可也不小呀！胜败兵家常事。要是打了败仗，他们的后代将同他们自己一样遭到巨大损失，以致劫后遗民复兴祖国成为不可能。

苏：你的话是对的。不过你想永远不让他们冒任何危险吗？

格：绝无此意。

苏：如果危险非冒不可的话，那么冒险而取得胜利者不是可以经过锻炼而得到进步吗？

格：显然如此。

苏：一个长大了要做军人的人，少年时不去实习战争，以为这个险不值得冒，或者冒不冒差别不大，你看这个想法对不对？

格：不对。这个险冒与不冒，对于要做军人的人有很大的区别。

苏：那么，作为前提我们一定要让孩子们从小实地见习战争，同时我们也采取必要措施避免危险，这样就两全了。是不是？

格：是的。

苏：那么，首先他们的父辈，关于军事总不见得没有一点经验吧？总懂得点哪些战役是危险的，哪些是不危险的吧？

格：他们应当懂得的。

苏：因此他们可以把孩子带去参加不危险的战役，不带他们去参加有危险的战役。

格：对。

苏：他们将把孩子们交给那些在年龄和经验方面都有资格做

孩子们领导者和教师的,不是滥竽充数的军官去带领。

格:这是非常恰当的。

苏:可是我们也要看到,人们遭遇意外是屡见不鲜的。

格:的确是的。

苏:因此我以为,为了预防意外,我们应该一开始就给孩子们装上翅膀,必要时让他们可以振翼高飞。

E　格:什么意思?

苏:我们一定要让孩子们从小学会骑马,然后带他们骑马到战场上去察看战斗,但不要让他们骑那种好战的劣马,而要让他们骑那种既跑得快而又容易驾驭的驯马。这样他们就既可以很好地看到自己将来要做的事情,一有危险,他们只要跟着长辈领导人,又可以迅速撤离。

格:我看你的话是对的。

468　苏:那么,关于军事纪律应该如何规定?士兵应该如何对待自己人,如何对待敌人?我的想法不知对不对?

格:请把你的想法告诉我。

苏:如果任何士兵开小差逃跑,或者丢掉武器,或者由于胆怯犯了其他类似的错误,这种士兵要不要被下放去做工匠或者农夫?

格:断然要。

苏:任何士兵被敌人活捉做了战俘,我们同意不同意,把他当作礼物送给敌人,随敌人怎么去处理他?

B　格:完全同意。

苏:一个士兵如果在战场上勇敢超群,英名远扬,他应当首先受到战场上战友们的致敬,然后再受到少年和儿童的致敬。你赞成不赞成?

格:赞成。

苏:他还应该受到他们向他伸出右手的欢迎?

格:应该。

苏:但是,我想你不会再赞成我下面的话了。

格:什么话?

苏:他应该吻每一个人,并且被每一个人所亲吻。你赞成吗?

格:完全赞成。我对这条法令,还要补充一点:在该战役期间他要爱谁,谁都不准拒绝。理由是:如果他在爱着什么人(男的或女的),他就会更热切地要赢得光荣。

苏:好极了。我们已经说过,结婚的机会对于优秀人物,应该多多益善,以便让他们尽可能地多生孩子。

格:是的,我们曾经这样说过的。

苏:但是荷马诗篇中还讲起过,用下述方法敬重年轻人中的勇士也是正当的。荷马告诉我们,阿雅斯打起仗来英勇异常,在宴席上受到全副脊肉的赏赐;这样对于年轻勇士既是荣誉,还可以增强他们的体力。

格:极是。

苏:那么,这里我们至少可以把荷马作为我们的榜样。在祭礼及其他类似场合上,我们表扬那些功勋卓著智勇双全的优秀人物,给他们唱赞美诗,给他们刚才讲过的那些特殊礼遇,给以上座,羊羔美酒,这样对于这些男女勇士,既增强了他们的体质,还给了他们荣誉。

格:你说得好极了。

苏:好,那么,那些战死沙场,——如果有人死后英名扬,难道我们不能首先肯定他是名门望族的金种子吗?

格:绝对可以。

苏:我们要不要相信,赫西俄德诗篇里①所说的黄金种子死后成为"置身河岳的精灵,保卫下民的救星"?

格:当然要。

苏:我们要不要去询问一下阿波罗,然后按照他所指示的隆重方式安葬这些勇士神人?

格:我们还能采用什么别的方式吗?

苏:而且,以后我们还要对他们的坟墓按时祭扫,尊崇死者有若神明。我们还要把同样的荣誉给予那些因年老或别的原因而死亡的,在正常的一生活动中表现得特别优秀的人物。对吗?

格:肯定对的。

苏:再说,我们的士兵应当怎样对待敌人?

格:在哪方面?

苏:首先在变战败者为奴隶方面。希腊人征服别的希腊城邦,把同一种族的人降为奴隶,你以为这样做是合乎正义的吗?还是,——不但自己不这样,而且还竭力阻止别的城邦这样做,使大家看到有被蛮族征服的危险,使希腊人和希腊人团结起来,互不伤害蔚然成风。——还是这样合乎正义呢?

格:希腊人大家团结一致的好。

苏:那么,他们自己不要希腊人做自己的奴隶,同时劝告别的

---

① 《工作与时日》191 以下。

希腊人也不要希腊人做自己的奴隶?

格:当然。无论如何,那样大家宁愿外抗蛮族,内求团结了。

苏:在战场上作为胜利者,对于被击毙的敌人,除武器外,不去剥取死者其他东西,是不是这样好些?搜剥敌尸财物,仿佛在做什么不可少的事情一样,这不是让一些贪生怕死的胆小鬼找到了借口,他们可以不去追击活着的敌人了吗?不是有过许多军队曾断送于这种只顾抢劫的行为吗?

格:的确是的。

苏:你不觉得抢劫死尸是卑鄙龌龊的行为吗?把死者的尸体看作敌人,而让真正的敌人丢下武器远走高飞,这不是女流之辈胸襟狭隘的表现吗?这种行为与狗儿向着扔中它们的石头狂叫,却不过去咬扔石头的人,有什么两样呢?

格:丝毫没有两样。

苏:因此,我们一定要禁止抢劫死尸,一定要给死者埋葬。

格:真的,我们一定要这样做。

苏:再说,我们也不要把缴获的武器送到庙里,作为捐献的祭品,为了关心维护与其他希腊人的友好关系,尤其不要把希腊人的武器送去。我们倒真该害怕把同种人的这些武器,作为祭品送到庙里去,以至亵渎神圣,除非神指示要这样做。

格:再对不过了。

苏:关于践踏敌方希腊人的土地和焚烧敌方希腊人的房屋的问题,你的士兵们究竟应该怎样去对待呢?

格:我很高兴听听你对这个问题的意见。

苏:据我看,他们对希腊敌人既不能践踏土地也不该焚烧房屋。他们应该限于把一年的庄稼运走。要不要我把理由告诉你？

格：要。

苏：我的看法是：正如我们有两个不同的名称——"战争"与"内讧"一样，我们也有两个不同的事情。所谓两个不同的事情，一指内部的，自己人的；一指国外的，敌我的。国内的冲突可称为"内讧"，对外的冲突可称为"战争"。

格：你的话很中肯。

C 苏：如果我说希腊人与希腊人之间的一切关系是属于内部的，自家人的；希腊人与蛮族之间的关系是属于外部的，敌我的；请问，你觉得我这个话也同样中肯吗？

格：很中肯。

苏：那么，当希腊人抗拒野蛮人，或者野蛮人侵略希腊人，他们是天然的敌人，他们之间的冲突必须叫做"战争"；如果希腊人同希腊人冲突，他们是天然的朋友，不过希腊民族不幸有病，兄弟不和

D 罢了，这种冲突必须叫做"内讧"。

格：我完全同意你的看法。

苏：那么，研究一下我们现在所说的"内讧"问题吧。当内讧发生，一个国家，分裂为二，互相蹂躏其土地，焚烧其房屋，这种荒谬绝伦的行动，使人觉得双方都不是真正的爱国者；否则他们为什么要这样残酷地去伤害自己衣食父母的祖国呢？但是我们认为，如果胜利者仅限于把对手所收获的庄稼带走，他们的所作所为表明

E 他们还是指望将来言归于好，停止没完没了的内战的，那么他们的行为就还是适度的，可理解的。

格：是的，这种想法还比较文明些，比较合乎人情些。

苏:好。那么,你要创建的城邦,是一个希腊城邦吗?

格:一定是的。

苏:那么,这个城邦的公民不都是文明的君子人吗?

格:确实是的。

苏:他们要不要热爱同种族的希腊人?要不要热爱希腊故国的河山?要不要热爱希腊人共同的宗教信仰?

格:当然要的。

苏:他们不会把同种族希腊人之间的不和看作内部冲突,称之为"内讧"而不愿称之为"战争"吗? 471

格:当然会的。

苏:他们虽然争吵,但还时刻指望有朝一日言归于好吗?

格:完全是这样。

苏:那么,他们的目的在于善意告诫,而不在于恶意奴役和毁灭。他们是教导者,绝不是敌人。

格:很对。

苏:那么,他们既然是希腊人,就不会蹂躏希腊的土地,焚毁希腊的房屋。他们也不会把各城邦的希腊人(少数罪魁祸首除外),不论男女老少,都当作敌人;由于这些理由,他们绝不会蹂躏土地,B 拆毁房屋,因为对方大多数人都是他们的朋友。他们作为无辜者进行战争只是为了施加压力,使对方自知悔误赔礼谢罪,达到了这个目标就算了。

格:我同意你的说法。我们的公民应该这样对待自己的希腊对手。至于对付野蛮人,他们则应该像目前希腊人对付希腊人那样。

C　　苏:那么,我们要不要再给我们的护卫者制定这样一条法律——不准践踏土地,不准焚烧房屋?

格:要的。让我们认为这些话以及前面说过的那些话都是对的。

但是,如果我们让你这样滔滔不绝地讲下去,亲爱的苏格拉底,我担心你将永远说不到那个你答应要解答的问题上来。这个问题是:我们所描述过的这样一种国家是否可能实现? 如果可能,又怎样才能实现? 我承认,你的国家如能实现,那是非常理想的;
D 你没有描述到的,我还可以替你补足。我看到全国公民在战争中互不抛弃,彼此以兄弟、父辈、儿子相待,使他们无敌于天下;如果再加上女兵,或同男兵并肩作战或为了吓唬敌人,一齐努力,使他们无往不胜。我还看到你没有提及的种种平时在国内的好处。这
E 些我都承认。如果这种国家实现的话,还有其他说不尽的好处,你也不必再去细讲了。但是,让我们立即来只说明这个问题:这是不
472 是可能? 如果可能的话,又怎么才可能? 其余一切,我们不谈。

苏:你这是对我的议论作了一次突然的攻击,对我的稍微犹豫你一点也不体谅。你或许不知道,我好不容易刚躲开了头两个浪头,你如今紧接着又向我掀起了第三个浪头,也是最大最厉害的一个浪头。等到你看到听到了这个浪头,你一定会谅解我,承认我的担心和稍作犹豫是自然的,因为要提出来讨论的这个议论是如此的奇特怪异。

B　　格:你越是这样推诿,我们越是不能放你走;无论如何,你一定得告诉我们,这种政治制度怎样才能实现。因此请讲下去,不要再浪费时间了。

苏：好吧，我们首先要记得，我们是从研究"什么是正义"，"什么是不正义"的问题走到这儿来的。

格：是的，那又怎么样呢？

苏：哦，没有什么。问题在这里。如果我们真找到了什么是正义的话，我们是不是要求一个正义的人和正义本身①毫无差别，在各方面都完全一模一样呢？还是，只要正义的人能够尽量接近正义本身，体现正义比别人多些，我们也就满意了呢？

格：哦，尽量接近标准就可以使我们满意了。

苏：那么，我们当初研究正义本身是什么，不正义本身是什么，以及一个绝对正义的人和一个绝对不正义的人是什么样的（假定这种人存在的话），那是为了我们可以有一个样板。我们看着这些样板，是为了我们可以按照它们所体现的标准，判断我们的幸福或不幸，以及我们的幸福或不幸的程度。我们的目的并不是要表明这些样板能成为在现实上存在的东西。

格：你的话是真的。

苏：如果一个画家，画一个理想的美男子，一切的一切都已画得恰到好处，只是还不能证明这种美男子能实际存在，难道这个画家会因此成为一个最糟糕的画家吗？

格：不，我的天啊，当然不能这样说。

苏：那么，我们说我们不是在这里用词句在创造一个善的国家吗？

格：确是如此。

---

① "本身"，即柏拉图的理念。

苏：那么，如果我们不能证明一个国家能在现实中管理得像我们所描述的那样好，难道就可以因此说我们的描述是最糟糕的理论吗？

格：当然不可以。

苏：道理就在这里。但是，如果我为了使你高兴，设法给你指出，在什么情况下和在哪个方面我所描述的这些东西最可能接近实现。请把你前面同意过的话再说一遍。

格：什么话？

473　苏：凡是说过的都一定要做到，这可能吗？还是说，真理通常总是做到的比说到的要少？也许有人不这样认为。可是你同意不同意我这个说法？

格：同意。

苏：那么，你就不要老是要我证明，我用词句描述的东西是可以完完全全地做得到的了。不，如果我们能够找到一个国家治理得非常接近于我们所描写的那样，你就得承认，你所要求的实现已B经达到，你已经满意了。你说你满意了没有？我自己是觉得满意了。

格：我也觉得满意了。

苏：第二件要做的事情看来是，设法寻找和指出在现行的那些城邦法制中是什么具体缺点妨碍了他们按照我们所描写的法制去治理它；有什么极少数的变动就可以导致他们所企求的符合我们建议的法律；如果一项变动就够了，那是最好，如果一项不行，就两项，总之变动愈少愈小愈是理想。

C　格：确是如此。

苏:那么,我们可以指出,有一项变动可以引起所要求的改革。这个变动并非轻而易举,但却是可能实现的。

格:那是什么变动呢?

苏:哦！我想我已临近我们所比拟的那个最大的怪论之浪了。然而我还是要讲下去。就是为此把我淹没溺死在讥笑和蔑视的浪涛当中,我也愿意。好,现在听我讲下去。

格:讲下去吧。

苏:除非哲学家成为我们这些国家的国王,或者我们目前称之 D 为国王和统治者的那些人物,能严肃认真地追求智慧,使政治权力与聪明才智合而为一;那些得此失彼,不能兼有的庸庸碌碌之徒,必须排除出去。否则的话,我亲爱的格劳孔,对国家甚至我想对全人类都将祸害无穷,永无宁日。我们前面描述的那种法律体制,都 E 只能是海客谈瀛,永远只能是空中楼阁而已。这就是我一再踌躇不肯说出来的缘故,因为我知道,一说出来人们就会说我是在发怪论。因为一般人不容易认识到:除了这个办法之外,其他的办法是不可能给个人给公众以幸福的。

格:哦,苏格拉底,你信口开河,在我们面前乱讲了这一大套道理,我怕大人先生们将要脱去衣服,赤膊上阵,顺手捡起一件武器 474向你猛攻了。假使你找不到论证来森严你的堡垒,只是弃甲曳兵而逃的话,那时你将尝到为人耻笑的滋味了。

苏:都是你把我搞得这么尴尬的。

格:我是做得对的。但我不会袖手旁观,我将尽我之所能帮助你。我可以用善意和鼓励帮助你,也许我还可以答复你的问题答得比别人恰当些。因此,在我的支持下,你去试着说服那些怀疑派 B

去吧:真理的确是在你的一边。

苏:有你这样一个坚强的朋友,我一定去试。我觉得,如果我们要能避过你所讲的那种攻击,我们必须对我们敢于认为应该做我们治理者的那种哲学家,给以明确的界说。在哲学家的界说明确后,我们就可以无所畏惧了,因为那时我们可以向人们指出,研究哲学和政治艺术的事情天然属于爱智者的哲学家兼政治家。至于其余的人,不知研究哲学但知追随领导者是合适的。

格:给以清楚的界说,不宜再迟了。

苏:那么,跟我来罢,我们也许有什么办法可以来说明我们的意思。

格:讲下去吧。

苏:那么,不必我提醒你,你一定还记得,如果我们说一个人是一样东西的爱好者,如果我们称他为这东西的爱好者说得不错的话,意思显然是指,他爱这东西的全部,不是仅爱其中的一部分而不爱其余部分。

格:看来我需要你的提醒,我实在不太理解。

苏:格劳孔啊,你那个答复对别人适合,对你并不适合。像你这样一个"爱者"不应该忘记,应该懂得所有风华正茂的青少年总能拨动爱孩子的人的心弦,使他觉得可爱。你对美少年的反应不是这样吗?看见鼻扁者你说他面庞妩媚;看见鹰鼻者你说他长相英俊;看见二者之间鼻型的人你说他匀称恰到好处;看见面黑的人你说他英武勇敢;看见面白的你说他神妙秀逸。"蜜白"这个形容词,本身就是爱者所发明,用来称呼瘦而白的面容的。一句话,只要是在后起之秀者身上,你便没有什么缺点不可以包涵的,没有什么优点会漏掉而不加称赞的。

格：如果你一定要我充当具有这种倾向的爱者的代表的话，为了便于论证起见，我愿意充当。

苏：再说，爱喝酒的人怎么样？你没有注意到他们也有这种情况吗？他们爱喝每一种酒，并且都有一番道理。

格：确是这样。

苏：至于爱荣誉的人，我想你大概看到过也是这样的。他们做不到将军，做连长也可以；得不到大人物的捧场，让小人物捧捧也过瘾。不论怎样，荣誉他们是少不得的。

格：是的，不错。

苏：那么，你肯不肯再回答一次我的这个问题：——当我们说某某人爱好某某东西，不管是什么东西，他是爱好这个东西的全部呢，还是仅爱好它的一部分呢？

格：全部。

苏：那么，关于哲学家我们不也可以这么说吗？哲学家是智慧的爱好者，他不是仅爱智慧的一部分，而是爱它的全部。

格：是的，他爱全部。

苏：那么，一个不爱学习的人，特别是如果他还年轻，还不能判断什么有益，什么无益，我们就不会说他是一个爱学习的人，或一个爱智的人。正像一个事实上不饿因而不想吃东西的人，我们不会说他有好胃口，说他是一个爱食者一样。

格：很对。

苏：如果有人对任何一门学问都想涉猎一下，不知餍足——这种人我们可以正确地称他为爱智者或哲学家吗？

格：如果好奇能算是爱智的话，那么你会发现许多荒谬的人物都可以叫做哲学家了。所有爱看的人都酷爱学习，因此也必定被包括在内，还有那些永远爱听的人也不在少数，也包括在内。——这种人总是看不到他们参加任何认真的辩论，认真的研究；可是，仿佛他们已把耳朵租出去听合唱了似的，一到酒神节，他们到处跑，不管城里乡下，只要有合唱，他们总是必到。我们要不要称这些人以及有类似爱好的人，还有那些很次要的艺术的爱好者为哲学家呢？

苏：绝不要。他们只是有点像哲学家罢了。

格：那么，哪些是真正的哲学家呢？

苏：那些眼睛盯着真理的人。

格：这话很对，不过你所指的究竟是什么意思呢？

苏：和别人讲很难说得明白，但是和你讲，我想，你会同意我下述论点的。

格：什么论点？

苏：美与丑是对立的，它们是二。

格：哦，当然。

苏：它们既是二，各自则为一。

格：是的。

苏：我们可以同样说别的相反的东西，正义与非正义，善与恶，以及其他类似的理念。这个说法作如下表述也能成立：就它们本身而言，各自为一，但由于它们和行动及物体相结合，它们彼此互相结合又显得无处不是多。

格：你说得对。

苏：那么，我这里一定要画一条线把两种人分开来。在那一边是你说过的看戏迷、艺术迷、爱干实务的人；在这一边是我们所讨论的这种人。只有这边的这些人才配叫做哲学家。

格：你说的是什么意思？

苏：一种人是声色的爱好者，喜欢美的声调、美的色彩、美的形状以及一切由此而组成的艺术作品。但是他们的思想不能认识并喜爱美本身。

格：确实如此。

苏：另一种人能够理解美本身，就美本身领会到美本身，这种人不是很少吗？

格：很少，很少。

苏：那么，一个人能够认识许多美的东西，但不能认识美本身，别人引导他去认识美本身，他还总是跟不上——你认为这种人的一生是如在梦中呢还是清醒的呢？请你想想看，一个人无论是睡着还是醒着，他把相似的东西当成了事物本身，他还不等于在梦中吗？

格：我当然要说，他的一生如在梦中。

苏：好，再说相反的一种人，这种人认识美本身，能够分别美本身和包括美本身在内的许多具体的东西，又不把美本身与含有美的许多个别东西，彼此混淆。这个人的一生，据你看来，是清醒的呢，还是在梦中呢？

格：他是完全清醒的。

苏：那么，我们说能有这种认识的这种人的心智具有"知识"，而前一种人，由于只能有那样的"意见"，所以我们说他们的心智有的只是意见而已,这样说不对吗?

格:当然对的。

苏:假使那个如我们所说的,只有意见,没有知识的人,大发脾气,不服我们的说法,说我们是在欺骗他,那么,我们要不要好言相慰,然后婉转地让他知道,他的心智是不太正常的呢?

格:我们应该婉转地让他知道这一点。

苏:那么让我们想一想对他该说些什么话吧。我们要不要这样说:他们有知识,我们非但不妒忌,反而很高兴。然后再问他肯不肯答复下面这个问题:"一个有知识的人,总是知道一点点的呢还是一无所知的呢?"你来代他答复一下看。

格:我将这样答复——"这个人总是知道一点点的"。

苏:这个"一点点"是"有"还是"无"①?

格:"一点点"是"有","无"怎么可知呢?

苏:因此,即使从一切方面来考虑这个问题,我们都完全可以断言,完全有的东西是完全可知的;完全不能有的东西是完全不可知的。

格:是的,完全可以这样断言。

苏:好,假使有这样一种东西,它既是有又是无,那么这种东西能够是介于全然有与全然无之间的吗?

格:能够是的。

苏:那么,既然知识与有相关,而无知必然与无相关,因此,我们必须要找出和无知与知识之间的状况相对应的东西来,如果有

---

① "有"、"无"或译为"存在"与"不存在"。

这种东西的话。

格:是的。

苏:不是有一种我们叫做"意见"的东西吗?

格:有的。

苏:它和知识是同一种能力呢还是另一种能力呢?

格:是另一种能力。

苏:意见与知识由于是不同的能力,它们必然有不同的相关者。

格:必然有。

苏:因此,知识天然地与有相关,知识就是知道有和有者的存在状况。不过等一等,这里有一个区别,我认为必须把它说明一下。

格:什么区别?

苏:让我把我们身上以及其他一切东西所具有的功能归并起来作为一个类,即,使我们能够做各种力所能及的工作的"能力"。例如视、听就是我们指的这种能力①,如果对我所指的这个类你和我有相同理解的话。

格:我也这样理解。

苏:那么让我把我对这些功能的印象告诉你吧。我看不到功能有颜色、形状或其他类似的,在别的许多场合,我凭它们就能划分各类事物的那种特质。对于功能我只注意一件事,即它的相关者和效果。我就是凭这个来把各种功能称作一个功能的。关系着

---

① 官能。

同一件事完成同一件事,我们就说功能是同一功能;关系着不同的事,完成不同的事,我们就说功能是不同的功能。你以为怎样?你是不是这样做的?

格:同你一样。

苏:那么,我的好朋友,言归正传。请你告诉我,你以为"知识"是一种能力吗?或者,你还有别的归类方法吗?

格:没有别的归类法,能力是所有功能中力量最大的一种。

苏:"意见"怎么样?我们应该不把它归入能力而归入别的什么类吗?

格:不行。因为使我们能有意见的力量只能是形成意见的能力不能是别的。

苏:但是,不久以前你刚同意过说知识与意见①不是一回事呀。

格:是的,因为没有一个明白事理的人会把绝对不会有错误的东西和容易有错误的东西混为一谈的。

苏:好极了。我们显然看法相同:意见和知识不是一回事。

格:它们不是一回事。

苏:因此,它们各有各的相关者,既然它们各有各的能力。

格:必然如此。

苏:据我看,知识与"有"相关,知识的目的在于认识"有"的状况。

格:是的。

---

① 知识 ἐπιστήμη,意见 δόξα。

苏:至于意见,我们认为它不过形成意见。

格:是的。

苏:知识的对象与意见的对象相同,可知的东西和可以对之有意见的东西也将相同呢,还是说,它们是不可能相同的呢?

格:根据我们一致同意的原则来看,它们不可能是相同的。如果不同的能力天然有不同的对象,又,如我们主张的,意见与知识是不同的能力,那么,知识与意见的对象也当然是不同的了。

苏:如果"有"是知识的对象,那么意见的对象一定不是有,而是另外一种东西了,对吗?

格:对的,一定是另外一种东西。

苏:那么意见的对象是"无"吗? 还是说,关于"无"连有一个"意见"也是不行的呢? 想想看吧。一个有意见的人他的意见不是对某种东西的吗? 或者请问:一个人有意见,却是对于无的意见,——这是可能的吗?

格:不,这是不可能的。

苏:因此,一个具有意见的人就是对某一个东西具有意见了?

格:是的。

苏:既是无,就不能说它是"某个东西"——只有称它"无"是最正确的。

格:是的。

苏:那么,我们必须把关于"无"者称作无知,把关于"有"者称作知识。

格:很对。

苏:那么一个人具有意见就既不是对于有的也不是对于无

的了。

格：的确，都不是的。

苏：所以意见既非无知，亦非知识。

格：看来是这样。

苏：那么是不是超出它们，是不是比知识更明朗，比无知更阴暗？

格：都不是。

苏：因此，你是不是把意见看作比知识阴暗，比无知明朗。

格：完全是这个想法。

苏：是介于两者之间？

格：是的。

苏：因此，意见就是知识和无知两者之间的东西了。

格：绝对是的。

苏：我们前面说过：如果有什么东西显得既是有，同时又是无，那它就处于完全的有和完全的无之间，与之对应的能力就既不是知识又不是无知，而是处于这两者之间的一种能力。我们不是这么说过吗？

格：对的。

苏：我们刚才看到了，在知识和无知之间有一种被我们称之为意见的东西。

格：看到了。

苏：那么剩下来要我们做的事情就是去发现既是有又是无，不能无条件地说它仅是有或仅是无的那种东西了。如果我们能找到了它，我们就相当有理由说这就是意见的对象，于是把两端的东西与两端相关联,把中间的东西与中间相关联。我这样说你能同意吗?

格:同意。

苏:这些原则已经肯定了。现在让那位爱看景物的人有话可以说出来,我要让他答复我的问题。他不相信有永远不变的美本身或美的理念,而只相信有许多美的东西,他绝对不信任何人的话,不信美本身是"一",正义本身是"一",以及其他东西本身是"一",等等。我们问他:我的好朋友,在这许许多多美的东西里,难道没有一丁点儿丑的东西吗?在许许多多正义的东西里,难道没有一丁点儿不正义的东西吗?在许许多多虔诚的东西里,难道没有一丁点儿不虔诚的东西吗?

格:不,必定有的。这许多美的东西都会以某种方式显得既是美的,又是丑的。你所问及的其他东西也无不如此。

苏:还有许多东西不是有些东西的双倍吗?它们显得是一样东西的双倍,难道不同样又显得是另一样东西的一半吗?

格:是的。

苏:还有许多东西我们说它们是大的或小的,轻的或重的,难道不可以同样把大的看作小的,小的看作大的,轻的看作重的,重的看作轻的吗?

格:都是可以的。彼此可以互通的。

苏:那么,这些多样性的东西中每一个是不是只能说是这样的而不能(如有些人主张的)是那样的呢?

格:这很像那些在宴席上用模棱两可的话难人的把戏,或小孩子玩的猜那个含义模棱的谜语一样,——那个关于太监用什么东西打一只蝙蝠,蝙蝠停在什么东西上的谜语①。这些事物都太模棱,以致无法确切决定,究竟是它还是非它;还是,既是它又非它;或者还是,既不是它,也不是非它。

苏:那么,你有没有对付它们的办法呢?除了在"是"和"不是"之间,你还能找到什么更好的地方去安置它们吗?须知,不可能找到比不存在更暗的地方,以致使它更不实在些,也不可能找到比存在有更明朗的地方,以致使它更实在些。

格:极是极是。

苏:因此看来,我们似乎已经发现到了:一般人关于美的东西以及其他东西的平常看法,游动于绝对存在和绝对不存在之间。

格:的确是的。

苏:但是我们在前面已一致同意:如果我们找到了这类东西,它应该被说成是意见的对象,而不应该被说成是知识的对象;这种东西游动于中间地区,且为中间的能力或官能所理解。

格:是的,我们同意过。

苏:因此,那些只看到许许多多美的东西,许许多多正义的东西,许许多多其他的东西的人,虽然有人指导,他们也始终不能看到美本身,正义等等本身。关于他们我们要说,他们对一切都只能有意见,对于那些他们具有意见的东西谈不上有所知。

格:这是必定的。

---

① 谜语是:一个男人(又非男人)见(又非见)鸟(又非鸟)停在一根树枝(又非树枝)上,用石块(又非石块)打它。谜底应是:太监瞥见一只蝙蝠停在一根芦苇上,用一块轻石片去打它。

苏：相反，关于那些能看到每一事物本身，甚至永恒事物的人们，我们该说什么呢？我们不应该说他们具有知识而不是具有意见吗？

格：必定说他们具有知识。

苏：我们不想说，他们专心致志于知识的对象，而另一种人只注意于意见的对象吗？你还记得吗，我曾说过，后一种人专注意于声色之美以及其他种种，他们绝对想不到世上会有美本身，并且是实在的？

格：是的，我们还记得。

苏：因此，如果我们称他们为爱意见者，而不称他们为爱智者，我们不会有什么冒犯他们吧？如果我们这样说，他们会对我们生气吗？

格：他们如果相信我的劝告，是不会生气的。因为对真理生气是不对的。

苏：那些专心致志于每样东西的存在本身的人，我们是不是必须称他们为爱智者而不称他们为爱意见者呢？

格：是的，当然是的。

第 六 卷

I 484　苏：那么，格劳孔，经过这么漫长而累人的讨论，我们终于搞清楚了，什么样的人才是真哲学家，什么样的人不是真哲学家了。

格：要知道，欲速则不达呀。

苏：我觉得不是这样。我还是认为，如果我们仅仅讨论这一个问题，如果不是还有许多其他的问题需要我们同时加以讨论的话（这些问题是一个希望弄清楚正义者的生活和不正义者的生活有何区别的人所必须研究的），我们或许把这个问题已经弄得更清楚了呢。

B　格：且说，下面我们该讨论什么问题呢？

苏：是的，我们应当考虑接下来要讨论的问题。既然哲学家是能把握永恒不变事物的人，而那些做不到这一点，被千差万别事物的多样性搞得迷失了方向的人就不是哲学家，那么，两种人我们应该让哪一种当城邦的领袖呢？

格：你说我们怎么回答才对呢？

苏：我认为谁看来最能守卫城邦的法律和习惯，就确定让谁做城邦的护卫者。

C　格：对。

苏：再说，一个不管是看守什么事物的人，应当用一个盲者呢还是用一个视力敏锐的人去担当呢？这个问题的答案该是一明二白的吧?

格:当然是明明白白的。

苏:你认为下述这种人与盲者有什么不同吗:他们不知道每一事物的实在,他们的心灵里没有任何清晰的原型,因而不能像画家看着自己要画的东西那样地注视着绝对真实,不断地从事复原工作,并且,在必要时尽可能真切地注视着原样,也在我们这里制定出关于美、正义和善的法律,并守护着它们? D

格:真的,这种人与盲者没有多大区别。

苏:另外还有一种人,他们知道每一事物的实在,而且在经验方面也不少似上述那种人,在任何一种美德方面也不差似上述那种人,那么,我们还不任命这种人当护卫者反而去任命上述那种类似盲者的人当护卫者吗?

格:的确,不挑选这种人当护卫者是荒唐的,如果他们在经验和别的美德方面都不差的话。因为他们这种懂得事物实在的知识或许是一切美德中最大的美德呢。

苏:现在我们不是应该来讨论这样一个问题了吗:同一的人怎能真的具有这两个方面优点的?

格:当然应该。

苏:那么,正如这一讨论之初我们曾经说过的,我们首先必须弄清楚哲学家的天性;我还认为,如果我们在这个问题上取得了足够一致的意见,我们就也会在下列问题上取得一致的认识:同一的人们同时具有两种品质是可能的;以及,应当正是让这种人而不是让别种人当城邦的统治者。

格:是吗?

苏:让我们一致认为这一点是哲学家天性方面的东西吧:即永远酷爱那种能让他们看到永恒的不受产生与灭亡过程影响的实体的知识。

格:就把这一点作为我们一致的看法吧。

苏:再让我们一致认为:他们爱关于实体的知识是爱其全部,不会情愿拒绝它的一个无论大点的还是小点的,荣誉大点的还是荣誉小点的部分的。这全像我们前面在谈到爱者和爱荣誉者时所说过的那样。[①]

格:你说得对。

苏:那么请接下来研究一个问题:如果他们一定是我们所说过的那种人,那么在他们的天性里此外就一定不再有别种品质也是必具的了?

格:哪种品质?

苏:一个"真"字。他们永远不愿苟同一个"假"字,他们憎恶假,他们爱真。

格:可能是的。

苏:我的朋友呀,不是仅仅"可能"如此,是"完全必定"如此:一个人天性爱什么,他就会珍惜一切与之相近的东西。

格:对。

苏:你还能找到什么比真实与智慧关系更相近的吗?

格:不能了。

苏:那么,同一天性能够既爱智慧又爱假吗?

[①] 474C 以下。

格:是无论如何也不可能的。

苏:因此,真正的爱知者应该从小时起就一直是追求全部真理的。

格:无疑是的。

苏:再说,凭经验我们知道,一个人的欲望在一个方面强时,在其他方面就会弱,这完全像水被引导流向了一个地方一样。

格:是的。

苏:当一个人的欲望被引导流向知识及一切这类事情上去时,我认为,他就会参与自身心灵的快乐,不去注意肉体的快乐,如果他不是一个冒牌的而是一个真正的哲学家的话。

格:这是完全必然的。

苏:这种人肯定是有节制的,是无论如何也不会贪财的;因为,别的人热心追求财富和巨大花费所要达到的那种目的①,是不会被他们当作一件重要事情对待的。

格:是这样。

苏:在判别哲学家的天性和非哲学家的天性上还有一点是需要注意的。

格:哪一点?

苏:你可别疏忽了任何一点胸襟偏窄的毛病。因为哲学家在无论神还是人的事情上总是追求完整和完全的,没有什么比器量窄小和哲学家的这种心灵品质更其相反的了。

格:绝对正确。

---

① 指物质享受,肉体的快乐。

苏：一个人眼界广阔，观察研究所有时代的一切实在，你想，他能把自己的一条性命看得很重大吗？

格：不可能的。

苏：因此，这种人也不会把死看作一件可怕的事情吧？

格：绝对不会的。

苏：那么，胆怯和狭隘看来不会属于真正哲学家的天性。

格：我看不会。

苏：一个性格和谐的人，既不贪财又不偏窄，既不自夸又不胆怯，这种人会待人刻薄处世不正吗？

格：不会的。

苏：因此，这也是你在识别哲学家或非哲学家灵魂时所要观察的一点：这人从小就是公正温良的呢还是粗暴凶残的呢？[1]

格：的确。

苏：我想你也不会疏忽这一点的。

格：哪一点？

苏：学习起来聪敏还是迟钝呀。一个人做一件事如果做得不愉快，费了好大的劲然而成效甚微，你想他能真正热爱这项工作吗？

格：不会的。

苏：还有，一个人如果健忘，学了什么也记不得，他还能不是一个头脑空空的人吗？

格：怎能不是呢？

苏：因此，一个人如果劳而无功，他最后一定深恨自己和他所

---

[1] 比读 375B—C。

从事的那项工作。

格:怎能不呢?

苏:因此一个健忘的灵魂不能算作真正哲学家的天性,我们坚持哲学家要有良好的记性。

格:完全对。

苏:我们还应该坚持认为,天性不和谐、不适当只能导致没分寸,不能导致别的什么。

格:一定是的。

苏:你认为真理与有分寸相近呢还是与没分寸相近呢?

格:和有分寸相近。

苏:因此,除了别的品质而外,我们还得寻求天然有分寸而温雅的心灵,它本能地就很容易导向每一事物的理念。

格:当然还得注意这一品质。

苏:那么怎么样?我们还没有以某种方式给你证明,上面列述的诸品质是一个要充分完全地理解事物实在的灵魂所必须具备的又是相互关联的吗?

格:是最必需的。

苏:综上所述,一个人如果不是天赋具有良好的记性,敏于理解,豁达大度,温文尔雅,爱好和亲近真理、正义、勇敢和节制,他是不能很好地从事哲学学习的。那么,如果是一个具备了这些优良品质的人从事这一学习,对此你还有什么可指摘的吗?

格:对此虽玛摩斯[①]也无法挑剔了。

---

① Μῶμος,希腊神话中一个神,爱挑剔诸神的缺点。

苏:因此,像这样的人——在他们教育完成了,年龄成熟了的时候——不是也只有这样的人你才肯把国家托付给他们吗?

阿得曼托斯:苏格拉底啊,对于你上面所说的这些话虽然没人能加以反驳,然而这些一直在听着你刚才的讨论的人,他们觉得:他们由于缺乏问答法的经验,在每一问之后被你的论证一点儿一点儿地引入了歧途,这些一点儿一点儿的差误积累起来,到讨论进行到结论时,他们发现错误已经很大,结论已经和他们原先的看法相反了;他们觉得,这正如两人下棋,棋艺差的人最后被高手所困,一个子儿也走不动了一样,他们在这场不是使用棋子而是运用语言的竞技中也被最后逼得哑口无言了;然而真理是不会因口才高低而有任何改变的。我是注意到了刚才的讨论情况说这个话的。因为现在人们可能会说,他们虽然口才不好,不能在每一提问上反驳你,但作为事实,他们看到热爱哲学的那些人,不是仅仅为了完成自己的教育而学一点哲学并且在还年轻时就放下它,而是把学习它的时间拖得太长,以致其中大多数变成了怪人(我们且不说他们变成了坏蛋),而那些被认为是其中最优秀者的人物也还是被你们称赞的这种学习变成了对城邦无用的人。

苏:〔听了他的这些话之后我说道:〕你认为他们说的这些话是错的吗?

阿:我不知道,我很高兴听听你的意见。

苏:你可以听到的意见大概是:"我觉得他们说得对。"

阿:既然我们①一致认为哲学家对城邦无用,那么"在哲学家

---

① 指对话者双方。

统治城邦之前城邦不能摆脱邪恶"——你的这个论断又怎能成立呢?

苏:你的这个问题须用譬喻来解答。

阿:啊,我想,你诚然不是惯于用譬喻说话的呀!

苏:你已把我置于如此进退维谷的辩论境地,现在又来讥笑我了。不过,还得请你听我的比喻,然后你可以更清楚地看到,我是比喻得多么吃力了。因为,最优秀的人物他们在和城邦关系方面的感受是很不愉快的,并且世界上没有任何一种单一的事物和这种感受相像,因此为了比得像,以达到替他们辩护的目的,需要把许多东西凑到一起来拼成一个东西,像画家们画鹿羊之类怪物时进行拼合那样。好,请设想有一队船或一只船,船上发生这样的事情:船上有一个船长,他身高力大超过船上所有船员,但是耳朵有点聋,眼睛不怎么好使,他的航海知识也不太高明。船上水手们都争吵着要替代他做船长,都说自己有权掌舵,虽然他们从没学过航海术,都说不出自己在何时跟谁学过航海术。而且,他们还断言,航海术是根本无法教的,谁要是说可以教,他们就准备把他碎尸万段。同时,他们围住船长强求他,甚至不择手段地骗他把舵交给自己;有时他们失败了,别人被船长同意代为指挥,他们就杀死别人或把别人逐出船去,然后用麻醉药或酒之类东西把高贵的船长困住;他们夺得了船只的领导权,于是尽出船上库存,吃喝玩乐,他们就照自己希望的这么航行着。不仅如此,凡是曾经参与阴谋,狡猾地帮助过他们从船长手里夺取权力的人,不论是出过主意的还是出过力的,都被授以航海家、领航、船老大等等荣誉称号,对不同伙的人,他们就骂是废物。其实,真正的航海家必须注意年、季节、天

E 空、星辰、风云，以及一切与航海有关的事情，如果他要成为船只的真正当权者的话；并且，不管别人赞成不赞成，这样的人是必定会成为航海家的。如果不是事实如此的话，那些人大概连想都没想到过，在学会航海学的同时精通和实践这一技术是有可能的。你489 再说说看，在发生过这种变故之后的船上，一个真正的航海家在这些篡了权的水手中会被怎样看待呢？他们不会把他叫做唠叨鬼、看星迷或大废物吗？

阿：正是的。

苏：那么我想你是不再需要听我来解释这个比喻了，因为你已经明白了，我是用它来说明一个真正的哲学家在城邦中的处境的。

阿：的确。

苏：那么，你碰到谁对哲学家在我们这些城邦里不受尊重的状B 况感到惊讶，就请你首先把这个比方说给他听一听，再努力使他相信，要是哲学家受到尊重，那才更是咄咄怪事呢！

阿：行，就这么办。

苏：你还要告诉他：他说哲学家中的最优秀者对于世人无用，这话是对的；但是同时也要对他说清楚，最优秀哲学家的无用其责任不在哲学本身，而在别人不用哲学家。因为，船长求水手们受他管带或者智者趋赴富人门庭，①都是不自然的。"智者们应趋富人门庭"这句俏皮话是不对的。真正合乎自然的事理应当是这样：一个人病了，不管他是穷人还是富人，应该是他趋赴医生的家门去找C 医生，任何要求管治的人应该是他们自己登门去请有能力管治他

---

① 意思是：有学问的人向没有学问的富人表示敬意。

们的人来管他们。统治者如果真是有用的统治者,那么他去要求被统治者受他统治是不自然的。你如果把我们当前的政治统治者比作我们刚才所说的那种水手,把被他们称作废物、望星迷的哲学家比做真正的舵手,你是不会错的。

阿:绝对正确。

苏:因此,根据这些情况看来,在这样一些人当中,哲学这门最可贵的学问是不大可能得到反对者尊重的;然而使哲学蒙受最为巨大最为严重毁谤的还是那些自称也是搞哲学的人——他们就是你在指出哲学的反对者说大多数搞哲学的人都是坏蛋,而其中的优秀者也是无用的时,你心里所指的那些人;我当时也曾肯定过你的话是对的。① 是这样吗?

阿:是的。

苏:其中的优秀者所以无用,其原因我们有没有解释清楚呢?

阿:已经解释清楚了。

苏:那么,让我们接下来指出:大多数哲学家的变坏是不可避免的,以及,如果可以做得到的话,让我们再试着证明这也不能归咎于哲学。我们可以做这个了吗?

阿:可以了。

苏:让我们一问一答地,从回忆我们前面描述一个要成为美而善者的人必须从小具备的天性处说起吧。如果你还记得的话,真理是他时时处处要追随的领袖,否则他就是一个和真正哲学毫无关系的江湖骗子。

---

① 见 487D—E。

阿:记得是这么说过的。

苏:这一点不是跟今人对哲学家的看法刚好相反吗?

阿:是的。

苏:我们不是很有理由用如下的话为他辩护吗:追求真实存在是真正爱知者的天性;他不会停留在意见所能达到的多样的个别事物上的,他会继续追求,爱的锋芒不会变钝,爱的热情不会降低,直至他心灵中的那个能把握真实的,即与真实相亲近的部分接触到了每一事物真正的实体,并且通过心灵的这个部分与事物真实的接近,交合,生出了理性和真理,他才有了真知,才真实地活着成长着;到那时,也只有到那时,他才停止自己艰苦的追求过程?

阿:理由不能再充分了。

苏:这种人会爱虚假吗?或者正相反,他会恨它呢?

阿:他会恨它的。

苏:真理带路,我想我们大概可以说,不会有任何邪恶跟在这个队伍里的。

阿:怎么可能呢?

苏:真理的队伍里倒是有一个健康的和正义的心,由节制伴随着。

阿:对。

苏:没有必要从头再来证明一遍哲学家所应具的天性了吧?因为,你一定还记得,勇敢、大度、聪敏、强记是这种天赋所必具的品质。你曾提出反对意见说,虽然大家都不得不同意我们的话,但是,只要抛开言辞,把注意力集中到言辞所说到的那些人身上,大家就会说,他们所看到的实际是:那些人里有些是无用的,大多数则是干尽了坏事的。于是我们开始研究名声坏的原因,这方面现在我们已经走到了这一步①:下面要研究,为什么其中大多数人变坏了的?为此我们重新提出了真正哲学家的天性问题并且确定了它必须是什么。

阿:是这样。

苏:我们必须在下面研究哲学家天性的败坏问题:为什么大多数人身上这种天性败坏了,而少数人没有;这少数人就是虽没被说成坏蛋,但被说成无用的那些人。然后我们再考察那些硬打扮成哲学家样子,自称是在研究哲学的人,看一看他们的灵魂天赋,看一看这种人是在怎样奢望着一种他们所不能也不配高攀的研究工作,并且以自己的缺乏一贯原则,所到之处给哲学带来了你所说的那种坏名声。

阿:你所说的败坏是什么意思呢?

苏:我将尽我所知试解释给你听。我想,任何人都会同意我们这一点:像我们刚才要求于一个完美哲学家的这种天赋是很难能在人身上生长出来的,即使有,也是只在很少数人身上生长出来的。你不这样认为吗?

阿:的确难得。

苏:请注意,败坏它的那些因素却是又多又强大的呢!

阿:有哪些因素?

苏:就中最使人惊讶的是,我们所称赞的那些自然天赋,其中每一个都能败坏自己所属的那个灵魂,拉着它离开哲学;这我是指

---

① 意思是:有些学哲学的人于世无用的问题已经讨论过了。

的勇敢、节制,以及我们列举过的其余这类品质。

阿:这听起来荒唐。

苏:此外还有全部所谓的生活福利——美观、富裕、身强体壮、在城邦里有上层家族关系,以及与此关联的一切——这些因素也都有这种作用,我想你是明白我的意思的。

阿:我明白;但是很高兴听到你更详细的论述。

苏:你要把问题作为一个整体来正确地理解它。这样你就会觉得它很容易明白,对于我前面说的那些话你也就不会认为它荒唐了。

阿:那么你要我怎么来理解呢?

苏:我们知道,任何种子或胚芽(无论植物的还是动物的)如果得不到合适的养分、季节、地点,那么,它愈是强壮,离达到应有的发育成长程度就愈远,因为,恶对善比对不善而言是一更大的反对力量。

阿:是的。

苏:因此我认为这也是很合理的:如果得到的是不适合的培养,那么最好的天赋就会比差的天赋所得到的结果更坏。

阿:是的。

苏:因此,阿得曼托斯啊,我们不是同样可以说:天赋最好的灵魂受到坏的教育之后就会变得比谁都坏吗? 或者,你认为巨大的罪行和纯粹的邪恶来自天赋差的,而不是来自天赋好的但被教育败坏了的人吗? 须知一个天赋贫弱的人是永远不会做出任何大事(无论好事还是坏事)的。

阿:不,还是你说得对。

苏:那么,我们所假定的哲学家的天赋,如果得到了合适的教导,必定会成长而达到完全的至善。但是,如果他像一株植物,不是在所需要的环境中被播种培养,就会长成一个完全相反的东西,除非有什么神力保佑。或者你也像许多人那样,相信真有什么青年被所谓诡辩家①所败坏,相信真有什么私人诡辩家够得上说败坏了青年?说这些话的人自己才真是最大的诡辩家呢!不正是他们自己在最成功地教育着男的、女的、老的、少的,并且按照他们自己的意图在塑造着这些人吗?

阿:什么时候?

苏:每当许多人或聚集到一起开会,或出席法庭听取审判,或到剧场看戏,或到兵营过军事生活,或参加其他任何公共活动,他们就利用这些场合大呼小叫,或指责或赞许一些正在做的事或正在说的话,无论他们的指责还是赞许,无不言过其实;他们鼓掌哄闹,引起岩壁和会场的回声,闹声回声互助声势,变得加倍响亮。在这种场合你想一个年轻听众的心,如所说的,会怎么活动呢?有什么私人给他的教导能站得住不被众人的指责或赞许的洪流所卷走?他能不因此跟着大家说话,大家说好他也说好,大家说坏他也说坏,甚至跟大家一样地行事,并进而成为他们那样的人吗?

阿:苏格拉底啊,这是完全必然的。

苏:有一个最重要的"必然"我们还从未提到过呢?

阿:哪一个呀?

苏:这些教育家和诡辩家在用言辞说不服的时候就用行动来强加于人。你没听说过他们用剥夺公民权、罚款和死刑来惩治不服的人吗?

---

① 柏拉图这里指像苏格拉底和他自己这类私人教师,与所谓的公众诡辩家对照。后者指那些用雄辩的演说在公共场所影响舆论的政治活动家或野心家。

阿:他们的确是这样干的。

苏:那么,你想有什么别的诡辩家①或私人教师的教导有希望能在这种力量悬殊的对抗中取得胜利呢?

阿:我想是一个也没有的。

苏:连起这种念头都是一个很大的愚蠢。因为用美德教育顶着这股公众教育的势力造就出一种美德来,这样的事情现在没有,过去不曾有过,今后也是永远不会有的。朋友,这我当然是指的人力而不是指的神功,神功(正如俗语所说的)不是一码子事。你大可以相信,在当前这样的政治状况下,如果竟有什么德性得救,得到一个好的结果,那么,你说这是神力保佑,是不会有错的。

阿:我没有异议。

苏:那么此外还有一点也希望你没有异议。

阿:哪一点?

苏:这些被政治家叫做诡辩派加以敌视的收取学费的私人教师,其实他们并不教授别的,也只教授众人在集会时所说出的意见,并称之为智慧。这完全像一个饲养野兽的人在饲养过程中了解野兽的习性和要求那样。他了解如何可以同它接近,何时何物能使它变得最为可怕或最为温驯,各种情况下它惯常发出几种什么叫声,什么声音能使它温驯,什么声音能使它发野。这人在不断饲养接触过程中掌握了所有这些知识,把它叫做智慧,组成一套技艺,并用以教人。至于这些意见和要求的真实,其中什么是美的什么是丑的,什么是善的什么是恶的,什么是正义的什么是不正义

---

① 诡辩家初时指教人修辞和辩论术的职业教师,并无贬义,也有译为"智者"的。后来才逐渐堕落为一批指黑为白之徒。

的,他全都一无所知。他只知道按猛兽的意见使用所有这些名词 C
儿,猛兽所喜欢的,他就称之为善,猛兽所不喜欢的,他就称之为
恶。他讲不出任何别的道理来,只知道称必然①的东西为正义的
和美的。他从未看到过,也没有能力给别人解释必然者和善者的
本质实际上差别是多么的大。说真的,你不觉得这样一个人是一
个荒谬的教师吗?

阿:是的。

苏:有人认为无论在绘画、音乐,还是甚至政治上,他的智慧就
是懂得辨别五光十色的人群集会时所表现出来的喜怒情绪,那么 D
你觉得他和上述饲养野兽的那种人又有什么区别呢?如果一个人
和这种群众搞在一起,把自己的诗或其他的什么艺术作品或为城
邦服务所做的事情放到他们的面前来听取他们的批评,没有必要
地承认群众对他的权威,那么这种所谓"迪俄墨得斯的必须"②就
会使他创作出(做出)他们所喜欢的东西(事情)来。但是,你可曾
听说过有哪一条他拿来证明群众所喜欢的这些东西真是善的和美
的的理由不是完全荒谬的? E

阿:我过去没听说过,我想以后也不会听到的。

苏:那么,请你把所有这些话牢记心上,再回想到前面的问题 VIII
上去。能有许多人承认或相信真实存在的只有美本身③而不是众
多美的事物,或者说,有的只是任何事物本身④而不是许多个别特

---

① ② Διομήδεια ἀνάγκη("迪俄墨得斯的必须"或"迪俄墨得斯的强迫")是一句俗语,
暗指佛拉吉亚的比斯同人的国王迪俄墨得斯的故事。传说这位国王曾强迫自己的俘虏和
自己的女儿们同居。ἀνάγκη译为"必然""必须""必定"都可以,是一个意思。

③ ④ 希腊文 αὐτό(本身),作为哲学用语,常常意指从一般的抽象的意义上理解
其事物,即指事物的"本质"、"实体"或"理念"。

殊的东西?

阿:绝对不可能。

苏:因此,能有许多人成为哲学家吗?

阿:不可能。

苏:因此,研究哲学的人受到他们非难是必然的不可避免的。

阿:是必不可免的。

苏:那些跟众人混在一起讨取他们赞许的私人教师,他们非难哲学家也是必然的。

阿:显然是的。

苏:从这些情况你看到天生的哲学家有什么办法可以坚持自己的研究一直走到底吗?请你考虑这个问题时不要离开我们前面讲过了的话。我们曾一致同意:敏于学习、强于记忆、勇敢、大度是哲学家的天赋。

阿:是的。

苏:这种人从童年起不就常常一直是孩子中的尖子吗,尤其是假如他的身体素质也能和灵魂的天赋相匹配的话?

阿:干吗不是呢?

苏:我想,他的亲友和本城邦的同胞都会打算等他长大了用他为自己办事的。

阿:当然。

苏:因此他们将跪到他的脚下,向他祈求,向他致敬,估量着他将来的权力,向他献媚。

阿:这种现象是常见的。

苏：在这种情况下，你以为这个年轻人会怎么样呢，尤其是，假如他是一个大邦的公民，在这里富有财产，出身高贵，再加上容貌俊秀身材魁伟的话？他不会野心勃勃而不能自制，幻想自己不仅有能力支派希腊人的事务而且有能力支配希腊世界以外的事务，于是乎妄自尊大骄奢自满起来吗？

阿：他肯定会这样的。

苏：一个处于这种精神状态下的人，如果有别人轻轻地走来对他说真话：他头脑糊涂，需要理性，而理性是只有通过奴隶般的艰苦磨炼才能得到的，你以为在这种恶劣环境里他能容易听得进不同的话吗？

阿：绝对不能。

苏：即使我们假定这个青年由于素质好容易接受忠言，听懂了一点，动了心，被引向了哲学之路，我们可以设想，这时他原来那个圈子里的人由于预感到自己将不再能得到他的帮忙，他们将如何作呢？他们就不说任何话做任何事来阻挠他被说服并使任何想说服他的人都无能为力——既用私人阴谋又用公众控告来达到这个目的吗？

阿：这是完全必然的。

苏：那么，这个人还能继续研究哲学吗？

阿：根本不可能了。

苏：因此你看到我们说得不错吧：构成哲学家天赋的那些品质本身如果受到坏教育或坏环境的影响，就会成为某种背离哲学研究的原因，跟所谓的美观、富裕，以及所有这类的生活福利一样?

阿:说得对。

苏:我的好朋友,适合于最善学问的最佳天赋——我们说过,它在任何情况下都是很难得的——其灭亡的道理就是这样,也就说这么多。对城邦和个人做大恶的人出自这一类;同样,造大福于城邦和个人的人——如果碰巧有潮流带着他朝这方向走的话——也来自这类;反之,天赋平庸的人无论对城邦还是对个人都是做不出什么大事来的。

阿:绝对正确。

苏:那些最配得上哲学的人就这么离弃了哲学,使她①孤独凄凉,他们自己也因而过着不合适的不真实的生活;与此同时那些配不上的追求者看到哲学没有亲人保护,乘虚而入,玷污了她,并使她蒙受了(如你指出的)她的反对者加给她的那些恶名——说她的配偶有些是一无用处的,多数是应对许多罪恶负责的。

阿:是的,这些话的确有人说过。

苏:这些话是很有道理的。因为还有一种小人,他们发现这个地方没有主人,里面却满是美名和荣誉头衔,他们就像一些逃出监狱进了神殿的囚徒一样,跳出了自己的技艺圈子(这些人在自己的小手艺方面或许还是很巧的),进入了哲学的神殿。须知,哲学虽然眼下处境不妙,但依然还保有较之其他技艺为高的声誉。许

---

① 把哲学比作一个妇女。

多不具完善天赋的人就这么被吸引了过来,虽然他们的灵魂已因从事下贱的技艺和职业而变得残废和畸形,正像他们的身体受到 E 他们的技艺和职业损坏一样。他们被哲学吸引过来不是必然的吗?

阿:是的。

苏:他们不全像一个刚从监狱中释放出来并且走了好运的癞头小铜匠吗:他洗了个澡,穿了件新外套,打扮得像个新郎,去和他主人的女儿——一个失去了照顾,处于贫穷孤独境地的姑娘——结婚?

阿:一模一样。

苏:这样的一对能生出什么样的后代呢?不是劣等的下贱货吗?

阿:必然是的。

苏:因此,当那些不配学习哲学的人,不相称地和哲学结合起来的时候,我们该说他们会"生出"什么样的思想和意见来呢?他们不会"生出"确实可以被恰当地叫做诡辩的,其中没有任何真实的,配得上或接近于真知的东西来吗?

阿:的确。

苏:因此,阿得曼托斯,剩下来配得上研究哲学的人就只有其 X B 中微乎其微的一部分了:他们或是出身高贵又受过良好教育的人处于流放之中,因而没受到腐蚀,依然在真正地从事哲学;或是一个伟大的灵魂生于一个狭小的城邦,他不屑于关注这个小国的事务;少数人或许由于天赋优秀,脱离了他所正当藐视的其他技艺,

C 改学了哲学;还有一些人,也许是我们的朋友塞亚格斯①的缺陷束缚了他们,须知就塞亚格斯而言,背离哲学的所有其他条件都是具备的,但是他病弱的身体使他脱离了政治,没能背离哲学。至于我自己的情况则完全是例外,那是神迹,是以前很少有别人遇到过的,或者压根儿就从来不曾有任何人碰到过的。已经属于这极少数的道中之人,他们尝到了拥有哲学的甜头和幸福,已经充分地看到了群众的疯狂,知道在当前的城邦事务中没有什么可以说是健

D 康的,也没有一个人可以做正义战士的盟友,援助他们,使他们免于毁灭的。这极少数的真哲学家全像一个人落入了野兽群中一样,既不愿意参与作恶,又不能单枪匹马地对抗所有野兽,因此,大概只好在能够对城邦或朋友有所帮助之前就对己对人都无贡献地早死了。——由于所有这些缘故,所以哲学家都保持沉默,只注意自己的事情。他们就像一个在暴风卷起尘土或雨雪时避于一堵墙

E 下的人一样,看别人干尽不法,但求自己得能终生不沾上不正义和罪恶,最后怀着善良的愿望和美好的期待而逝世,也就心满意足了。

497　阿:噢,他生前的成就不算最小呀!

苏:〔不是最小,但也不算最大。〕要不是碰巧生活在一个合适的国度里,一个哲学家是不可能有最大成就的,因为只有在一个合适的国家里,哲学家本人才能得到充分的成长,进而能以保卫自己的和公共的利益。

---

① 塞亚格斯其人另见于柏拉图的《苏格拉底的申辩》33 E,及伪托的《塞亚格斯》篇对话。他是苏格拉底的学生。

哲学受到非议的原因以及非议的不公正性,我觉得我已经解释得很充分了。你还有什么话要说的吗?

阿:关于这个问题我再没有什么要说的了。但是你看当今的政治制度哪一种适合于哲学呢?

苏:一个也没有。现行的政治制度我所以怨它们,正是因为其中没有一种是适合哲学本性的。哲学的本性也正是由于这个缘故而堕落变质的。正如种子被播种在异乡土地上,结果通常总是被当地水土所克服而失去本性那样,哲学的生长也如此,在不合适的制度下保不住自己的本性,而败坏变质了。哲学如果能找到如它本身一样最善的政治制度,那时可以看得很明白,哲学确实是神物,而其他的一切,无论天赋还是学习和工作,都不过是人事。到此我知道下面你要问,这个最善的政治制度是什么了。

阿:你猜错了;我要问的是另一个问题,即,它是不是我们在描述"建立"的这个城邦?

苏:从别的方面看,它就是我们的那一个;但是还有一点我们以前曾说过,即,在这样一个国家里必须永远有这样一个人物存在:他对这个国家的制度抱有和你作为一个立法者在为它立法时一样的想法。

阿:是的,那一点曾经说过的。

苏:但是,对它的解释还不充分;你的插言反驳曾使我们害怕,而这些反驳也的确表明:这一讨论是漫长的和困难的;单是剩下来要解释的这个部分也绝不是容易的。

阿:剩下来要解释的是什么呢?

苏:是这样一个问题:一个受哲学主宰的城邦怎样可以不腐败

呢？一切远大目标沿途都是有风险的,俗话说得对:好事多磨嘛。

阿:还是让我们把这个问题弄清楚了,以结束这一解释工作吧。

苏:不是我缺少愿望,如果说缺少什么的话,是缺少能力——只有这一点可能妨碍我。但是你会亲眼看到我的热忱的。还要请你注意到,我将多么热忱和勇敢地宣称,这个城邦应该用和当前完全相反的做法来从事哲学研究。

阿:怎么做法？

苏:当前,人们研究哲学时还是少年,他们在童年和成家立业之间这个阶段学习哲学。他们在刚刚开始接触到它的最困难部分(我指的是推理论证)时放弃了学习,他们这就被认为是一个完全的哲学家了。以后,如果他们有机会应邀去听一次别人的哲学辩论,就认为这是件大事了。他们认为这种事是应该在业余的时间做的。到了老年,他们很少例外地比赫拉克利特的太阳熄灭得更彻底[①],以致再也不能重新亮起来了。

阿:那么,应该怎样呢？

苏:应该完全相反。当他们年少时,他们的学习和哲学功课应该适合儿童的接受能力;当他们正在长大成人时,他们主要应好好注意身体,为哲学研究准备好体力条件;随着年龄的增长,当他们的灵魂开始达到成熟阶段时,他们应当加强对心灵的锻炼;当他们的体力转衰,过了政治军事服务年龄时,应当让他们自在逍遥,一

[①] 见第尔斯辑录 i、3,原书 78 页,残篇 6。参见,亚里士多德《气象学》ii、2、9；卢克莱修《物性论》第 V 卷 662 行。

般不再担当繁重的工作，只从事哲学研究，如果我们要他们在这个世界上生活幸福，并且当死亡来临时，在另一个世界上也能得到同样幸福的话。

阿：我相信你的话非常热忱，苏格拉底。不过，我觉得，你的大多数听众甚至会更热忱地反驳你，永远不会被你说服的，其中尤其是色拉叙马霍斯。

苏：请你别挑起我和色拉叙马霍斯争吵，我们刚交了朋友，以前也原非敌人。我们将不惜一切努力，直到或是说服了他和别的人，或是达到了某种成果，以便在他们重新投胎做人并且碰上此类讨论时能对他们有所帮助。

阿：你预言了一个不短的时间呀。

苏：不，和永恒的时间比起来它算不了什么。不过，如果我们说服不了大众，也没有什么可奇怪的，因为，他们从来没有看到过我们的话成为现实，他们看到过的只是一种人为的生硬的堆砌词语的哲学——它不像我们进行论证时这样自然地结合词语。一个在言行两方面尽可能和至善本身完全相称相像的人统治着一个同样善的国家，这样的事情是他们所从未见到过的，更谈不上多见的。你说是吧？

阿：无疑是这样。

苏：我的好朋友啊！他们也没有足够地听到过自由人的正当论证。——这种论证目的在于想尽一切办法为得到知识而努力寻求真理，而对于那种只能在法庭上和私人谈话中导致意见和争端的狡黠和挑剔是敬而远之的。

阿：他们是没听到过这种论证。

苏：因为这些缘故，且由于预见到这些缘故，所以我们尽管害怕，还是迫于真理，不得不宣称：只有在某种必然性碰巧迫使当前被称为无用的那些极少数的未腐败的哲学家，出来主管城邦（无论他们出于自愿与否），并使得公民服从他们管理时，或者，只有在正当权的那些人的儿子、国王的儿子或当权者本人、国王本人，受到神的感化，真正爱上了真哲学时——只有这时，无论城市、国家还是个人才能达到完善。我认为没有理由一定说，这两种前提（或其中任何一种）是不可能的。假如果真不可能，那么我们受到讥笑，被叫做梦想家，就确是应该的了。不是吗？

阿：是的。

苏：因此，如果曾经在极其遥远的古代，或者目前正在某一我们所不知道的遥远的蛮族国家，或者以后有朝一日，某种必然的命运迫使最善的哲学家管理国家，我们就准备竭力主张：我们所构想的体制是曾经实现过的，或正在实现的，或将会实现的，只要是哲学女神在控制国家。这不是不可能发生的事情，我们不认为是不可能的，同时我们也承认这是件困难的事情。

阿：我也这样认为。

苏：你的意思是说：大众不这样认为？

阿：是的。

苏：我的好朋友，别这么完全责怪群众。你如果不是好斗地而是和风细雨地劝告和潜移默化地改变他们对学习的恶感，向他们说明你所谓的哲学家是指什么样的人，像我们最近做的那样给他们说明哲学家的天性和哲学家所从事的学习，让他们可以看到你所说的哲学家不是他们所认为的那种人，那么，他们是一定能改变看法的。或者，即使像他们那样考察哲学家，你不认为他们还是会改变自己的意见和对问题的答案吗？或者，你认为一个人会用粗暴对待温文的人用嫉妒对待不嫉妒的人吗，如果他本人原是一个不嫉妒的和温文的人？让我来代你回答：如此粗暴的天性是只能在极少数人身上出现，不会在多数人身上出现的。

阿：你可以相信，我赞同你的看法。

苏：你不同样赞同这一点吗：群众对哲学恶感的根源在伪哲学家身上？这些人闯进与他们无关的地方，互相争吵，充满敌意，并且老是进行人身攻击——再没有比这种行为和哲学家不相称的了。 B

阿：是最不相称的。

苏：阿得曼托斯啊！须知，一个真正专心致志于真实存在的人是的确无暇关注琐碎人事，或者充满敌意和妒忌与人争吵不休的；他的注意力永远放在永恒不变的事物上，他看到这种事物相互间既不伤害也不被伤害，按照理性的要求有秩序地活动着，因而竭力摹仿它们，并且尽可能使自己像它们。或者说，你认为一个人对自己所称赞的东西能不摹仿吗？ XIII C

阿：不可能不的。

苏：因此，和神圣的秩序有着亲密交往的哲学家，在人力许可的范围内也会使自己变得有秩序和神圣的。但是毁谤中伤是无所不在的。 D

阿：确实是的。

苏：那么，如果有某种必然性迫使他把在彼岸所看到的原型实际施加到国家和个人两个方面的人性素质上去，塑造他们（不仅塑造他自己），你认为他会表现出自己是塑造节制、正义以及一切公民美德的一个蹩脚的工匠吗？

阿：绝不会的。

苏：但是，如果群众知道了我们关于哲学家所说的话都是真的，他们还会粗暴地对待哲学家，还会不相信我们的话：无论哪一个城邦如果不是经过艺术家按照神圣的原型加以描画①，它是永远不可能幸福的？

阿：如果知道了这一点，他们就不会粗暴对待哲学家了。但是请你告诉我，这个图画怎么描法呢？

苏：他们将拿起城邦和人的素质就像拿起一块画板一样，首先把它擦净；这不是件容易事；但是无论如何，你知道他们和别的改革家第一个不同之处就在这里：在得到一个干净的对象或自己动手把它弄干净之前，他们是不肯动手描画个人或城邦的，也不肯着手立法的。

阿：他们对的。

苏：擦净之后，你不认为他们就要拟定政治制度草图了吗？

阿：当然是啰。

苏：制度拟定之后，我想，他们在工作过程中大概会不时地向两个方向看望，向一个方向看绝对正义、美、节制等等，向另一方向看他们努力在人类中描画出来的它们的摹本，用各种方法加上人的肤色，使它像人，再根据荷马也称之为像神的那种特性——当它出现于人类时——作出判断。

---

① 柏拉图在这里用艺术家画画比喻哲学家治国。

阿:对。

苏:我想,他们大概还要擦擦再画画,直至尽可能地把人的特性画成神所喜爱的样子。

阿:这幅画无论如何该是最好的画了。

苏:到此,那些你本来以为①要倾全力攻击我们的人,是不是有点相信我们了呢?我们是不是能使他们相信:这位制度画家就是我们曾经称赞过的,当我们建议把国家委托他治理时曾经使他们对他生气的那种人呢?当他们听到我刚才所说关于画家的这些话时是不是态度会温和点呢?

阿:如果他们是明白道理的,一定温和多了。

苏:他们还能拿得出什么理由来反对呢?他们能否认哲学家是热爱实在和真理的吗?

阿:那样就荒唐了。

苏:他们能否认我们所描述的这种天性是至善的近亲吗?

阿:也不能。

苏:那么,他们能否认,受到合适教养的这种天性的人,只要有,就会是完全善的哲学家吗?或者,他们宁可认为我们所反对的那种人是完全善的哲学家呢?

阿:一定不会的。

苏:那么,当我们说,在哲学家成为城邦的统治者之前,无论城邦还是公民个人都不能终止邪恶,我们用理论想象出来的制度也不能实现,当我们这样说时他们还会对我们的话生气吗?

---

① 474A。

阿:或许怒气小些。

苏:我们是不是可以说,他们不单是怒气小些了,而是已经变得十分温和了,完全信服了,以致单是羞耻心(如果没有别的什么的话)也会使他们同意我们的论断了呢?

阿:一定的。

XIV　苏:因此,让我们假定他们赞成这个论断了。那么还会有人反对另一论断吗:国王或统治者的后代生而有哲学家天赋是可能的事情?

阿:没有人反对了。

苏:这种哲学天才既已诞生,还会有人论证他们必定腐败吗?虽然我们也承认,使他们免于腐败是件困难事,但是有谁能断言,在全部时间里所有这些人之中就永远不能有哪怕一个人能免于腐败吗?

阿:怎能有人这样断言呢?

苏:但是的确,这样的人出一个就够了,如果有一个城邦服从他,他可以在这里实行其全部理想制度的话,虽然眼下这个制度还没人相信。

阿:是的,一个人就够了。

苏:因为,他既成了那里的统治者,把我们描述过的那些法律和惯例制定出来,公民们情愿服从——这的确不是不可能的。

阿:的确。

苏:那么,别人赞同我们的看法,这是什么奇怪的不可能的事情吗?

阿:我认为不是。

苏:再说,既是可能的,那么我认为这已充分表明,这些事是最善的。

阿:是充分表明了这一点。

苏:因此,我们关于立法的结论看来是:我们的计划如能实现,那是最善的;实现虽然有困难,但不是不可能的。

阿:结论是这样。

苏:既然这个问题好不容易结束了,我们不是应该接下去讨论其余的问题了吗?问题包括:我们国家制度的救助者如何产生,亦即通过什么学习和训练产生?以及,他们将分别在什么年龄上着手学习每一门功课?

阿:是的,必须讨论这些问题。

苏:我在前面故意规避了娶妇生子和任命统治者这个难题,因为我知道完全绝对的真理会引起忌恨并且很难实现。但是回避并没什么好处,因为事到如今还是照样得讨论它们。妇女儿童的问题已经处置了,关于统治者的问题可以说要再从头讨论起。如果你还记得的话,我们曾经说过:当他们被放在苦和乐中考验的时候,他们必须证明自己是爱国的,必须证明无论是遭到困难还是恐怖或是其他任何变故时都不改变自己的爱国心;不能坚持这一点的必须排斥,经受得住任何考验而不变的,像真金不怕烈火那样的人,必须任命为统治者,让他生时得到尊荣,死后得到褒奖。这一类的话我们曾大略地讲过,但当时由于担心引起刚才的这场争论,我们把讨论悄悄地转移了方向。

阿:你说的完全是真的,我记得。

苏:我的朋友,我们当时没有敢像现在这样大胆地说出这些话。现在让我们勇敢地主张：必须确定哲学家为最完善的护卫者。

阿：好，就是这个主张。

苏：你要知道，这样的人自然是很少数，因为，各种的天赋——我们曾主张他们应具备它们作为受教育的基础——一起生在同一个人身上是罕见的，各种天赋大都是分开的。

C　阿：你说的什么意思？

苏：敏于学习、强于记忆、机智、灵敏，以及其他诸如此类的品质，还有进取心、豁达大度，你知道它们是很少愿意生长到一起来，并且有秩序地和平稳定地过日子的，一个全具这些品质的人会在偶然性指挥下被灵敏领着团团乱转，于是失去全部的稳定性的。

阿：你的话是真的。

苏：可是，一个天性稳定的人——人们可能宁可信任这种
D　人——在战争中诚然是不容易为恐怖所影响而感到害怕的，但是学习起来也不容易受影响，仿佛麻木了似的，学不进去。当有什么智力方面的事需要他们努力工作的时候，他们就会没完没了地打瞌睡打哈欠。

阿：是这样的。

苏：但是我们曾主张，一个人必须兼具这两个方面的优点，并且结合妥当，否则就不能让他受到最高教育，得到荣誉和权力。

阿：对。

苏：你不认为这种人是不可多得的吗？

阿：当然是不可多得的。

E　苏：因此，他们必须被放在我们前面说过的劳苦、恐怖、快乐中

考验①，我们现在还需加上一点从前没有说过的：我们必须把他们放在许多学习中"操练"，注意观察他们的灵魂有没有能力胜任最大的学习②，或者，看他们是否不敢承担它，正如有的人不敢进行体力方面的竞赛一样。

阿：你这样考察是很对的，但是你所谓的最大学习是指什么？

苏：你或许还记得，我们在辨别了灵魂里的三种品质③之后曾比较研究了关于正义、节制、勇敢和智慧的定义。

阿：如果不记得，我就不配再听下去了。

苏：你也记得，这之前④说的话吗？

阿：什么话？

苏：我们曾以某种方式说过，要最完善地认识这些美德，需要另走一条弯曲的更长的道路，走完了这条路就可以清楚地看得见它们了。但是暂作一个和前面的论证水平相当的解释是可能的。那时你曾说，在你看来这就够了。因此这一研究后来是用一种我觉得很不精密的方法继续进行的。但是你对这一方法满意不满意，那要问你了。

阿：我觉得这一方法让我，也让这里这几个人看到标准了。

苏：不。我的朋友，任何有一点点够不上真实存在事物的水平，都是绝对不能作为标准的。因为任何不完善的事物都是不能

―――――――――
① 412C 以下。
② 最大的学习或译为最重要的学习，最高的学习。都是指的学习善的理念。见后面 505A。
③ 435A—436B。
④ 435D。

作为别的事物的标准的。虽然有些人有时认为自己已经做得很够了，不须进一步研究了。

阿：许多人都有这种惰性。

苏：的确。但对于城邦和法律的护卫者来说，这是最要不得的。

阿：是的。

苏：因此护卫者必须走一条曲折的更长的路程，还必须劳其心努力学习，像劳其力锻炼身体一样；否则，像我们方才说的，他们将永远不能把作为他们特有使命的最大学习进行到完成。

阿：这些课题还不是最大的？还有什么课题比正义及我们所描述的其他美德更大的？

苏：是的，还有更大的。就是关于正义之类美德本身我们也必须不满足于像现在这样观其草图①，我们必须注意其最后的成品。既然这些较小的问题我们尚且不惜费尽心力不懈地工作，以便达到对它们最完全透彻的了解，而对于最大的问题反而认为不值得最完全最透彻地了解它，岂不荒唐？

阿：的确。但是你认为我们会放过你，不问一问：这最大的学习是什么，你认为它是和什么有关系的吗？

苏：我有这个思想准备，你随便问吧。但是我相信你是听说过好多遍的，现在你要么是没有听懂，要么就是存心和我过不去。我倾向于认为是后一种可能。因为你多次听我说过，善的理念是最大的知识问题，关于正义等等的知识只有从它演绎出来的才是有

---

① 还是用画家比哲学家。

用和有益的。现在我差不多深信你知道,这就是我所要论述的,你也听我说过,关于善的理念我们知道得很少;如果我们不知道它,那么别的知识再多对我们也没有任何益处,正如别的东西,虽拥有而不拥有其善者,于我们无益一样。或如我们拥有一切而不拥有其善者,你认为这有什么益处呢?或者懂得别的一切而不懂美者和善者,这有什么益处呢?

阿:真的,我认为是没有什么益处的。

苏:再说,你也知道,众人都认为善是快乐,高明点的人认为善是知识。

阿:是的。

苏:我的朋友,你也知道,持后一种看法的人说不出他们所谓的知识又是指的什么,最后不得已只好说是指善的知识。

阿:真可笑。

苏:他们先是责怪我们不懂善,然后给善下定义时又把我们当作好像是懂得善的。这怎么不可笑呢?因为,他们说它是关于善的知识,他们在这里用"善"这个词仿佛我们是一定懂得它的意思的。

阿:对极了。

苏:给善下定义说它是快乐的那些人不是也有同样严重的思想混乱吗?或者说,他们到不得已时不是也只好承认,也有恶的快乐①吗?

---

① 当他说不清楚他们的所谓"快乐"又是指什么时,他们迫不得已只好说它是关于"善的快乐"。这也等于承认,也有恶的快乐。

阿:一定的。

苏:其结果我认为他们等于承认同一事物又是善的又是恶的。是吧?

阿:一定的。

苏:于是在这个问题上存在又大又多的争论——不是大家都看得到的吗?

阿:的确。

苏:请问,大家不是还看到下列情况吗?在正义和美的问题上大多数人都宁可要被意见认为的正义和美,而不要实在的正义和美,无论是在做事、说话,还是拥有什么时都是这样。至于善,就没有人满意于有一个意见认为的善了,大家都追求实在的善,在这里"意见"是不受任何人尊重的。

阿:的确是的。

苏:每一个灵魂都追求善,都把它作为自己全部行动的目标。人们直觉到它的确实存在,但又对此没有把握;因为他们不能充分了解善究竟是什么,不能确立起对善的稳固的信念,像对别的事物那样;因此其他东西里有什么善的成分,他们也认不出来。在这么一个重大问题上,我要问,我们能容许城邦的最优秀人物——我们要把一切都委托给他的——也这么愚昧无知吗?

阿:绝对不行。

苏:总之我认为,一个人如果不知道正义和美怎样才是善,他就没有足够的资格做正义和美的护卫者。我揣测,没有一个人在知道善之前能足够地知道正义和美。

阿:你的揣测很好。

苏：因此，只有一个具有这方面知识的护卫者监督着城邦的政治制度，这个国家才能完全地走上轨道。

阿：这是必然的道理。但是，苏格拉底啊，你究竟主张善是知识呢还是快乐呢，还是另外的什么呢？

苏：我一向了解你这个人，我知道你是不会满足于只知道别的人对这些问题的想法的。

阿：苏格拉底啊，须知，像你这样一个研究这些问题已经这么长久了的人，只谈别人的意见不想谈自己的看法，我觉得也是不对的。

苏：但是，一个人对自己不懂的东西，你认为他有权利夸夸其谈，好像懂的一样吗？

阿：那样当然不应该；但是，一个人把自己想到的作为意见谈谈也无妨。

苏：你有没有注意到，脱离知识的意见全都是丑的？从其中挑选出最好的来也是盲目的；或者说，你认为那些脱离理性而有某种正确意见的人，和瞎子走对了路有什么不同吗？

阿：没有什么不同。

苏：因此，当你可以从别人那儿得知光明的和美的东西时，你还想要看丑的、盲目的和歪曲的东西吗？

格劳孔：真的，不会的。但是，苏格拉底，快到目的地了，你可别折回去呀。你不是曾给正义、节制等等作过一个解释吗？你现在也只要给善作一个同样的解释，我们也就满意了。

苏：须知，这样我自己也至少和你们一样满意，我的朋友。但是我担心我的能力办不到；单凭热情，画虎不成，反惹笑话。我亲

E 爱的朋友们,眼下我们还是别去解释善到底是什么的问题吧。因为要把我现在心里揣摩到的解释清楚,我觉得眼下还是太难,是我怎么努力也办不到的。但是关于善的儿子,就是那个看上去很像善的东西,我倒很乐意谈一谈,假如你们爱听一听的话。要是不爱听,就算了。

格:行,你就讲儿子吧;反正你下次还要还债,给我们讲父亲的。

苏:我倒真希望我能偿清债务一下子就讲父亲,而不是像现在这样只付利息讲儿子①,让你也可以连本带利两个方面都听到。但是不管怎么样,你还是先收下利息,这个善的儿子吧。不过还得请你们小心,别让我无意间讲错了,误了你们的视听。

格:好,我们尽量当心。你只管讲吧。

苏:好;但是我必须先和你取得一致看法,让你回想一下我在这一讨论过程中提到过的也曾在别的地方多次提到过的那个说法。

格:什么说法?

苏:就是一方面我们说有多种美的东西、善的东西存在,并且说每一种美的、善的东西又都有多个,我们在给它们下定义时也是用复数形式的词语表达的。

格:我们是这样做的。

苏:另一方面,我们又曾说过,有一个美本身、善本身,以及一切诸如此类者本身;相应于上述每一组多个的东西,我们又都假定

---

① τόκος这个希腊词有许多词义,包括:(1)孩子;(2)利息。这里是双关语。

了一个单一的理念,假定它是一个统一者,而称它为每一个体的实在。

格:我们是这样说的。

苏:我们说,作为多个的东西,是看见的对象,不是思想的对象,理念则是思想的对象,不是看见的对象。

格:确乎是这样。

苏:那么,我们是用我们的什么来看可以看见的东西的呢?

格:用视觉。

苏:我们不是还用听觉来听可以听见的东西,用其他的感官来感觉其他可以感觉的东西的吗?

格:当然是这样。

苏:但是你是否注意到过,感觉的创造者在使我们的眼睛能够看见和使事物能够被看见这件事情上,花费了多大的力气吗?

格:我完全没有注意过这一点。

苏:那么就这样来研究这个问题吧。听觉和声音是否需要另一东西,才能够使其一听见和另一被听见,而没有这第三者,则其一便不能听见另一就不能被听见呢?

格:完全不需要。①

苏:我想,许多其他的感觉——我们不说所有其他的感觉——都是不需要这种东西的。然而你知道有什么感觉是需要这种东西的吗?

格:我不知道。

---

① 柏拉图当时的科学观念大概认为不存在这种介质。

苏：你没有注意到视觉和可见的东西有此需要吗？

格：怎么有此需要的？

苏：你知道，虽然眼睛里面有视觉能力，具有眼睛的人也企图利用这一视觉能力，虽然有颜色存在，但是，如果没有一种自然而特别适合这一目的的第三种东西存在，那么你知道，人的视觉就会什么也看不见，颜色也不能被看见。

格：你说的这种东西是什么呀？

苏：我所说的就是你叫作光的那种东西。

格：你说得很对。

苏：因此，如果光是可敬的①，那么把视觉和可见性联结起来的这条纽带比起联结别的感觉和可感觉性的纽带②来，就不是可敬一点点的问题啦！

格：应该是大可敬的。

苏：你能说出是天上的哪个神，他的光使我们的眼睛能够很好地看见，使事物能够很好地被看见的吗？

格：大家都会一致认为，你的意思指的显然是太阳。

苏：那么视觉和这个神的关系是不是这样呢？

格：怎样？

苏：不管是视觉本身也好，或者是视觉所在的那个被我们叫做眼睛的器官也好，都不等于就是太阳。

格：当然不是。

---

① 或：重要的。
② 507 D 以下和这里关于有联结别的感觉的纽带的说法似乎有矛盾。

苏:但是我想,在所有的感觉器官中,眼睛最像太阳一类的东西。

格:是的,它最像太阳。

苏:眼睛所具有的能力作为一种射流,乃取自太阳所放出的射流,是吗?

格:是的。

苏:因此,太阳一方面不是视觉;另一方面是视觉的原因,又是被视觉所看见的,这些不也是事实吗?

格:是的。

苏:因此我们说善在可见世界中所产生的儿子——那个很像它的东西——所指的就是太阳。太阳跟视觉和可见事物的关系,正好像可理知世界里面善本身跟理智和可理知事物的关系一样。

格:何以是这样的呢?请你再给我解释一下。

苏:你知道,当事物的颜色不再被白天的阳光所照耀而只被夜晚的微光所照的时候,你用眼睛去看它们,你的眼睛就会很模糊,差不多像瞎的一样,就好像你的眼睛里根本没有清楚的视觉一样。

格:的确是这样。

苏:但是我想,当你的眼睛朝太阳所照耀的东西看的时候,你的眼睛就会看得很清楚,同是这双眼睛,却显得有了视觉。

格:是的。

苏:人的灵魂就好像眼睛一样。当他注视被真理与实在所照耀的对象时,它便能知道它们了解它们,显然是有了理智。但是,当它转而去看那暗淡的生灭世界时,它便只有意见了,模糊起来了,只有变动不定的意见了,又显得好像是没有理智了。

格:是这样。

苏:好了,现在你必须承认,这个给予知识的对象以真理给予知识的主体以认识能力的东西,就是善的理念。它乃是知识和认识中的真理的原因。真理和知识都是美的,但善的理念比这两者更美——你承认这一点是不会错的。正如我们前面的比喻可以把光和视觉看成好像太阳而不就是太阳一样,在这里我们也可以把真理和知识看成好像善,但是却不能把它们看成就是善。善是更可敬得多的。

格:如果善是知识和真理的源泉,又在美方面超过这二者,那么你所说的是一种多么美不可言的东西啊!你当然不可能是想说它是快乐吧?

苏:我绝没有这个意思。还是请你再这样来研讨一下这个比喻吧!

格:怎么研讨?

苏:我想你会说,太阳不仅使看见的对象能被看见,并且还使它们产生、成长和得到营养,虽然太阳本身不是产生。

格:当然不是。

苏:同样,你也会说,知识的对象不仅从善得到它们的可知性,而且从善得到它们自己的存在和实在,虽然善本身不是实在,而是在地位和能力上都高于实在的东西。

格:〔非常滑稽地:〕呀!太阳神阿波罗作证!夸张不能再超过这个啦!

苏:责任在你,是你逼着我把我对这个问题的想法说出来的呀!

格:请你继续讲你的想法吧;关于太阳喻如果还有什么话要讲,无论如何请不要漏了。

苏:是的,还有很多话要说。

格:那么请别漏了什么,哪怕一点点。

苏:我将尽力而为;但是我想,有许多东西将不得不略去。

格:别省略。

苏:那么请你设想,正如我所说的,有两个王,一个统治着可知世界,另一个统治着可见世界——我不说"天界",免得你以为我在玩弄术语——你是一定懂得两种东西的:可见世界和可知世界。

格:是的,我懂得。

苏:那么请你用一条线来代表它们:把这条线分成不相等的两部分,然后把这两部分的每一部分按同样的比例再分成两个部分。假定第一次分的两个部分中,一个部分相当于可见世界,另一个部分相当于可知世界;然后再比较第二次分成的部分,以表示清楚与不清楚的程度,你就会发现,可见世界区间内的第一部分可以代表影像。所谓影像我指的首先是阴影,其次是在水里或平滑固体上反射出来的影子或其他类似的东西,你懂我的意思吗?

格:我懂你的意思。

苏:再说第二部分:第一部分是它的影像,它是第一部分的实物,它就是我们周围的动物以及一切自然物和全部人造物。

格:好,就是这样吧。

苏:你是否愿意说,可见世界的这两个部分的比例表示真实性或不真实性程度的比例,影像与实物之比正如意见世界与知识世界之比呢?

格:非常愿意这么说。

苏:请你再进而考察可知世界划分的方法吧。

格:它是怎样划分的呢?

苏:是这样划分的。这个世界划分成两个部分,在第一部分里面,灵魂把可见世界中的那些本身也有自己的影像的实物作为影像,研究只能由假定出发,而且不是由假定上升到原理,而是由假定下降到结论;在第二部分里,灵魂相反,是从假定上升到高于假定的原理,不像在前一部分中那样使用影像,而只用理念,完全用理念来进行研究。

格:我不完全懂你的意思。

苏:既然这样,我们再来试一试,等我作了一点序文式的解释,你就会更明白我的意思的。我想你知道,研究几何学、算学以及这一类学问的人,首先要假定偶数与奇数、各种图形、三种角以及其他诸如此类的东西。他们把这些东西看成已知的,看成绝对假设,他们假定关于这些东西是不需要对他们自己或别人作任何说明的,这些东西是任何人都明白的。他们就从这些假设出发,通过首尾一贯的推理最后达到他们所追求的结论。

格:是的,这我知道。

苏:你也知道,虽然他们利用各种可见的图形,讨论它们,但是处于他们思考中的实际上并不是这些图形,而是这些图形所模仿的那些东西。他们所讨论的并不是他们所画的某个特殊的正方形或某个特殊的对角线等等,而是正方形本身,对角线本身等等。他们所作的图形乃是实物,有其水中的影子或影像。但是现在他们又把这些东西当作影像,而他们实际要求看到的则是只有用思想才能"看到"的那些实在。

格:是的。

苏:因此这种东西虽然确实属于我所说的可知的东西一类,但是有两点除外:第一,在研究它们的过程中必须要用假设,灵魂由于不能突破与超出这些假设,因此不能向上活动而达到原理;第二,在研究它们的过程中利用了在它们下面一部分中的那些实物作影像——虽然这些实物也有自己的影像,并且是比自己的影像来得更清楚的更重要的。

格:我懂得你所说的是几何学和同几何学相近的学科。

苏:至于讲到可知世界的另一部分,你要明白,我指的是逻各斯本身凭着辩证的力量而达到的那种知识。在这里假设不是被用作原理,而是仅仅被用作假设,即,被用作一定阶段的起点,以便从这个起点一直上升到一个高于假设的世界,上升到绝对原理,并且在达到绝对原理之后,又回过头来把握那些以绝对原理为根据提出来的东西,最后下降到结论。在这过程中不靠使用任何感性事物,而只使用理念,从一个理念到另一个理念,并且最后归结到理念。

格:我懂得你的意思了;但是懂得不完全,因为你所描述的这个过程在我看来不是一件简单的事情。不过无论如何我总算懂得了,你的意思是要把辩证法所研究的可知的实在和那些把假设当作原理的所谓技术的对象区别开来,认为前者比后者更实在;虽然研究技术的人〔在从假设出发研究时〕也不得不用理智而不用感觉,但是由于他们的研究是从假设出发而不上升到绝对原理的,因此你不认为他们具有真正的理性,虽然这些对象在和绝对原理联系起来时是可知的。我想你会把几何学家和研究这类学问的人的心理状态叫做理智而不叫做理性,把理智看成是介乎理性和意见之间的东西的。

苏:你很懂得我的意思了。现在你得承认,相应于这四个部分有四种灵魂状态:相当于最高一部分的是理性,相当于第二部分的是理智,相当于第三部分的是信念,相当于最后一部分的是想象。请你把它们按比例排列起来,给予每一个以和各部分相当程度的真实性。

格:我懂你的意思,也同意你的意见,并且愿意按照你的意见把它们排列起来。

第　七　卷

苏：接下来让我们把受过教育的人与没受过教育的人的本质比作下述情形。让我们想象一个洞穴式的地下室，它有一长长通道通向外面，可让和洞穴一样宽的一路亮光照进来。有一些人从小就住在这洞穴里，头颈和腿脚都绑着，不能走动也不能转头，只能向前看着洞穴后壁。让我们再想象在他们背后远处高些的地方有东西燃烧着发出火光。在火光和这些被囚禁者之间，在洞外上面有一条路。沿着路边已筑有一带矮墙。矮墙的作用像傀儡戏演员在自己和观众之间设的一道屏障，他们把木偶举到屏障上头去表演。

格：我看见了。

苏：接下来让我们想象有一些人拿着各种器物举过墙头，从墙后面走过，有的还举着用木料、石料或其他材料制作的假人和假兽。而这些过路人，你可以料到有的在说话，有的不在说话。

格：你说的是一个奇特的比喻和一些奇特的囚徒。

苏：不，他们是一些和我们一样的人。你且说说看，你认为这些囚徒除了火光投射到他们对面洞壁上的阴影而外，他们还能看到自己的或同伴们的什么呢？

格：如果他们一辈子头颈被限制了不能转动，他们又怎样能看到别的什么呢？

苏：那么，后面路上人举着过去的东西，除了它们的阴影而外，囚徒们能看到它们别的什么吗？

格：当然不能。

苏：那么，如果囚徒们能彼此交谈，你不认为，他们会断定，他们在讲自己所看到的阴影时是在讲真物本身吗？

格：必定如此。

苏：又，如果一个过路人发出声音，引起囚徒对面洞壁的回声，你不认为，囚徒们会断定，这是他们对面洞壁上移动的阴影发出的吗？

格：他们一定会这样断定的。

C　苏：因此无疑，这种人不会想到，上述事物除阴影而外还有什么别的实在。

格：无疑的。

苏：那么，请设想一下，如果他们被解除禁锢，矫正迷误，你认为这时他们会怎样呢？如果真的发生如下的事情：其中有一人被解除了桎梏，被迫突然站了起来，转头环视，走动，抬头看望火光，你认为这时他会怎样呢？他在做这些动作时会感觉痛苦的，并且，

D 由于眼花缭乱，他无法看见那些他原来只看见其阴影的实物。如果有人告诉他，说他过去惯常看到的全然是虚假，如今他由于被扭向了比较真实的器物，比较地接近了实在，所见比较真实了，你认为他听了这话会说些什么呢？如果再有人把墙头上过去的每一器物指给他看，并且逼他说出那是些什么，你不认为，这时他会不知说什么是好，并且认为他过去所看到的阴影比现在所看到的实物更真实吗？

格:更真实得多呀!

苏:如果他被迫看火光本身,他的眼睛会感到痛苦,他会转身走开,仍旧逃向那些他能够看清而且确实认为比人家所指示的实物还更清楚更实在的影像的。不是吗? ⅡE

格:会这样的。

苏:再说,如果有人硬拉他走上一条陡峭崎岖的坡道,直到把他拉出洞穴见到了外面的阳光,不让他中途退回去,他会觉得这样被强迫着走很痛苦,并且感到恼火;当他来到阳光下时,他会觉得眼前金星乱蹦金蛇乱窜,以致无法看见任何一个现在被称为真实的事物的。你不认为会这样吗? 516

格:噢,的确不是一下子就能看得见的。

苏:因此我认为,要他能在洞穴外面的高处看得见东西,大概需要有一个逐渐习惯的过程。首先大概看阴影是最容易,其次要数看人和其他东西在水中的倒影容易,再次是看东西本身;经过这些之后他大概会觉得在夜里观察天象和天空本身,看月光和星光,比白天看太阳和太阳光容易。 B

格:当然啰。

苏:这样一来,我认为,他大概终于就能直接观看太阳本身,看见他的真相了,就可以不必通过水中的倒影或影像,或任何其他媒介中显示出的影像看它了,就可以在它本来的地方就其本身看见其本相了。

格:这是一定的。

苏:接着他大概对此已经可以得出结论了:造成四季交替和年岁周期,主宰可见世界一切事物的正是这个太阳,它也就是他们过 C

去通过某种曲折看见的所有那些事物的原因。

格：显然，他大概会接着得出这样的结论。

苏：如果他回想自己当初的穴居、那个时候的智力水平，以及禁锢中的伙伴们，你不认为，他会庆幸自己的这一变迁，而替伙伴们遗憾吗？

格：确实会的。

苏：如果囚徒们之间曾有过某种选举，也有人在其中赢得过尊荣，而那些敏于辨别而且最能记住过往影像的惯常次序，因而最能预言后面还有什么影像会跟上来的人还得到过奖励，你认为这个既已解放了的人他会再热衷于这种奖赏吗？对那些受到囚徒们尊重并成了他们领袖的人，他会心怀嫉妒，和他们争夺那里的权力地位吗？或者，还是会像荷马所说的那样，他宁愿活在人世上做一个穷人的奴隶，受苦受难，也不愿和囚徒们有共同意见，再过他们那种生活呢？

格：我想，他会宁愿忍受任何苦楚也不愿再过囚徒生活的。

苏：如果他又回到地穴中坐在他原来的位置上，你认为会怎么样呢？他由于突然地离开阳光走进地穴，他的眼睛不会因黑暗而变得什么也看不见吗？

格：一定是这样的。

苏：这时他的视力还很模糊，还没来得及习惯于黑暗——再习惯于黑暗所需的时间也不会是很短的。如果有人趁这时就要他和那些始终禁锢在地穴中的人们较量一下"评价影像"，他不会遭到笑话吗？人家不会说他到上面去走了一趟，回来眼睛就坏了，不会说甚至连起一个往上去的念头都是不值得的吗？要是把那个打算释放他们并把他们带到上面去的人逮住杀掉是可以的话,他们不会杀掉他吗?

格:他们一定会的。

苏:亲爱的格劳孔,现在我们必须把这个比喻整个儿地应用到前面讲过的事情上去,把地穴囚室比喻可见世界,把火光比喻太阳的能力。如果你把从地穴到上面世界并在上面看见东西的上升过程和灵魂上升到可知世界的上升过程联想起来,你就领会对了我的这一解释了,既然你急于要听我的解释。至于这一解释本身是不是对,这是只有神知道的。但是无论如何,我觉得,在可知世界中最后看见的,而且是要花很大的努力才能最后看见的东西乃是善的理念。我们一旦看见了它,就必定能得出下述结论:它的确就是一切事物中一切正确者和美者的原因,就是可见世界中创造光和光源者,在可理知世界中它本身就是真理和理性的决定性源泉;任何人凡能在私人生活或公共生活中行事合乎理性的,必定是看见了善的理念的。

格:就我所能了解的而言,我都同意。

苏:那么来吧,你也来同意我下述的看法吧,而且在看到下述情形时别感到奇怪吧:那些已达到这一高度的人不愿意做那些琐碎俗事,他们的心灵永远渴望逗留在高处的真实之境。如果我们的比喻是合适的话,这种情形应该是不奇怪的。

格:是不足为怪的。

苏:再说,如果有人从神圣的观察再回到人事;他在还看不见东西还没有变得足够地习惯于黑暗环境时,就被迫在法庭上或其他什么地方同人家争论关于正义的影子或产生影子的偶像,辩论从未见过正义本身的人头脑里关于正义的观念。如果他在这样做时显得样子很难看举止极可笑,你认为值得奇怪吗?

格:一点儿也不值得奇怪。

518　苏:但是,凡有头脑的人都会记得,眼睛有性质不同的两种迷茫,它们是由两种相应的原因引起的:一是由亮处到了暗处,另一是由暗处到了亮处。凡有头脑的人也都会相信,灵魂也能出现同样的情况。他在看到某个灵魂发生迷茫不能看清事物时,不会不假思索就予以嘲笑的,他会考察一下,灵魂的视觉是因为离开了较光明的生活被不习惯的黑暗迷误了的呢,还是由于离开了无知的
B　黑暗进入了比较光明的世界,较大的亮光使它失去了视觉的呢?于是他会认为一种经验与生活道路是幸福的,另一种经验与生活道路是可怜的;如果他想笑一笑的话,那么从下面到上面去的那一种是不及从上面的亮处到下面来的这一种可笑的。

格:你说得非常有道理。

IV　苏:如果这是正确的,那么关于这些事,我们就必须有如下的看法:教育实际上并不像某些人在自己的职业中所宣称的那样。
C　他们宣称,他们能把灵魂里原来没有的知识灌输到灵魂里去,好像他们能把视力放进瞎子的眼睛里去似的。

格:他们确曾有过这种说法。

苏:但是我们现在的论证说明,知识是每个人灵魂里都有的一种能力,而每个人用以学习的器官就像眼睛。——整个身体不改变方向,眼睛是无法离开黑暗转向光明的。同样,作为整体的灵魂必须转离变化世界,直至它的"眼睛"得以正面观看实在,观看所有
D　实在中最明亮者,即我们所说的善者。是这样吧?

格：是的。

苏：于是这方面或许有一种灵魂转向的技巧，即一种使灵魂尽可能容易尽可能有效地转向的技巧。它不是要在灵魂中创造视力，而是肯定灵魂本身有视力，但认为它不能正确地把握方向，或不是在看该看的方向，因而想方设法努力促使它转向。

格：很可能有这种技巧。

苏：因此，灵魂的其他所谓美德似乎近于身体的优点，身体的优点确实不是身体里本来就有的，是后天的教育和实践培养起来的。但是心灵的优点似乎确实有比较神圣的性质，是一种永远不会丧失能力的东西；因所取的方向不同，它可以变得有用而有益也可以变得无用而有害。有一种通常被说成是机灵的坏人。你有没有注意过，他们的目光是多么敏锐？他们的灵魂是小①的，但是在那些受到他们注意的事情上，他们的视力是够尖锐的。他们的"小"不在于视力贫弱，而在于视力被迫服务于恶，结果是，他们的视力愈敏锐，恶事就也做得愈多。

格：这是真的。

苏：但是，假设这种灵魂的这一部分从小就已得到锤炼，已经因此如同释去了重负，——这种重负是这个变化世界里所本有的，是拖住人们灵魂的视力使它只能看见下面事物的那些感官的纵欲如贪食之类所紧缠在人们身上的。——假设重负已释，这同一些人的灵魂的同一部分被扭向了真理，它们看真理就会有同样敏锐的视力，像现在看它们面向的事物时那样。

---

① "小"这个字的含义，类似我国所谓"君子、小人"中的"小"。

格:很可能的。

苏:那么,没受过教育不知道真理的人和被允许终身完全从事知识研究的人,都是不能胜任治理国家的。这个结论不也是很对的,而且还是上述理论的必然结论吗?因为没受过教育的人不能把自己的全部公私活动都集中于一个生活目标;而知识分子又不能自愿地做任何实际的事情,而是在自己还活着的时候就想象自己已离开这个世界进入乐园了。

格:对。

苏:因此,我们作为这个国家的建立者的职责,就是要迫使最好的灵魂达到我们前面说是最高的知识,看见善,并上升到那个高度;而当他们已到达这个高度并且看够了时,我们不让他们像现在容许他们做的那样。

格:什么意思?

苏:逗留在上面不愿再下到囚徒中去,和他们同劳苦共荣誉,不论大小。

格:你这是说我们要委曲他们,让他们过较低级的生活了,在他们能过较高级生活的时候?

苏:朋友,你又忘了,我们的立法不是为城邦任何一个阶级的特殊幸福,而是为了造成全国作为一个整体的幸福。它运用说服或强制,使全体公民彼此协调和谐,使他们把各自能向集体提供的利益让大家分享。而它在城邦里造就这样的人,其目的就在于让他们不致各行其是,把他们团结成为一个不可分的城邦公民集体。

格:我忘了。你的话很对。

苏:那么,格劳孔,你得看到,我们对我们之中出现的哲学家也不会是不公正的;我们强迫他们关心和护卫其他公民的主张也是公正的。我们将告诉他们:"哲学家生在别的国家中有理由拒不参加辛苦的政治工作,因为他们完全是自发地产生的,不是政府有意识地培养造就的;一切自力更生不是被培养而产生的人才不欠任何人的情,因而没有热切要报答培育之恩的心情,那是正当的。但是我们已经培养了你们——既为你们自己也为城邦的其他公民——做蜂房中的蜂王和领袖;你们受到了比别人更好更完全的教育,有更大的能力参加两种生活①。因此你们每个人在轮值时必须下去和其他人同住,习惯于观看模糊影像。须知,一经习惯,你就会比他们看得清楚不知多少倍的,就能辨别各种不同的影子,并且知道影子所反映的东西的,因为你已经看见过美者、正义者和善者的真实。因此我们的国家将被我们和你们清醒地管理着,而不是像如今的大多数国家那样被昏昏然地管理着,被那些为影子而互相殴斗,为权力——被当作最大的善者——而相互争吵的人统治着。事实是:在凡是被定为统治者的人最不热心权力的城邦里必定有最善最稳定的管理,凡有与此相反的统治者的城邦里其管理必定是最恶的。"

格:一定的。

苏:那么,我们的学生听到我们的这种话时,还会不服从,还会在轮到每个人值班时拒绝分担管理国家的辛劳吗(当然另一方面,在大部分的时间里他们还是被允许一起住在上面的)?

格:拒绝是不可能的。因为我们是在向正义的人提出正义的

---

① 哲学生活和政治生活。

要求。但是，和当前每个国家中的统治者相反，他们担任公职一定是把它当作一种义不容辞的事情看待的。

苏：因为，事实上，亲爱的朋友，只有当你能为你们未来的统治者找到一种比统治国家更善的生活时，你才可能有一个管理得好的国家。因为，只有在这种国家里才能有真正富有的人来统治。当然他们不是富有黄金，而是富有幸福所必需的那种善的和智慧的生活。如果未来的统治者是一些个人福利匮乏的穷人，那么，当他们投身公务时，他们想到的就是要从中攫取自己的好处，如果国家由这种人统治，就不会有好的管理。因为，当统治权成了争夺对象时，这种自相残杀的争夺往往同时既毁了国家也毁了统治者自己。

格：再正确不过。

苏：除了真正的哲学生活而外，你还能举出别的什么能轻视政治权力的？

格：的确举不出来。

苏：但是我们就是要不爱权力的人掌权。否则就会出现对手之间的争斗。

格：一定的。

苏：那么，除了那些最知道如何可使国家得到最好管理的人，那些有其他报酬可得，有比政治生活更好的生活的人而外，还有什么别的人你可以迫使他们负责护卫城邦的呢？

格：再没有别的人了。

苏：于是，你愿意让我们来研究如下的问题吗？这种人才如何造就出来？如何把他们带到上面的光明世界，让他们像故事里说的人从冥土升到天上那样?

格:当然愿意。

苏:这看来不像游戏中翻贝壳那样容易,这是心灵从朦胧的黎明转到真正的大白天,上升到我们称之为真正哲学的实在。

格:无疑的。

苏:那么,我们难道不应该研究一下,什么学问有这种能耐?

格:当然应该。

苏:那么,格劳孔,这种把灵魂拖着离开变化世界进入实在世界的学问是什么呢?说到这里我想起了:我们不是曾经说过吗,这种人年轻的时候必须是战场上的斗士?

格:我们是说过这话的。

苏:因此,我们正在寻找的这门学问还必须再有一种能耐。

格:什么能耐?

苏:对士兵不是无用的。

格:如果可能的话,当然必须有。

苏:前面我们曾经让他们受体操和音乐教育。

格:是的。

苏:体操关心的是生灭事物①;因为它影响身体的增强与衰弱。

格:这很明白。

苏:因此,它不会是我们所寻觅的那门学问。

格:不是的。

---

① 体操与可变世界联系。

苏：那么，这门学问是我们前面描述过的音乐教育吗？

格：如果你还记得的话，音乐是和体育相对的，它通过习惯①以教育护卫者，以音调培养某种精神和谐（不是知识），以韵律培养优雅得体，还以故事（或纯系传说的或较为真实的）的语言培养与此相近的品质。可是这些途径没有任何一个是能通向你所正在寻求的那种善的。

苏：你的记忆再准确不过了。因为事实上其中没有这类的因素。但是，啊呀，格劳孔，那么我们寻求的这种学问是什么呢？因为手工技艺似乎又全都是有点低贱的。

格：确实是的。可是除去音乐、体操和手艺，剩下的还有什么别的学问呢？

苏：这样吧，如果我们除此之外再想不出什么别的了，我们就来举出一个全都要用到的东西吧。

格：那是什么？

苏：嗯，例如一个共同的东西——它是一切技术的、思想的和科学的知识都要用到的，它是大家都必须学习的最重要的东西之一。

格：什么东西？

苏：一个平常的东西，即分别"一"、"二"、"三"，总的说，就是数数和计算。一切技术和科学都必须做这些，事实不是这样吗？

格：是这样。

苏：战术不也要做这些吗？

---

① 习惯或意见，与真正的知识相对。

格：必定的。

苏：因此巴拉米德斯每次在舞台上出现就使阿伽门农成了一个极可笑的将军。巴拉米德斯宣称,他发明了数目之后组织排列了在特洛伊的大军中的各支部队,点数了船只和其他一切;仿佛在这之前它们都没有被数过,而阿伽门农看来也不知道自己有多少步兵,既然他不会数数。你是否注意过这些？还有,在那种情况下,你认为阿伽门农是一个什么样的将军呢？

格：我看他是一个荒谬可笑的将军,如果那是真的话。

苏：那么,我们要不要把能计算和数数定为一个军人的必不可少的本领呢？

格：这是最不可少的本领,如果他要能够指挥军队,甚至只是为了要做好一个普通人。

苏：那么,你是不是同我一样想的是这门学问呢？

格：哪一门学问？

苏：它似乎就是我们正在寻找的那些本性能引领思想的学问之一。但是没有一个人在正确地使用它,虽然它确实能引导灵魂到达实在。

格：你说的什么意思？

苏：我将努力把我心里的想法解释给你听,我将告诉你,我是如何在自己心里区分两种事物的——有我所指的那种牵引力的事物和没有那种牵引力的事物的。如果你愿和我一起继续讨论下去,并且告诉我,你同意什么不同意什么,那时我们就会更清楚,我的想法对不对了。

格：请说吧。

苏：好，你知道感觉中的东西有些是不需要求助于理性思考的，因为感官就能胜任判断了。但是还有一些是需要求助于理性的，因为感官对它们不能作出可靠的判断。

格：你显然是指的远处的东西或画中的东西。

苏：你完全没有领会我的意思。

格：那么，你说的是什么意思呢？

苏：不需要理性思考的东西我是指的不同时引起相反感觉的东西，需要理性帮助的东西我是指的那些能同时引起相反感觉的东西（这时感官无法作出明确的判断），与距离的远近无关。我作了如下说明之后，你就更明白了。例如这里有三个手指头：小指、无名指、中指。

格：好。

苏：我举手指为例，请你别忘了我是把它们当作近处可见的东西。但是关于它们我还要你注意一点。

格：哪一点？

苏：每一个指头看上去都一样是一个指头，在这方面无论它是中间的那个还是两边上的某一个，是白的还是黑的，是粗的还是细的，等等，都无所谓。因为这里没有什么东西要迫使平常人的灵魂再提出什么问题或思考究竟什么是手指的问题了，因为视觉官能从未同时向心灵发出信号，说手指也是手指的相反者。

格：是的。

苏：这种感觉当然是不会要求或引起理性思考的。

格：当然。

苏：但是手指的大和小怎么样呢：区别它们是大还是小，视觉能胜任吗？哪一个手指在中间哪一个在边上对视觉有什么分别吗？同样，触觉能区分粗和细、软和硬吗？在认识这一类性质时，不是事实上所有的感觉都有缺陷吗？它们是像下述这样起作用的：首先例如触觉，既关系着硬，就必定也关系着软，因此它给灵魂传去的信号是：它觉得同一物体又是硬的又是软的。不是这样吗？

格：是这样。

苏：如果触觉告诉灵魂，同一物体是硬的也是软的，心灵在这种情况下一定要问，触觉所说的硬是什么意思，不是吗？或者，如果有关的感觉说，重的东西是轻的，或轻的东西是重的，它所说的轻或重是什么意思？

格：的确，这些信息是心灵所迷惑不解的，是需要加以研究的。

苏：因此，在这种情况下，灵魂首先召集计算能力和理性，努力研究，传来信息的东西是一个还是两个。

格：当然。

苏：如果答案说是两个，那么其中的每一个都是不同的一个吗？

格：是的。

苏：因此，如果各是一个，共是两个，那么，在理性看来它们是分开的两个；因为，如果它们不是分离的，它就不会把它们想作两个，而想作一个了。

格：对的。

苏：我们说过，视觉也看见大和小，但两者不是分离的而是合在一起的。是吧？

格：是的。

苏:为了弄清楚这一点,理性"看"大和小,不得不采取和感觉相反的方法,把它们分离开来看,而不是合在一起看。

格:真的。

苏:接着我们不是要首先面临这样一个问题吗:大和小究竟是什么?

格:一定的。

苏:这就是我们所以使用"可知事物"和"可见事物"这两名称的原因。

格:太对了。

VIII 苏:我刚才说有的事物要求思考有的事物不要求思考,并且把那些同时给感官以相反刺激的事物定义为要求思考的事物,把那些不同时造成相反刺激的事物定义为不要求理性思考的事物。我说这些话正是在努力解释这个意思。

格:现在我明白了,并且跟你的看法一致了。

苏:那么,你认为数和"一"属于这两种事物中的哪一种呢?

格:我不知道。

苏:那你就根据我们已说过的话进行推理吧。因为,如果"一"本身就是视觉所能完全看清楚的,或能被别的感觉所把握的,它就不能牵引心灵去把握实在了,像我们在以手指为例时所解释的那样。但是,如果常常有相反者与之同时被看到,以致虽然它显得是一个,但同时相反者也一样地显得是一个,那么,就会立刻需要一个东西对它们作出判断,灵魂就会因而迷惑不解,而要求研究,并在自身内引起思考时,询问这种"一"究竟是什么。这样一来,对"一"的研究便会把心灵引导到或转向到对实在的注视上去了。

格：关于"一"的视觉确实最有这种特点，因为我们能看见同一事物是一，同时又是无限多。

苏：如果这个原理关于"一"是真的，那么也就关于所有的数都是真的，不是吗？

格：当然。

苏：还有，算术和算学全是关于数的。

格：当然。

苏：这个学科看来能把灵魂引导到真理。

格：是的。它超过任何学科。

苏：因此，这个学科看来应包括在我们所寻求的学科之中。因为军人必须学会它，以便统率他的军队；哲学家也应学会它，因为他们必须脱离可变世界，把握真理，否则他们就永远不会成为真正的计算者。

格：是的。

苏：我们的护卫者既是军人又是哲学家。

格：当然。

苏：因此，格劳孔，算学这个学问看来有资格被用法律规定下来；我们应当劝说那些将来要在城邦里身居要津的人学习算术，而且要他们不是马马虎虎地学，是深入下去学，直到用自己的纯粹理性看到了数的本质，要他们学习算术不是为了做买卖，仿佛在准备做商人或小贩似的，而是为了用于战争以及便于将灵魂从变化世界转向真理和实在。

格：你说得太好了。

苏：而且，既然提到了学习算术的问题，我觉得，如果人们学习

D 它不是为了做买卖而是为了知识的话,那么它是一种精巧的对达到我们目的有许多用处的工具。

格:为什么?

苏:正如我们刚刚说的,它用力将灵魂向上拉,并迫使灵魂讨论纯数本身;如果有人要它讨论属于可见物体或可触物体的数,它
E 是永远不会苟同的。因为你一定知道,精于算术的人,如果有人企图在理论上分割"一"本身,他们一定会讥笑这个人,并且不承认的,但是,如果你要用除法把"一"分成部分,他们就要一步不放地使用乘法对付你,不让"一"有任何时候显得不是"一"而是由许多个部分合成的。

格:你的话极对。

526　苏:格劳孔,假如有人问他们:"我的好朋友,你们正在论述的是哪一种数呀?——既然其中'一'是像你们所主张的那样,每个'一'都和所有别的'一'相等,而且没有一点不同,'一'内部也不分部分。"你认为怎么样?你认为他们会怎么答复?

格:我认为他们会说,他们所说的数只能用理性去把握,别的任何方法都不行。

苏:因此,我的朋友,你看见了,这门学问看来确是我们所不可
B 或缺的呢,既然它明摆着能迫使灵魂使用纯粹理性①通向真理本身。

格:它确实很能这样。

苏:再说,你有没有注意到过,那些天性擅长算术的人,往往也

----

① 或"理性本身"。

敏于学习其他一切学科；而那些反应迟缓的人，如果受了算术的训练，他们的反应也总会有所改善，变得快些的，即使不谈别的方面的受益？

格：是这样的。

苏：其次，我认为，我们不容易发现有什么学科学习起来比算术更难的，像它一样难的也不多。

格：确实如此。

苏：因所有这些缘故，我们一定不要疏忽了这门学问，要用它来教育我们的那些天赋最高的公民。

格：我赞成。

苏：那么，这门功课就定下来了算是一门。下面让我们再来考虑接在它后面的一门功课，看它对我们是否有用。

格：哪一门功课？你是说的几何学吗？

苏：正是它。

格：它在军事上有用是很明显的。因为，事关安营扎寨，划分地段，以及作战和行军中排列纵队、横队以及其他各种队形，指挥官有没有学过几何学是大不一样的。

苏：不过，为满足军事方面的需要，一小部分几何学和算术知识也就够了。这里需要我们考虑的问题是，几何学中占大部分的较为高深的东西是否能帮助人们较为容易地把握善的理念。我们认为每一门迫使灵魂转向真实之这一最神圣部分——它是灵魂一定要努力看的——所在的学科都有这种作用。

格：你说得对。

苏：如果它迫使灵魂看实在，它就有用。如果它迫使灵魂看产生世界①,它就无用。

格:我们也这样认为。

苏:于是几何科学的作用正好和它的行家们使用的语言中表现出来的完全相反——这一点即使那些对几何学只有粗浅了解的人也是不会持异议的。

格:怎么的?

苏:他们的话再可笑不过,虽然也不得不这么说。例如他们谈论关于"化方"、"作图"、"延长"等等时,都仿佛是正在做着什么事,他们的全部推理也都为了实用。而事实上这门科学的真正目的是纯粹为了知识。

格:绝对正确。

苏:关于下述这一点我们还能一定有一致意见吗?

格:哪一点?

苏:几何学的对象乃是永恒事物,而不是某种有时产生和灭亡的事物。

格:这是没有疑问的:几何学是认识永恒事物的。

苏:因此,我的好朋友,几何学大概能把灵魂引向真理,并且或许能使哲学家的灵魂转向上面,而不是转向下面,像我们如今错做的那样了。

格:一定能如此。

苏:因此,你一定得要求贵理想国的公民重视几何学。而且它还有重要的附带好处呢。

---

① 或"生灭世界""可变世界"。

格:什么附带的好处?

苏:它对战争有用,这你已经说过了。我们也知道,它对学习一切其他功课还有一定的好处,学过几何学的人和没有学过几何学的人在学习别的学科时是大不同的。

格:真的,非常不同。

苏:那么,让我们定下来吧:几何学作为青年必学的第二门功课。可以吗?

格:定下来吧。

苏:我们把天文学定为第三门功课,你意下如何?

格:我当然赞同。对年、月、四季有较敏锐的理解,不仅对于农事、航海有用,而且对于行军作战也一样是有用的。

苏:真有趣,你显然担心众人会以为你正在建议一些无用的学科。但是这的确不是件容易事:相信每个人的灵魂里有一个知识的器官,它能够在被习惯毁坏了迷茫了之后重新被建议的这些学习除去尘垢,恢复明亮。(维护这个器官比维护一万只眼睛还重要,因为它是唯一能看得见真理的器官。)和我们一起相信这一点的那些人,他们会认为你的话是绝顶正确的,但是那些对此茫无所知的人,他们自然会认为你说的尽是废话,因为他们看不到这些学习能带来任何值得挂齿的益处。现在请你自己决定和哪一方面讨论吧。或者不和任何一方面讨论,你作这些论证主要只是为了你自己,虽然无意反对任何别人也从中得到益处。

格:我宁肯这样,我论述、我提问、我回答主要为我自己。

苏:那么,你得稍微退回去一点,因为我们在讨论了几何学之后接着讨论刚才那个科目选得不对。

格：怎么选得不对？

苏：我们讨论过了平面之后，还没有讨论纯立体本身，便直接去讨论有运动的立体事物了。正确的做法应从第二维依次进到第三维。我认为，第三维乃是立方体和一切具有厚度的事物所具有的。

格：是这样。但是，苏格拉底啊，这个学科似乎还没有得到很好的发展。

苏：没有得到发展的原因有二。第一，没有一个城邦重视它，再加上它本身难度大，因此人们不愿意去研习它。第二，研习者须有人指导，否则不能成功；而导师首先是难得，其次，即使找到了，按照当前的时风，这方面的研习者也不见得能虚心接受指导。但是，如果整个城邦一起来管理提倡这项事业，研习者就会听从劝告了；持久奋发的研究工作就能使立体几何这个学科的许多课题被研究清楚。虽则现在许多人轻视它，研习者也因不了解它的真正作用而不能正确对待它，因而影响了它的发展，但它仍然以自己固有的魅力，克服了种种障碍，得到了一定的进步，甚至即使它被研究清楚了，我们也不以为怪。

格：它的确很有趣味很有魅力。但是请你把刚才的话说得更清楚些，你刚才说几何学是研究平面的。

苏：是的。

格：然后，你接着先是谈天文学，后来又退了回来。

苏：须知，我这是欲速不达呀。本来在平面几何之后应当接着谈立体几何的，但由于它还欠发达，我在匆忙中忽略了它，而谈了天文学；天文学是讨论运动中的立体的。

格:是的,你是那样做的。

苏:那么,让我们把天文学作为第四项学习科目吧,假定被忽略了未加讨论的那门科学在城邦管理下有作用的话。

格:这很好。另外,苏格拉底,你刚才抨击我,说我评论天文学动机不高尚,有功利主义,我现在不这样做啦,我要用你的原则来赞美它。我想,大家都知道,这个学科一定是迫使心灵向上看,引导心灵离开这里的事物去看高处事物的。

苏:或许大家都知道,只是我除外,因为我不这样认为。

格:你认为怎样呢?

苏:像引导我们掌握哲学的人目前那样地讨论天文学,我认为,天文学只能使灵魂的视力大大地向下转。

格:为什么?

苏:我觉得,你对于"学习上面的事物"理解不低级;你或许认为,凡是抬起头来仰望天花藻井的,都是在用灵魂而非用眼睛学习。或许你是对的,我是无知的。因为除了研究实在和不可见者外我想不出任何别的学习能使灵魂的视力向上。如果有人想研究可见事物,无论是张开嘴巴向上望①还是眨巴着眼睛向下看,我都不会认为他是在真正学习(因为任何这类的事物都不可能包含有真正的知识),我也不会认为他的灵魂是在向上看。即使他仰卧着学习(在陆上或海上),我还是认为他是在向下看。

格:我错了,你批评得对。你认为学习天文学不应该像如今这样学,那么你主张怎么个学法呢,如果为达到我们的目的必须学

---

① 借阿里斯托芬措辞。见喜剧《云》17a。

习它？

苏：我说，这些天体装饰着天空，虽然我们把它们视为可见事物中最美最准确者是对的，但由于它们是可见者，所以是远不及真实者，亦即具有真实的数和一切真实图形的，真正的快者和慢者的既相关着又托载着的运动的。真实者是仅能被理性和思考所把握，用眼睛是看不见的。你或许有不同的想法吧？

格：不，完全没有。

苏：因此，我们必须把天空的图画只用作帮助我们学习其实在的说明图，就像一个人碰巧看见了戴达罗斯或某一别的画家或画匠特别细心地画出来的设计图时那样。因为任何具有几何知识的人，看到这种图画虽然都会称羡画工的巧妙，但是，如果见到别人信之为真，想从图画上找到关于相等、成倍或其他比例之绝对真理，他们也会认为这是荒谬的。

格：怎能不荒谬呢？

苏：一个真正的天文学家在举目观察天体运动时，你不认为他会有同样的感觉吗？他会认为天的制造者已经把天和天里面的星体造得不能再好了，但是，他如果看到有人认为，有一种恒常的绝对不变的比例关系存在于日与夜之间、日夜与月或月与年之间，或还有其他星体的周期与日、月、年之间以及其他星体周期相互之间，他也会认为这种想法是荒谬的。它们全都是物质性的可见的，在其中寻求真实是荒谬的。

格：现在听你这么一说，我赞成你的话了。

苏：因此，如果我们要真正研究天文学，并且正确地使用灵魂中的天赋理智的话，我们就也应该像研究几何学那样来研究天文学,提出问题解决问题,而不去管天空中的那些可见的事物。

格:你这是要将研究天文学的工作搞得比现在烦难好多倍呀!

苏:我想,如果我们要起作为立法者的任何作用的话,我们就还要再提出其他一些类似的要求。你有什么别的合适的学科要建议的吗?

格:我一下子说不上来。

苏:照我看,运动不是只有一种而是有多种。列举所有运动种类这或许是哲人的事情,但即使是我们,也能说出其中两种来。

格:哪两种?

苏:一是刚才说的这个天文学,另一是和它成对的东西。

格:是什么呢?

苏:我认为我们可以说,正如眼睛是为天文而造的那样,我们的耳朵是为和谐的声音而造的;这两个学科,正如毕达哥拉斯派所主张,我们也赞同的那样,格劳孔,它们是兄弟学科。对吗?

格:对。

苏:既然事关重大,那么我们要不要去问一问毕达哥拉斯派学者们,看他们对此有何高见,以及此外还有什么别的主张?不过,这里我们还是要始终注意我们自己的事情。

格:什么事情?

苏:让我们的学生不要企图学习任何不符合我们目标的,结果总是不能达到那个应为任何事物之目的的东西,像我们刚才讨论天文学时说的那样。或者,你还不知道,他们研究和音问题时在重复研究天文时的毛病呢。他们像天文学者一样,白白花了许多辛苦去听音,并把可听音加以比量。

格：真是这样。他们也真荒谬。他们谈论音程，并仔细认真地听，好像听隔壁邻居的谈话一样。有的说自己能分辨出两个音之间的另一个音来，它是一个最小的音程，是计量单位。而另一些人则坚持说这些音没什么不同。他们全都宁愿用耳朵而不愿用心灵。

苏：你是在讲那些名人，他们拷打琴弦，把它们绞在弦柱上想拷问出真话来；我本可以继续比喻下去，说关于这些音乐家对琴弦的敲打，他们对琴弦的指控以及琴弦的无耻抵赖，但是我还是要丢开这个比喻，因为我对这些人没有像对毕达哥拉斯派（我们刚才说要问他们关于和音问题的）那么重视。因为他们正是做的天文学家们做的那种事情：他们寻求可闻音之间数的关系，从不深入到说明问题，考察什么样数的关系是和谐的，什么样数的关系是不和谐的，各是为什么。

格：须知，这不是一般人办得到的。

苏：如果目的是为了寻求美者和善者，我说这门学问还是有益的，如果是为了别的目的，我说它是无益的。

格：这是很可能的。

XIII　苏：我还认为，如果研究这些学科深入到能够弄清它们之间的相互联系和亲缘关系，并且得出总的认识，那时我们对这些学科的一番辛勤研究才有一个结果，才有助于达到我们的既定目标，否则就是白费辛苦。

格：我也这样认为。但是，苏格拉底，这意味着大量的工作呀！

苏：你是指的序言[①]，对不对？你不知道吗，所有这些学习不

[①] 像法律正文之前有序文一样，学习辩证法要先学数学、天文等科学。

过是我们要学习的法律正文前面的一个序言？我想你是不会把精通上述学科的人当作就是辩证法家的。

格：的确不会的，除了极少数我碰到过的例外。

苏：一个人如果不能对自己的观点作出逻辑的论证，那么他能获得我们主张他们应当具备的任何知识吗？

格：是不能的。

苏：到此，格劳孔，这不已经是辩证法订立的法律正文了吗？它虽然属于可知世界，但是我们可以在前面说过的那个视觉能力变化过程中看到它的摹本：从看见阴影到企图看见真的动物，然后能看得见星星，最后看得见太阳本身。与此类似，当一个人企图靠辩证法通过推理而不管感官的知觉，以求达到每一事物的本质，并且一直坚持到靠思想本身理解到善者的本质时，他就达到了可理知事物的顶峰了，正如我们比喻中的那个人达到可见世界的顶峰一样。

格：的确是的。

苏：那么怎么样？你不想把这个思想的过程叫做辩证的过程吗？

格：当然想。

苏：一个人从桎梏中解放出来，从阴影转向投射阴影的影像①再转向火光，然后从洞穴里上升到阳光下，这时他还不能直接看动物、植物和阳光，只能看见水中的神创幻影和真实事物的阴影（不是那个不及太阳真实的火光所投射的影像②的阴影）。我们考察

---

① ② "影像"，指比喻中物体。

的这些科学技术的全部这一学习研究过程能够引导灵魂的最善部分上升到看见实在的最善部分,正如在我们的那个比喻中人身上最明亮的东西被转向而看见可见物质世界中最明亮的东西那样。①

格:我同意这个说法。虽然我觉得一方面很难完全赞同,但另一方面又很难不赞同。不管怎么说——既然我们不是只许听这一次,而是以后还要多次重复听讲的——让我们假定这些事就像刚才说的那样吧,让我们往下进至讨论法律正文,并且像讨论序文一样地来讨论它吧。那么请告诉我们,辩证法有何种能力?它分哪几种?各用什么方法?因为这些问题的答案看来或可把我们带到休息地,达到旅程的终点。

苏:亲爱的格劳孔,你不能跟着我再一道前进了,这倒不是因为我这方面不愿意如此,而是因为现在我要你看的将不再是我们用作比喻的影像了,而是事物的实在本身了,当然是尽它让我看见的——虽然我们不能断定我们所看见的这东西正好就是实在,但是可以肯定,我们必须要看见的实在就是某一这类的东西。你说是吗?

格:当然是的。

苏:我们是否还可以宣布,只有辩证法有能力让人看到实在,也只让学习过我们所列举的那些学科的人看到它,别的途径是没有的,对吗?

格:这个论断我们也可以肯定是对的。

---

① 前者指眼睛,后者指太阳。

苏:这一点无论如何是不会有人和我们唱反调,认为还有任何别的研究途径,可以做到系统地在一切情况下确定每一事物的真实本质的。而一切其他的技术科学则完全或是为了人的意见和欲望,或是为了事物的产生和制造,或是为了在这些事物产生出来或制造出来之后照料它们;至于我们提到过的其余科学,即几何学和与之相关的各学科,虽然对实在有某种认识,但是我们可以看到,它们也只是梦似地看见实在,只要它们还在原封不动地使用它们所用的假设而不能给予任何说明,它们就还不能清醒地看见实在。因为,如果前提是不知道的东西,结论和达到结论的中间步骤就也是由不知道的东西组成的,这种情况下结果的一致又怎能变成真正的知识呢?

格:是无论如何也不能的。

苏:因此,辩证法是唯一的这种研究方法,能够不用假设而一直上升到第一原理本身,以便在那里找到可靠根据的。当灵魂的眼睛真的陷入了无知的泥沼时,辩证法能轻轻地把它拉出来,引导它向上,同时用我们所列举的那些学习科目帮助完成这个转变过程。这些学科我们常常根据习惯称它们为一门一门的知识,实际上我们需要一个另外的字称,一个表明它比意见明确些又比知识模糊些的名称。我们在前面用过"理智"这个名称。但是我觉得,在有如此重大的课题放在我们面前需要讨论的情况下,我们不必为了一个字而去辩论了。

格:是的。

苏:那么让我们满足于前面用过的那些个名称吧,①把第一部分叫做知识,第二部分叫做理智,第三部分叫做信念,第四部分叫做想象;又把第三部分和第四部分合称意见,把第一部分和第二部分合称理性;意见是关于产生世界的,理性是关于实在的;理性和意见的关系就像实在和产生世界的关系,知识和信念的关系、理智和想象的关系也像理性和意见的关系。至于和这些灵魂状态对应的事物之间的关系,以及它们再各细分为两部分,能意见的部分和能理知的部分。这些问题,格劳孔,我们还是别去碰它吧,免得我们被卷进一场更长时间的辩论中去。

格:行,在我能跟着你的范围内,我赞同你关于其余部分的看法。

苏:一个能正确论证每一事物的真实存在的人你不赞成把他叫做辩证法家吗?一个不能这样做,即不能对自己和别人作出正确论证的人,你不赞成说他没有理性,不知道事物的实在吗?

格:我怎能不赞成呢?

苏:这个说法关于善者不也同样合适吗?一个人如果不能用论证把善者的理念和其他一切事物区分开来并给它作出定义,不能像在战场上经受攻击那样经受得住各种考验,并竭力用实在而不是用意见考察一切事物,在正确的方向上将论证进行到底而不出现失误,他如果缺乏这种能力,你就会说他并不真的知道善本身和任何特殊的善者;但是如果他触及它的大概轮廓,他便对它只有意见而没有知识,他这一辈子便都是在打瞌睡做迷梦,在还没醒过

---

① 见前面 511D—E。

来之前便已进入阴曹地府,长眠地下了。是这样吗?

格:真的,我完全赞成你的说法。

苏:但是,如果你竟事实上教育起目前你还只是在口头上教育的你们的那些孩子,我想你一定不会容许他们来统治国家决定国家大事的,既然他们像几何学上的无理线那样的无理性。

格:当然不会容许的。

苏:因此你得用法律规定他们要特别注意训练培养自己能用最科学的方法提问和回答问题的能力。

格:我要照你的意思制订这样的法令。 E

苏:那么,你是不是同意,辩证法像墙头石一样,被放在我们教育体制的最上头,再不能有任何别的学习科目放在它的上面是正 535 确的了,而我们的学习课程到辩证法也就完成了?

格:我同意。

苏:那么,现在剩下来还要你去做的事情就是选定谁去研习这 XV 些功课,如何选法。

格:显然是的。

苏:那么,你记不记得,我们前面在选择统治者时选的那种人?

格:当然记得。

苏:那么,就大多数方面而言,你得认为,我们必须挑选那些具有同样天赋品质的人。必须挑选出最坚定、最勇敢、在可能范围内也最有风度的人。此外,我们还得要求他们不仅性格高贵严肃而且还要具有适合这类教育的天赋。 B

格:你想指出哪些天赋呢?

苏:我的朋友啊,他们首先必须热爱学习,还要学起来不感到困难。因为灵魂对学习中的艰苦比对体力活动中的艰苦是更为害怕得多的,因为这种劳苦更接近灵魂,是灵魂所专受的,而不是和肉体共受的。

格:对。

C 苏:我们还要他们强于记忆。百折不挠、喜爱一切意义上的劳苦。否则你怎能想象,他们有人肯忍受肉体上的一切劳苦并完成如此巨大的学习和训练课程呢?

格:除了天赋极好的人外,是没有人能这样的。

苏:我们当前的错误以及由此而产生的对哲学的轻蔑,如我前面说过的,在于它的伙伴和追求者不配做它的伙伴和追求者。他们不应当是螟蛉假子而应当是真子。

格:我不明白。

D 苏:首先,有志于哲学者对待劳苦一定不能持瘸子走路式的态度,不能半个人爱劳动,半个人怕劳动。假如一个人喜爱打猎、角斗和各种体力方面的劳动,却不爱学习、听讲、研究和各种诸如此类智力上的劳动,就是如此。以相反的方式只喜爱智力方面劳动的也是像瘸子走路。

格:你的话再正确不过了。

苏:关于真实,我们不也要把下述这种人的灵魂同样看作是残
E 废的吗?他嫌恶有意的虚假,不能容忍它存在于自己身上,看到别人有这种毛病更是非常生气,但却心甘情愿地接受无意的虚假,当他暴露出自己缺乏知识时却并不着急,若无其事地对待自己的无知,像一只猪在泥水中打滚一样。

536　　格:完全应该把这种人的灵魂看作残废。

苏:关于节制、勇敢、宽宏大量以及所有各种美德,我们也必须一样警惕地注意假的和真的。因为,如果个人或国家缺乏这种辨别真假所必需的知识,他就会无意中错用一个跛子或假好人做他个人的朋友或国家的统治者。

格:是会这样的。

苏:我们必须留心避免一切这类的错误。如果我们挑出了身心健全的人并且让他们受到我们长期的教导和训练,正义本身就不会怪罪我们了,我们就是维护了我们的城邦和社会制度。如果我们挑选了另一种人,结果就会完全相反,我们就将使哲学遭到更大的嘲弄。

格:那的确将是一件可耻的事情。

苏:事情虽然的确如此,但是我认为这刻儿我正在使自己显得有点可笑。

格:为什么?

苏:我忘了我们不过是在说着笑话玩儿,我竟这么态度严肃认真起来了。须知,我在说话的过程中一眼瞥见了哲学,当我看到它受到不应有的毁谤时,产生了反感,在谈到那些应对此负责的人时,我说话太严肃了,好像在发怒了。

格:但是说真话,我听起来并不觉得过分严肃。

苏:但是,作为说话的人,我自己觉得太严肃了。然而我们一定不能忘了,我们从前总是选举老年人,但是这里不行。梭伦曾说人老来能学很多东西。我们一定不要相信他这话。人老了不能多奔跑,更不能多学习。一切繁重劳累的事情只有年轻时能胜任。

格:这是一定的道理。

XVI　　苏:那么,算学、几何以及一切凡是在学习辩证法之前必须先行学习的预备性科目,必须趁他们还年轻时教给他们,当然不是采用强迫方式。

格:为什么?

E　　苏:因为一个自由人是不应该被迫地进行任何学习的。因为,身体上的被迫劳累对身体无害,但,被迫进行的学习却是不能在心灵上生根的。

格:真的。

537　　苏:因此,我的朋友,请不要强迫孩子们学习,要用做游戏的方法。你可以在游戏中更好地了解到他们每个人的天性。

格:你的话很有道理。

苏:你有没有忘了,我们也曾说过,我们必须让我们的孩子骑着马到战场上去看看打仗,在安全的地方则让他们靠近前沿,像小野兽那样尝尝血腥味?

格:我还记得。

苏:在所有这些劳苦的身体锻炼、学习和战争恐怖中总是表现得最能干的那些孩子,应当被挑选出来。

B　　格:在几岁上?

苏:在必要的体育训练一过去的时候。因为这段时间里——或两年或三年——他们是不能干别的事的。极度的疲劳和长时间的睡眠是学习的敌人,加之,考察他们每个人在体操方面的表现也是对他们整个考察的一个很重要的组成部分。

格:当然。

苏:这段时间过去之后,从二十岁起,被挑选出来的那些青年将得到比别人更多的荣誉,他们将被要求把以前小时候分散学习的各种课程内容加以综合,研究它们相互间的联系以及它们和事物本质的关系。

格:这是能获得永久知识的唯一途径。

苏:这也是有无辩证法天赋的最主要的试金石。因为能在联系中看事物的就是一个辩证法者,不然就不是一个辩证法者。

格:我同意。

苏:你应当把这些天赋上的条件牢记在心,在第一次挑选出来的那些在学习、战争以及履行其他义务中表现得坚定不移的青年里再作第二次挑选,选出其中最富这些天赋条件的青年,在他们年满三十的时候,给他们以更高的荣誉,并且用辩证法考试他们,看他们哪些人能不用眼睛和其他的感官,跟随着真理达到纯实在本身。只是在这里,我的朋友啊,你必须多加小心才好。

格:为什么这里必须特别小心呢?

苏:你有没有注意到,当前在搞辩证法上所引起的恶果?

格:什么恶果?

苏:搞辩证法的人违反法律。

格:确有其事。

苏:你认为他们这种心灵状态有什么可惊奇的地方,并且认为这是不可原谅的吗?

格:什么意思?

苏:可以打个比方。譬如有个养子养于一富裕的人口众多的大家庭之中,周围有许多逢迎阿谀的人侍候着他。到成年时他知道了,原来自称是他父母的人并不是他的父母,但他又找不到自己的真父母。你想想看,他在知道这个真情之前和之后,对那些逢迎之徒和假父母将有什么想法呢?也许,你是不是想听听我的推测?

格:我愿意。

XVII 苏:我的推测如下。在他还不知道真情的时候,比之对周围的B 谀媚之徒,他会更多地尊重他所谓的父亲、母亲以及其他的亲属,更多地关心他们的需要,更少想对他们做什么非法的事说什么非法的话,或在重大的事情上不听从他们的劝告。

格:很可能是这样的。

苏:但是,在他发现了真情之后,我推测,他对父母亲人的尊重和忠心将变得日益减退,转而关心起那些谀媚之徒来。他将比以C 前更注意后者,并从此开始按他们的规矩生活,和他们公开结合,同时对养父和收养他的其他亲人变得完全不关心了。除非他的天性特别正,才不会这样。

格:你说的这一切是很可能发生的。但是这个比喻如何和从事哲学辩证的人联系起来呢?

苏:兹说明如下。什么是正义的?什么是光荣的?我们从小就已有了对这些问题的观念。我们就在这种观念中长大,好像在父母哺育下长大成人一样。我们服从它们,尊重它们。

D 格:是的。

苏:但是还另有与此相反的习惯风尚。它们由于能给人快乐而对人的灵魂具有蛊惑力和吸引力,虽然它不能征服任何正派的人,正派人仍然尊重和服从父亲的教诲。

格:确有这种习惯和风尚。

苏:那么,"什么是光荣?"当一个人遇到了这样的问题,并且根据从立法者那里学得的道理回答时,他在辩论中遭到反驳;当他多次被驳倒并且在许多地方被驳倒时,他的信念就会动摇,他会变得相信,光荣的东西也不比可耻的东西更光荣;而当他在关于正义、善以及一切他们主要尊重的东西方面都有了同样的感受时,你试想,此后在尊重和服从这些传统方面他会怎样行事呢?

格:他一定不会还跟以前一样地尊重和服从了。

苏:当他已经不再觉得以前的这些信条,必须受到尊重和恪守,但真理又尚未找到时,他会转而采取哪一种生活呢?他不去采取那种能蛊惑他的生活吗?

格:会的。

苏:于是我们将看到他由一个守法者变成一个违法者。

格:必然的。

苏:然而所有这一切乃是这样地从事哲学辩论的一个自然的结果,并且,如我刚才说过的,又是很可原谅的。是吗?

格:是的。并且也是很可怜的。

苏:为了你可以不必可怜你的那些三十岁的学生,在你如何引导他们进行这种辩论的问题上必须非常谨慎。是吗?

格:是的。

苏:不让他们年纪轻轻就去尝试辩论,这不是一个很重要的预防办法吗?我认为你一定已经注意到了,年轻人一开始尝试辩论,由于觉得好玩,便喜欢到处跟人辩论,并且模仿别人的互驳,自己也来反驳别人。他们就像小狗喜欢拖咬所有走近的人一样,喜欢用言辞咬人。

格:完全是这样。

苏：当他们许多次地驳倒别人，自己又许多次地被别人驳倒时，便很快陷入了对从前以为正确的一切的强烈怀疑。结果是损坏了自己和整个哲学事业在世人心目中的信誉。

格：再正确不过了。

苏：但是一个年龄大些的人就不会这样疯狂，他宁可效法那些为寻找真理而进行辩驳的人，而不会效法那些只是为了磨嘴皮子玩儿的人。因此他本人会是一个有分寸的人。他能使他所研究的哲学信誉提高而不是信誉降低。

格：对。

苏：上面所有这些话我们说出来正是为了预防这一点。我们要求被允许参与这种讨论的人必须是具有适度和坚定品格的人，而不能是随便什么不合格的人，像现在那样。是这样吗？

格：完全是的。

XVIII 苏：那么，像在相应的体操训练中一样，坚持不断地专心致志地学习辩证法，用两倍于体操训练的时间够不够呢？

格：你是说用六年或者四年？

苏：嗯，定为五年吧。因为，在这之后你还得派他再下到地洞里去，强迫他们负责指挥战争或其他适合青年人干的公务，让他们可以在实际经验方面不低于别人，还必须让他们在这些公务中接受考验，看他们是否能在各种诱惑面前坚定不移，或者，看他们是否会畏缩、出轨。

格：这个阶段你给多长时间？

苏：十五年。到五十岁上，那些在实际工作和知识学习的一切方面都以优异成绩通过了考试的人必须接受最后的考验。我们将要求他们把灵魂的目光转向上方,注视着照亮一切事物的光源。在这样地看见了善本身的时候,他们得用它作为原型,管理好国家、公民个人和他们自己。在剩下的岁月里他们得用大部分时间来研究哲学;但是在轮到值班时,他们每个人都要不辞辛苦管理繁冗的政治事务,为了城邦而走上统治者的岗位——不是为了光荣而是考虑到必要。因此,当他们已经培养出了像他们那样的继承人,可以取代他们充任卫国者的时候,他们就可以辞去职务,进入乐土,在那里定居下来了。国家将为他们建立纪念碑,像祭神那样地祭祀他们,如果庇西亚的神示能同意的话。否则也得以神一般的伟人规格祭祀他们。

格:啊,苏格拉底,你已经像一个雕刻师那样最完美地结束了你塑造统治者形象的工作了。

苏:格劳孔啊,这里谈的统治者也包括妇女在内。你必须认为,我所说的关于男人的那些话一样适用于出身于他们中间的妇女们,只要她们具备必要的天赋。

格:对,如果她们要和男人一样参与一切活动,像我们所描述的那样。

苏:我说,我们关于国家和政治制度的那些意见并非全属空想;它的实现虽然困难,但还是可能的,只要路子走得对,像我们前面说过的那样做。只要让真正的哲学家,或多人或一人,掌握这个国家的政权。他们把今人认为的一切光荣的事情都看作是下贱的无价值的,他们最重视正义和由正义而得到的光荣,把正义看作最重要的和最必要的事情,通过促进和推崇正义使自己的城邦走上轨道。你看我说得对吗?

格：怎么做呢？

苏：他们将要求把所有十岁以上的有公民身份的孩子送到乡下去，他们把这些孩子接受过来，改变他们从父母那里受到的生活方式影响，用自己制定的习惯和法律（即我们前面所描述的）培养他们成人。这是我们所述及的国家和制度借以建立起来，得到繁荣昌盛，并给人民带来最大福利的最便捷的途径。

格：这确是非常便捷之径。我认为，苏格拉底啊，如果这种国家要得到实现的话，你已经很好地说明了它的实现方法了。

苏：至此我们不是已经充分地谈过了我们的这种国家以及与之相应的那种人了吗？须知，我们会提出需要什么样的人，这无疑是一清二楚的。

格：我想我已经回答完了你的问题了。这也是很清楚的。

第　八　卷

苏：很好，格劳孔，到这里我们一致同意：一个安排得非常理想的国家，必须妇女公有，儿童公有，全部教育公有。不论战时平时，各种事情男的女的一样干。他们的王则必须是那些被证明文武双全的最优秀人物。

格：这些我们是意见一致的。

苏：其次，我们也曾取得过一致意见：治理者一经任命，就要带领部队驻扎在我们描述过的那种营房里；这里的一切都是大家公有，没有什么是私人的。除了上述营房而外，你还记得吗，我们同意过他们还应该有些什么东西？

格：是的，我记得。我们原来认为他们不应当有一般人现在所有的那些个东西。但是由于他们要训练作战，又要做护法者，他们就需要从别人那里每年得到一年的供养作为护卫整个国家的一种应有的报酬。

苏：你的话很对。我们已经把这方面所有的话都讲过了。请告诉我，我们是从哪里起离开本题的？让我们还是回到本题去，言归正传吧。

格：要回到本题，那时（也可说刚刚）是并不难的。假定那时你已把国家描写完毕，并进而主张，你所描述的那种国家和相应的那种个人是好的，虽然我们现在看来，你还可以描写得更好些。无论

544　如何,你刚才是说,如果这国家是正确的,其他种种的国家必定是错误的。我还记得,你说过其他国家制度有四种,这四种国家制度是值得考察其缺点和考察其相应的代表人物的。当我们弄清楚了这些问题,对哪些是最善的人,哪些是最恶的人,这些问题都取得了一致意见时,我们就可以确定最善的人是不是最幸福的,最恶的人是不是最痛苦的;或者,是不是情况正好反过来? 当我问起四种
B　政制你心里指的是哪四种时,玻勒马霍斯和阿得曼托斯立即插了进来,你就从头重讲了起来,一直讲到现在。

　　苏:你的记忆力真了不得!

　　格:那么,让我们像摔跤一样,再来一个回合吧。当我问同样的问题时,请你告诉我,你那时本想说什么的。

　　苏:尽我所能。

C　格:我本人的确极想听你说一说,四种政制你指的是什么?

　　苏:这并不难。我所指的四种制度正是下列有通用名称的四种。第一种被叫做斯巴达和克里特政制,受到广泛赞扬的。第二种被叫做寡头政制,少数人的统治,在荣誉上居第二位,有很多害处的。第三种被叫做民主政制,是接着寡头政制之后产生的,又是与之相反对的。最后,第四种,乃是与前述所有这三种都不同的高
D　贵的僭主政制,是城邦的最后的祸害。你还能提出任何别种政制的名称吗? 所谓别种政制,我是指的能构成一个特殊种的。有世袭的君主国,有买来的王国,以及其他介于其间的各种类似的政治制度。在野蛮人中比在希腊人中,这种小国似乎为数更多。

　　格:许多离奇的政治制度,确曾听到传说过。

II　　苏:那么,你一定知道,有多少种不同类型的政制就有多少种

不同类型的人们的性格。你不要以为政治制度是从木头里或石头里产生出来的。不是的,政治制度是从城邦公民的习惯里产生出来的;习惯的倾向决定其他一切的方向。

格:制度正是由习惯产生,不能是由别的产生的。

苏:那么,如果有五种政治制度,就应有五种个人心灵。

格:当然。

苏:我们已经描述了与贵族政治或好人政治相应的人,我们曾经正确地说他们是善者和正义者。

格:我们已经描述过了。

苏:那么,下面我们要考察一下较差的几种。一种是好胜争强、贪图荣名的人,他们相应于斯巴达类型的制度;依次往下是:寡头分子、民主分子和僭主。这样我们在考察了最不正义的一种人之后就可以把他和最正义的人加以比较,最后弄清楚纯粹正义的人与纯粹不正义的人究竟哪一个快乐哪一个痛苦。这以后我们便可以或者听信色拉叙马霍斯,走不正义的路,或者相信我们现在的论述,走正义之路了。

格:无论如何,下一步我们一定要这样做。

苏:我们先来考查国家制度中的道德品质,然后再考查个人的道德品质,因为国家的品质比个人品质容易看得清楚。因此,现在让我们首先来考查爱荣誉的那种政制;在希腊文中我们找不到别的名词,我们只好叫它荣誉统治或荣誉政制。然后我们将联系这种制度考察这种个人。其次考察寡头政制和寡头式的个人;接下来考察民主政制和民主式的个人;其四我们来到僭主统治的国家考察,然后再看一看僭主式的个人心灵。于是我们就可以试着来正确判断我们面临的问题了。你说这样做好吗?

格:我至少要说这是很合论证程序的研究方法与判断方法。

苏:好。那么,让我们来谈荣誉政制是怎样从贵族政制产生出来的。我想,有一件事是很显然的。政治制度的变动全都是由领导阶层的不和而起的。如果他们团结一致,哪怕只有很少的一致,政治制度变动也是不可能的。

格:这是真的。

苏:那么,格劳孔,我们的国家怎样才会起动乱的呢?我们的帮助者统治者怎样会彼此互相争吵同室操戈的呢?或者,你要不要我们像荷马那样祈求文艺女神告诉我们内讧是怎样第一次发生的呢?我们要不要想象这些文艺之神像逗弄小孩子一样地,用悲剧的崇高格调一本正经地对我们说话呢?

格:怎么说呢?

苏:大致如下。一个建立得这么好的国家要动摇它颠覆它确是不容易的;但是,既然一切有产生的事物必有灭亡,这种社会组织结构当然也是不能永久的,也是一定要解体的。情况将如下述。不仅地下长出来的植物而且包括地上生出来的动物,它们的灵魂和躯体都有生育的有利时节和不利时节;两种时节在由它们组合成环转满了一圈时便周期地来到了。(活的时间长的东西周期也长,活的时间短的东西周期也短。)你们为城邦培训的统治者尽管是智慧的,但他们也不能凭感官观察和理性思考永远准确无误地为你们的种族选定生育的大好时节,他们有时会弄错,于是不适当地生了一些孩子。神圣的产生物有一个完善的数的周期;而有灭亡的产生物周期只是一个最小的数——一定的乘法(控制的和被控制的,包括三级四项,)用它通过使有相同单位的有理数相似或不相似,或通过加法或减法,得出一个最后的得数。其 4 对 3 的基本比例,和 5 结合,再乘三次,产生出两个和谐;其中之一是等因子相乘和 100 乘同次方结合的产物,另一是有的相等有的不相等的因子相乘的产物,即,其一或为有理数(各减"1")的对角线平方乘 100,或为无理数(各减"2")平方乘 100,另一为"3"的立方乘 100①。这全部的几何数乃是这事(优生和劣生)的决定性因素。如果你们的护卫者弄错了,在不是生育的好时节里让新郎新娘结了婚,生育的子女就不会是优秀的或幸运的。虽然人们从这些后代中选拔最优秀者来治理国家,但,由于他们实际上算不上优秀,因此,当他们执掌了父辈的权力成为护卫者时,他们便开始蔑视我们这些人,先是轻视音乐教育然后轻视体育锻炼,以致年轻人愈来愈缺乏教养。从他们中挑选出来的统治者已经丧失了真正护卫者的那种分辨金种、银种、铜种、铁种——赫西俄德说过的,我们也说过的——的能力了。而铁和银、铜和金一经混杂起来,便产生了不平衡:不一致和不和谐——不一致和不和谐在哪里出现就在哪里引起战争和仇恨。不论冲突发生在何时何地,你都必须认为这就是这种血统的冲突。

格:我们将认为女神的答复是正确的。

苏:既是女神,她们的答复必定是正确的。

格:女神接下去还会说些什么呢?

---

① 柏拉图这里神秘地使用几何数的关系,说明天道有常。在吉利时节生的孩子才有智慧和好运,将来统治国家才能造福人民。

苏：这种冲突一经发生，统治者内部两种集团将采取两种不同的方向；铜铁集团趋向私利，兼并土地房屋、敛聚金银财宝；而金银集团则由于其自身心灵里拥有真正的财富而趋向美德和传统秩序；他们相互斗争，然后取得某种妥协，于是分配土地、房屋，据为私有，把原先的朋友和供养人变成边民和奴隶。护卫者本来是保卫后一类人的自由，终身专门从事战争捍卫他们的，现在却变成奴役他们和压迫他们的人了。

格：我以为，变动便是从这里发生的。

苏：那么，这种制度不是介于贵族制和寡头制之间的某种中间制度吗？

格：正是的。

苏：变动即如上述。变动后的情况会怎样呢？既然这种制度介于贵族制和寡头制之间，那么很显然，在有些事情上它就会像前一种制度，在另一些事情上它又会像后一种制度。此外，也很显然，它会有自身的某些特有的特点。不是吗？

格：是这样。

苏：尊崇统治者，完全不让战士阶级从事农业、手工业和商业活动，规定公餐，以及统治者终身从事体育锻炼、竞技和战争——所有这些方面使它像前一种国家制度，不是吗？

格：是的。

苏：但是，不敢让智慧者执掌国家权力（因为国家现有的这些智者已不再是从前那种单纯而忠诚的人物了，他们的品质已经混杂了），而宁可选择较为单纯而勇敢的那种人来统治国家。这是一些不适于和平而更适于战争的人，他们崇尚战略战术，大部分时间都在从事战争。——这些特征大都是这种国家所特有的。不是吗？

格：是的。

苏：这种统治者爱好财富，这和寡头制度下的统治者相像。他们心里暗自贪图得到金银，他们有收藏金银的密室，住家四面有围墙；他们有真正的私室，供他们在里边挥霍财富取悦妇女以及其他宠幸者。

格：极是。

苏：他们一方面爱钱另一方面又不被许可公开捞钱，所以他们花钱也会是很吝啬的，但是他们很高兴花别人的钱以满足自己的欲望。他们由于轻视了真正的文艺女神，这些哲学和理论之友，由于重视了体育而放弃了音乐教育，因而受的不是说服教育而是强制教育。所以他们秘密地寻欢作乐，避开法律的监督，像孩子逃避父亲的监督一样。

格：你非常出色地描述了一个善恶混杂的政治制度。

苏：是的，已经混杂了。但是这种制度里勇敢起主导作用，因而仅有一个特征最为突出，那就是好胜和爱荣誉。

格：完全是这样。

苏：这种制度的起源和本性即如上所述，如果我们可以仅仅用几句话勾勒一种制度的概貌而不必详加列举的话。因为这种概述已足够让我们看见哪种人是最正义的哪种人是最不正义的了，而将各种形式的制度和各种习性的人列举无疑也不是切实可行的。

格：对。

苏：与我们刚才概述的这种制度相应的个人是什么样的人呢？

这种人是怎么产生的？他们有怎样的性格特征？

阿得曼托斯：我想，这种人在好胜这一点上，近似格劳孔。

苏：在这一点上或许近似，但是在下述方面，我认为他们的性格不像他。

阿：在哪些方面？

苏：他们必须是比较自信的和比较缺乏文化的，但还喜爱文化喜爱听讲的，虽然本人绝不长于演讲。这种人对待奴隶的态度是严厉的，而不像一个受过充分教育的人那样只是保持对他们的优越感。他们对自由人态度是和蔼的，对长官是恭顺的。他们爱掌权爱荣誉，但不是想靠了能说会道以及诸如此类的长处而是想靠了战功和自己的军人素质达到这个目标。他们喜爱锻炼身体喜爱打猎。

阿：是的，这是和那种制度相适应的习性。

苏：这种人年轻时也未必重视钱财，但是随着年龄的增长，就会愈来愈爱财了。这是因为随着年龄的增长他们的天性开始接触爱财之心，由于失去了最善的保障，向善之心也不纯了。

阿：这个最善的保障你指的什么？

苏：掺和着音乐的理性。这是人一生美德的唯一内在保障，存在于拥有美德的心灵里的。

阿：说得好。

苏：相应于爱荣誉的城邦的爱荣誉的年轻人的性格就是这样。

阿：完全对。

苏：这种性格是大致如下述这样产生的。譬如有个年轻人，他的父亲是善的，住在一个政局混乱的城邦里。他不要荣誉、权力、也不爱诉讼以及一切诸如此类的无事生非,为了少惹麻烦他宁愿放弃一些自己的权利。

阿:他的儿子怎么变成爱荣誉的呢?

苏:起初他听到他母亲埋怨说,他的父亲不当统治者,致使她在妇女群中也受到轻视;当她看到丈夫不大注意钱财,在私人诉讼和公众集会上与人不争,把所有这类事情看得很轻,当她看到丈夫全神贯注于自己的心灵修养,对她也很淡漠,既无尊重也无不敬,看到所有这些情况她叹着气对儿子说,他的父亲太缺乏男子汉气概,太懒散了。还有妇女们在这种场合惯常唠叨的许多别的怨言。

阿:的确有许多这一类的怨言。

苏:你知道这种人家有些仆人表面上很忠实,同样会背了主人向孩子讲这类话。他们看见欠债的或为非作歹的,主人不去控告,他们便鼓励孩子将来长大起来要惩办那种人,比父亲做得更像一个堂堂的男子汉。孩子走到外面去,所闻所见,也莫非如此。安分守己的人,大家瞧不起,当作笨蛋;到处奔走专管闲事的人,反而得到重视,得到称赞。于是这个年轻人一方面耳濡目染外界的这种情况,另一方面听惯了父亲的话语,并近看过父亲的举止行为,发现与别人的所言所行,大相径庭。于是两种力量争夺青年有如拔河一样,父亲灌输培育他心灵上的理性,别人的影响增强他的欲望和激情。他由于不是天生的劣根性,只是在和别人的交往中受到了坏影响,两种力量的争夺使他成了一个折中性的人物,自制变成了好胜和激情之间的状态,他成了一个傲慢的喜爱荣誉的人。

阿:我觉得你已经准确地描述了这种人的产生过程了。

苏:这样说来,我们对于第二类型国家制度和第二类型个人的描写可告一段落了。

阿:是的。

VI 苏:那么,我们要不要接下去像埃斯库罗斯所说的那样,谈论与另一种国家对应的另一种人呢?或者还是按照我们的计划,先谈论国家,后说个人呢?

阿:当然先说国家。

苏:第三个类型的国家制度,据我看来,该是寡头政治了。

阿:这是什么制度?你懂得寡头政治是什么制度?

D 苏:是一种根据财产资格的制度。政治权力在富人手里,不在穷人手里。

阿:我懂得。

苏:我们首先必须说明,寡头政治如何从荣誉政治产生出来的,是吗?

阿:是的。

苏:说实在的,这个产生过程就是一个瞎子也会看得清清楚楚的。

阿:这是怎么一回事?

苏:私人手里的财产,能破坏荣誉政治。这些人想方设法挥霍浪费,违法乱纪,无恶不作。男人如此,女人们也跟在后面依样
E 效尤。

阿:很可能的。

苏:据我看来,他们然后互相看着,互相模仿,统治阶级的大多数人形成了同一种风气。

阿:很可能的。

苏：长此下去，发了财的人，越是要发财，越是瞧得起钱财，就越瞧不起善德。好像在一个天平上，一边往下沉，一边就往上翘，两边总是相反，不是吗？

阿：确是如此。

苏：一个国家里尊重了钱财，尊重了有钱财的人，善德与善人便不受尊重了。

阿：显然是这样。

苏：受到尊重的，人们就去实践它，不受尊重的，就不去实践它。总是这样的。

阿：是的。

苏：于是，终于，好胜的爱荣誉的人变成了爱钱财的人了。他们歌颂富人，让富人掌权，而鄙视穷人。

阿：完全是这样的。

苏：这时他们便通过一项法律来确定寡头政制的标准，规定一个最低限度的财产数目；寡头制程度高的地方这个数目大些，寡头制程度低的地方规定的数目就小些。法律宣布，凡财产总数达不到规定标准的人，谁也不得当选。而这项法律的通过则是他们用武力来实现的，或者用恐吓以建立起自己的政府后实现的。你说寡头制是这样实现的吗？

阿：是的。

苏：那么，寡头政制的建立可说就是这样。

阿：是的。但是这种制度有什么特点？我们说它有什么毛病呢？

苏：首先，表明制度本质的那个标准是有问题的。假定人们根据财产标准来选择船长,那么一个穷人虽然有更好的航海技术,也是不能当选的。

阿:那么,他们就会把一次航行搞得很糟。

苏:关于其他任何需要领导的工作,道理不也是一样的吗?

阿:我个人认为是的。

苏:政治除外吗? 还是说,也是这个道理呢?

阿:政治上尤其应该这样,因为政治上的领导是最大最难的领导。

苏:因此寡头政治的一个毛病就在这里。

阿:显然是的。

苏:那么,这是一个比较小的毛病吗?

阿:什么?

苏:这样的城邦必然不是一个而是两个,一个是富人的国家,一个是穷人的国家,住在一个城里,总是在互相阴谋对付对方。

阿:说真的,这个毛病一点不小。

苏:在这种制度下很可能无法进行战争,这是它的另一个毛病。它的少数统治者要打仗,非武装人民群众不可。但是,他们害怕人民甚于害怕敌人。如果不武装人民群众,而是亲自作战,他们会发现自己的确是孤家寡人,统辖的人真是少得可怜了。此外,他们又贪财而吝啬。

阿:这真是个不光彩的毛病。

苏:还有一种现象,即同一人兼有多种不同的职业,既做农民,又做商人,又要当兵。对这种现象你觉得怎么样? 我们以前曾责备过这种事,现在你看这样对吗?

阿：当然不对。

苏：下面让我们来考虑一下，这种制度是不是最早允许这种毛病中之最大者存在的？

阿：最大的毛病你指的什么？

苏：允许一个人出卖自己的全部产业，也允许别人买他的全部产业。卖完了以后，还继续住在这个城里，不作为这个国家的任何组成部分，既非商人，又非工人，既非骑兵，又非步兵，仅仅作为一个所谓的穷人或依附者。

阿：是的。这是有这种情况发生的最早一个国家体制。

苏：在寡头制度里，没有什么法令是可以阻止这种情况发生的。否则就不会有的人变成极富有些人变得极穷了。

阿：对。

苏：还有一点请注意。即，当一个人在花费自己财富时，他在上述几个方面对社会有什么益处吗？或者，他是不是仅仅看上去像属于统治阶级，事实上既不领导别人，又不在别人领导下为社会服务，而只是一个单纯的生活资料的消费者呢？

阿：他就只是一个消费者，不管看上去像什么样的人。

苏：我们是不是可以称他为雄蜂？他在国家里成长，后来变为国家的祸害，像雄蜂在蜂房里成长，后来变为蜂房的祸害一样。

阿：这是一个恰当的比喻，苏格拉底。

苏：阿得曼托斯，你同意不同意这个看法：天生所有能飞的雄蜂，都没有刺，但是人类中的雄蜂就有不同，有些没有刺，有些有很可怕的刺；那些没有刺的老来成为乞丐，那些有刺的就成了一些专干坏事的人了。

阿:很对。

苏:因此可见,在任何一个国家里,你在哪里看到有乞丐,也就在那里附近藏匿着小偷、扒手、抢劫神庙的盗贼,以及其他为非作歹的坏人。

阿:这是很明显的。

苏:那么,在寡头制城邦里你看到乞丐了吗?

阿:除了统治阶级以外差不多都是的。

苏:那么我们是否可以认为,这里也有大量有刺的雄蜂,即罪犯,被统治者严密地控制着呢?

阿:我们可以这样认为。

苏:那么,我们是不是可以说,这种公民的出现是由于这里缺少好的教育,好的培养和好的政治制度的缘故呢?

阿:可以这么说。

苏:不管怎么说,寡头政治就是这个样子。刚才所说这些,或许不止这些,大概就是寡头制城邦的毛病。

阿:你说得差不多啦。

苏:因此,这种由财产资格决定统治权力的,被人们叫做寡头政治的制度,我们就说这些吧。接下去让我们讲与此相应的个人吧,让我们讲这种人的产生和他的性格特征。

阿:好。

苏:我以为从爱好荣誉的人转变到爱好钱财的人,大都经过如下的过程。是吗?

阿:什么样的过程?

苏:爱好荣誉的统治者的儿子,起初效法他的父亲,亦步亦趋,后来看到父亲忽然在政治上触了礁,人财两空,——他或许已是一个将军或掌握了其他什么大权,后来被告密,受到法庭审判,被处死或流放,所有财产都被没收了。

阿:这是很可能发生的。

苏:我的朋友,这个儿子目击了这一切,经受了这一切,又丧失了家产,我想他会变得胆小,他灵魂里的荣誉心和好胜心会立即动摇,他会因羞于贫穷而转向挣钱,贪婪地,吝啬地,节省苦干以敛聚财富。你不认为这种人这时会把欲望和爱财原则奉为神圣,尊为心中的帝王,饰之以黄金冠冕,佩之以波斯宝刀吗?

阿:我是这样认为的。

苏:在这原则统治下,我认为理性和激情将被迫折节为奴。理性只被允许计算和研究如何更多地赚钱,激情也只被允许崇尚和赞美财富和富人,只以致富和致富之道为荣耀。

阿:从好胜型青年到贪财型青年,再没有什么比这一变化更迅速更确定不移的了。

苏:这种青年不就是寡头政治型的人物吗?

阿:不管怎么说,我们这里所说的这种年轻人,反正是从和寡头政治所从发生的那种制度相对应的那种人转变来的。

苏:那么,让我们来看看这种人和这种制度有没有相似的特征。

阿:看吧。

苏:他们的第一个相似特征不就是崇拜金钱吗?

阿:当然是的。

苏:他们的第二个相似特征不是省俭和勤劳吗?他们但求满

足基本需要,绝不铺张浪费,其他一些欲望均被视为无益,加以抑制。

阿:正是。

苏:他实在是个寸利必得之徒,不断地积攒,是大家称赞的一种人。这种人的性格不是恰恰与寡头制度对应一致的吗?

阿:我很同意。财富是最为这种国家和这种个人所重视的东西。

苏:据我看,这是因为这种人从来没有注意过他自己的文化教育。

阿:我想他没有注意过;否则他断不会选一个盲人做剧中的主角,让他得到最大荣誉的。①

苏:说得好。但请考虑一下,由于他们缺乏教养,雄蜂的欲念在他们胸中萌发,有的像乞丐,有的像恶棍。但由于他们的自我控制,自我监管,这些欲念总算被压制下去了。我们能不能这样说呢?

阿:当然可以这样说。

苏:那么,你从什么地方可以看出这些人的恶棍特征呢?

阿:你说呢?

苏:从他们监护孤儿上面可以看出来,从他们为非作歹而不受惩罚时可以觉察出来。

阿:诚然。

苏:很清楚,在交易往来,签订契约方面,他们有似乎诚实的名

---

① 古希腊人相传,财神是个瞎子。阿里斯托芬有剧本《财神》传世。

声。这是他们心灵中比较善良的部分起了作用,把心中邪恶的欲 D
望压了下去,——不是用委婉的劝导,也不是用道理说服,而是,用
强迫恐吓的方法,要自己为了保住财产而小心谨慎。

阿:完全是这样。

苏:我的好朋友,说真的,他们中大多数人一有机会花别人的
钱时,你就能在他们身上看到有雄蜂似的嗜欲。

阿:肯定如此。

苏:因此,这种人无法摆脱内心矛盾。他不是事实上的一个
人,而是某种双重性格的人。然而一般讲来,他的较善的要求总能 E
战胜较恶的要求。

阿:确是如此。

苏:因此,我以为,这种人或许要比许多其他的人更体面些可
敬些;但是心灵自身和谐一致的真正的至善,在他们身上是找不到
的,离他远远的。

阿:我也这样想。

苏:再说,省俭吝啬者本人在城邦里往往是一个软弱的竞争 555
者,难以取得胜利和光荣。他们不肯花钱去争名夺誉,担心激起自
己花钱的欲望来帮助赢得胜利支持好胜心。他们只肯花费一小部
分钱财,作真正孤家寡人般的战斗。于是战斗失败了,他们的财富
保全了!

阿:的确是这样。

苏:那么,对于吝啬的只想赚钱的人物与寡头政体的对应一
致,我们还有什么怀疑的吗?

阿:一点没有了。   B

X 苏:我们下一步看来要讨论平民政治的起源和本性,然后进而讨论与之相类似的个人品格了。我们还要把这种人和别种人物加以比较,作出我们的判断。

阿:这至少是个前后一贯的研究程序。

苏:那么,从寡头政治过渡到平民政治是不是经过这样一个过程——贪得无厌地追求最大可能的财富?

C　阿:请详为说明。

苏:统治者既然知道自己的政治地位靠财富得来,他们就不愿意用法律来禁止年轻人中出现的挥霍浪费祖产的现象;他们借钱给这些浪荡子,要他们用财产抵押,或者收买他们的产业,而自己则变得愈来愈富有,愈有影响和声誉。

阿:正是。

苏:崇拜财富与朴素节制的生活不能并存,二者必去其一。这
D 个道理在一个国家的人民中不是不言而喻的吗?

阿:这是不言而喻的。

苏:这样,一方面丝毫不能自制,一方面又崇拜金钱,铺张浪费,寡头社会里这种鼓励懒散和放荡的结果往往不断地把一些世家子弟变成为无产的贫民。

阿:是的,往往如此。

苏:我想,他们有的负债累累,有的失去了公民资格,有的两者兼有,他们武装了,像有刺的雄蜂,同吞并了他们产业的以及其他的富而贵者住在一个城里,互相仇恨,互相妒忌,他们急切地希望
E 革命。

阿:是这样。

苏：但是，那些专讲赚钱的人们，终日孜孜为利，对这些穷汉熟视无睹，只顾把自己金钱的毒饵继续抛出去，寻找受骗的对象，用高利率给以贷款，仿佛父母生育子女一样，使得城邦里的雄蜂和乞丐繁殖起来，日益增多。

阿：结果必然如此。

苏：当这种恶的火焰已经燃烧起来时，他们还不想去扑灭它，或用一项禁止财产自由处置的法令，或用一项其他的适当法令。

阿：什么法律？

苏：不是一项最好法律，而是一项次于最好的法律，可以强使公民们留意道德的。如果有一项法令规定自愿订立的契约，由订约人自负损失，则一国之内唯利是图的无耻风气可以稍减，我们刚才所讲的那些恶事，也可以少些了。

阿：会少得多。

苏：但是作为实际情况，由于上述这一切原因，在寡头制的国家里，统治者使人民处于水深火热之中，他们自己养尊处优。他们的后辈不就变得娇惯放纵，四体不勤，无所用心，苦乐两个方面都经不起考验，成了十足的懒汉了吗？

阿：一定会的。

苏：他们养成习惯，除了赚钱，什么不爱。对于道德简直不闻不问，像一般穷人一样，不是吗？

阿：他们简直不管。

苏：统治者和被统治者平时关系如此。一旦他们走到一起来了，或一起行军，或一同徒步旅行，或一处履行其他任务，或一起参加宗教庆典，或同在海军中或陆军中一起参加战争，或竟同一战场

D 对敌厮杀,他们彼此观察,那时穷人就一点也不会被富人瞧不起了。相反地,你是不是相信会出现一种情况,即战场上一个瘦而结实的晒黑的穷人就站立在一个养得白白胖胖的富人的旁边,看到后者那气喘吁吁,一副无可奈何的样子,你是不是相信,这时这个穷人会想到:是由于穷人胆小,这些有钱人才能保住自己财富的,

E 当穷人遇到一起时,他们也会背后议论说:"这般人不是什么好样的?"

阿:我很知道他们是这样做的。

苏:就像一个不健康的身体,只要遇到一点儿外邪就会生病,有的时候甚至没有外邪,也会病倒,一个整体的人就是一场内战。一个国家同样,只要稍有机会,这一党从寡头国家引进盟友,那一党从民主国家引进盟友,这样这个国家就病了,内战就起了。有时没有外人插手,党争也会发生。不是吗?

557　　阿:断然是这样。

苏:党争结果,如果贫民得到胜利,把敌党一些人处死,一些人流放国外,其余的公民都有同等的公民权及做官的机会——官职通常抽签决定。一个民主制度,我想就是这样产生的。

阿:对。这是民主制度,无论是通过武装斗争,或是通过恐吓手段建立起来的,最后结果反正一样,反对党被迫退出。

XI　苏:那么在这种制度下人民怎样生活?这种制度的性质怎样?
B 因为,很显然,这种性质的人将表明自己是民主的人。

阿:很显然。

苏:首先,他们不是自由吗?城邦不确确实实充满了行动自由与言论自由吗?不是每个人都被准许想做什么就做什么吗?

阿：据说是这样。

苏：既然可以这样随心所欲，显然就会每个人都有自己的一套过日子的计划，爱怎么过就怎么过啦。

阿：显然如此。

苏：于是这个城邦里就会有最为多样的人物性格。

阿：必定的。

苏：可能这样。这是政治制度中最美的一种人物性格，各色各样，有如锦绣衣裳，五彩缤纷，看上去确实很美。而一般群众也或许会因为这个缘故而断定，它是最美的，就像女人小孩只要一见色彩鲜艳的东西就觉得美是一样的。

阿：确实如此。

苏：是的，我的好友，这里是寻找一种制度的最合适的地方。

阿：为什么？

苏：由于这里容许有广泛的自由，所以它包括有一切类型的制度。很可能凡希望组织一个国家的人，像我们刚才说过的，必须去一个民主城邦，在那里选择自己所喜欢的东西作为模式，以确定自己的制度，如同到一个市场上去选购自己喜欢的东西一样。

阿：不管怎么说，在这个市场上他大概是不会选不到合适的模式的。

苏：又，在这种国家里，如果你有资格掌权，你也完全可以不去掌权；如果你不愿意服从命令，你也完全可以不服从，没有什么勉强你的。别人在作战，你可以不上战场；别人要和平，如果你不喜欢，你也可以要求战争；如果有什么法令阻止你得到行政的或审判的职位，只要机缘凑巧，你也一样可以得到它们。就眼前而论，这不是妙不可言的赏心乐事吗？

阿：就眼前而论也许是的。

苏：那些判了刑的罪犯，那毫不在乎的神气，不有点使人觉得可爱吗？你一定看到过，在这种国家里，那些被判了死罪的或要流放国外的，竟好像没事人一样，照旧在人民中间来来往往，也竟好像来去无踪的精灵似的没人注意他们。

阿：我看到过不少。

B　苏：其次，这种制度是宽容的，它对我们那些琐碎的要求是不屑一顾的，对我们建立理想国家时所宣布的庄严原则是蔑视的。我们说过除非天分极高的人，不从小就在一个好的环境里游戏、学习受到好的教养，是不能成长为一个善人的。民主制度以轻薄浮躁的态度践踏所有这些理想，完全不问一个人原来是干什么的，品
C　行如何，只要他转而从政时声称自己对人民一片好心，就能得到尊敬和荣誉。

阿：实在是个好制度啊！

苏：这些以及类似的特点就是民主制度的特征。这看来是一种使人乐意的无政府状态的花哨的管理形式。在这种制度下不加区别地把一种平等给予一切人，不管他们是不是平等者。

阿：你这话是很容易理解的。

XII　苏：那么，让我们考察一下与这种社会相应的人物性格。我们要不要像在考察这种社会制度时一样首先来考察一下这种人的起源呢？

阿：要的。

D　苏：那么是不是这样？我的意思是说，我们吝啬的寡头政治家

可能要按照他自己的样子培育他的儿子。

阿：是很可能的。

苏：这个年轻人也会竭力控制自己的欲望，控制那些必须花钱而不能赚钱的所谓不必要的快乐。

阿：是的，显然会如此。

苏：那么我们为了辩论时不致摸黑走弯路，我们要不要先给欲望下一个定义，分清什么是必要的欲望，什么是不必要的欲望？

阿：好，要这样。

苏：有些欲望是不可避免的，它们可以正当地被叫做"必要的"。还有一些欲望满足了对我们是有益的，我想这些也可以说是"必要的"。因为这两种欲望的满足是我们本性所需要的。不是吗？

阿：当然是的。

苏：那么，我们可以正当地把"必要的"用于它们吗？

阿：可以。

苏：但是有些欲望如果我们从小注意是可以戒除的，而且这些欲望的存在，对我们没有好处，有时还有害处。我们是不是可以确当地把这种欲望叫做"不必要的"呢？

阿：可以。

苏：让我们关于每一种各举一例，来说明我们的意思吧。

阿：行。

苏：为了维持健康和身体好要吃东西，只要求吃饭和肉。这些欲望必要吗？

阿：我想是必要的。

苏:吃饭从两个方面看都是必要的,它对我们既是有益的,缺少了它又是活不成的。

阿:是的。

苏:至于吃肉的欲望,就促进身体好而言,也是必要的。

阿:当然。

C 苏:欲望超过了这些,要求更多的花样,还有那些只要从小受过训练大都可以纠正的,以及对身体有害的,对心灵达到智慧及节制有妨碍的等等欲望,难道我们不能说它们是不必要的吗?

阿:再正确不过了。

苏:我们不是可以把第一种欲望称为"浪费的"欲望,把第二种欲望称为"得利的"欲望吗?因为第二种欲望有利于生产。

阿:真的。

苏:关于色欲及其他欲望我们的看法同此。

阿:是的。

苏:我们刚才所称雄蜂型的那些人物,是一些充满了这种快乐和欲望的,即受不必要的欲望引导的人物,所谓省俭型的寡头人物
D 则是被必要的欲望所支配的。

阿:的确是的。

XIII 苏:让我们还是回到民主式的人物怎样从寡头式的人物演变出来的问题上来吧。据我看来大致是这样。

阿:怎样?

苏:当一个年轻人从刚才我们所说过的那种未见世面的吝啬的环境里培育出来以后,初次尝到了雄蜂的甜头,和那些粗暴狡猾
E 之徒为伍,只知千方百计寻欢作乐。你得毫不动摇地相信,他内心

的寡头思想正是从这里转变为民主思想的。

阿:这是完全必然的。

苏:在一个城邦里当一个党派得到同情于自己的国外盟友的支持时,变革于是发生。我们年轻人也同样,当他心灵里的这种或那种欲望在得到外来的同类或类似的欲望支持时,便发生心灵的变革。我们这样说对吗?

阿:当然对。

苏:我设想,假如这时又有一外力,或从他父亲那里或从其他家庭成员那里来支持他心里的寡头思想成分的话,结果一定是他自己的内心发生矛盾斗争。

阿:诚然。

苏:我认为有时民主成分会屈服于寡头成分,他的欲望有的遭到毁灭,有的遭到驱逐,年轻人心灵上的敬畏和虔诚感又得到发扬,内心的秩序又恢复过来。

阿:是的,有时这种情况是会发生的。

苏:有时由于父亲教育不得法,和那些遭到驱逐的欲望同类的另一些欲望继之悄悄地被孵育出来,并渐渐繁衍增强。

阿:往往如此。

苏:这些又把他拉回到他的老伙伴那里,在秘密交合中它们得到繁殖、滋生。

阿:是的。

苏:终于它们把这年轻人的心灵堡垒占领了,发觉里面空无所有,没有理想,没有学问,没有事业心,——这些乃是神所友爱者心灵的最好守卫者和保护者。

阿：是最可靠的守卫者。

苏：于是虚假的狂妄的理论和意见乘虚而入，代替它们，占领了他的心灵。

阿：确是如此。

苏：这时这年轻人走回头路又同那些吃忘忧果①的旧友们公开生活到一起去了。如果他的家人亲友对他心灵中节俭成分给以援助，入侵者②便会立刻把他心灵的堡垒大门关闭，不让援军进入。他们也不让他倾听良师益友的忠告。他们会在他的内心冲突中取得胜利，把有耻说成是笨蛋傻瓜，驱逐出去；把自制说成是懦弱胆怯，先加辱骂，然后驱逐出境；把适可而止和有秩序的消费说成是"不见世面"是"低贱"；他们和无利有害的欲望结成一帮，将这些美德都驱逐出境。

阿：的确这样。

苏：他们③既已将这个年轻人心灵中的上述美德除空扫净，便为别的成分的进入准备了条件；当他们在一个灿烂辉煌的花冠游行的队伍中走在最前头，率领着傲慢、放纵、奢侈、无耻行进时，他们赞不绝口，称傲慢为有礼，放纵为自由，奢侈为慷慨，无耻为勇敢。你同意我的话吗？从那些必要的欲望中培育出来的一个年轻人，就是这样蜕化变质为肆无忌惮的小人，沉迷于不必要的无益欲望之中的？

阿：是的，你说得很清楚。

---

① 史诗《奥德赛》IX 82 以下。
② 指上述"虚假的狂妄的理论和意见"。
③ 还是说的那些虚假的狂妄的意见。

苏：我设想,他在一生其余的时间里,将平均地花费钱财、时间、辛劳在那些不必要的欲望上,并像在必要的欲望上面花的一样多。如果他幸而意气用事的时间不长,随着年纪变大,精神渐趋稳定,让一部分被放逐的成分,先后返回,入侵者们将受到抑制。他将建立起各种快乐间的平等,在完全控制下轮到哪种快乐,就让那种快乐得到满足,然后依次轮流,机会均等,各种快乐都得到满足。

阿：完全是的。

苏：如果有人告诉他,有些快乐来自高贵的好的欲望,应该得到鼓励与满足,有些快乐来自下贱的坏的欲望,应该加以控制与压抑,对此他会置若罔闻,不愿把堡垒大门向真理打开。他会一面摇头一面说,所有快乐一律平等,应当受到同等的尊重。

阿：他的心理和行为确实如此。

苏：事实上他一天又一天地沉迷于轮到的快乐之中。今天是饮酒、女人、歌唱,明天又喝清水,进严格规定的饮食;第一天是剧烈的体育锻炼,第二天又是游手好闲,懒惰玩忽;然后一段时间里,又研究起哲学。他常常想搞政治,经常心血来潮,想起什么就跳起来干什么说什么。有的时候,他雄心勃勃,一切努力集中在军事上,有的时候又集中在做买卖发财上。他的生活没有秩序,没有节制。他自以为他的生活方式是快乐的,自由的,幸福的,并且要把它坚持到底。

阿：你对一个平等主义信徒的生活,描述得好极了。

苏：我的确认为,这种人是一种集合最多习性于一身的最多样的人,正如那种民主制城邦的具有多面性复杂性一样。这种人也是五彩缤纷的,华丽的,为许多男女所羡妒的,包含最多的制度和生活模式的。

阿：确是如此。

562 苏：那么这个民主的个人与民主的制度相应，我们称他为民主分子是合适的。我们就这样定下来，行吗？

阿：好，就这么定下来吧。

XIV 苏：现在只剩下一种最美好的政治制度和最美好的人物需要我们加以描述的了，这就是僭主政治与僭主了。

阿：诚然如此。

苏：那么，我亲爱的阿得曼托斯，僭主政治是怎样产生出来的呢？据我看来，很显然，这是从民主政治产生出来的。

阿：这是很明白的。

苏：那么僭主政治来自民主政治，是不是像民主政治来自寡头政治那样转变来的呢？

B　阿：请解释一下。

苏：我看，寡头政治所认为的善以及它所赖以建立的基础是财富，是吗？

阿：是的。

苏：它失败的原因在于过分贪求财富，为了赚钱发财，其他一切不管。

阿：真的。

苏：那么民主主义是不是也有自己的善的依据，过分追求了这个东西导致了它的崩溃？

阿：这个东西你说的是什么？

苏：自由。你或许听到人家说过，这是民主国家的最大优点。

也因为这个原因,所以这是富于自由精神的人们最喜欢去安家落户的唯一城邦。

阿:这话确是听说过的,而且听得很多的。

苏:那么,正像我刚才讲的,不顾一切过分追求自由的结果,破坏了民主社会的基础,导致了极权政治的需要。

阿:怎么会的?

苏:我设想,一个民主的城邦由于渴望自由,有可能让一些坏分子当上了领导人,受到他们的欺骗,喝了太多的醇酒,烂醉如泥。而如果正派的领导人想要稍加约束,不是过分放任纵容,这个社会就要起来指控他们,叫他们寡头分子,要求惩办他们。

阿:这正是民主社会的所作所为。

苏:而那些服从当局听从指挥的人,被说成是甘心为奴,一文不值,受到辱骂。而凡是当权的像老百姓,老百姓像当权的,这种人无论公私场合都受到称赞和尊敬。在这种国家里自由走到极端不是必然的吗?

阿:当然是的。

苏:我的朋友,这种无政府主义必定还要渗透到私人家庭生活里去,最后还渗透到动物身上去呢!

阿:你说的什么意思?

苏:噢,当前风气是父亲尽量使自己像孩子,甚至怕自己的儿子,而儿子也跟父亲平起平坐,既不敬也不怕自己的双亲,似乎这样一来他才算是一个自由人。此外,外来的依附者也认为自己和本国公民平等,公民也自认和依附者平等;外国人和本国人彼此也没有什么区别。

阿：这些情况确实是有的。

苏：确是有的。另外还有一些类似的无聊情况。教师害怕学生，迎合学生，学生反而漠视教师和保育员。普遍地年轻人充老资格，分庭抗礼，侃侃而谈，而老一辈的则顺着年轻人，说说笑笑，态度谦和，像年轻人一样行事，担心被他们认为可恨可怕。

阿：你说的全是真的。

苏：在这种国家里自由到了极点。你看买来的男女奴隶与出钱买他们的主人同样自由，更不用说男人与女人之间有完全平等和自由了。

阿：那么，我们要不要"畅所欲言"，有如埃斯库罗斯所说的呢？①

苏：当然要这样做。若非亲目所睹，谁也不会相信，连人们蓄养的动物在这种城邦里也比在其他城邦里自由不知多少倍。狗也完全像谚语所说的"变得像其女主人一样"了，②同样，驴马也惯于十分自由地在大街上到处撞人，如果你碰上它们而不让路的话。什么东西都充满了自由精神。

阿：你告诉我的，我早知道。我在城外常常碰到这种事。

苏：所有这一切总起来使得这里的公民灵魂变得非常敏感，只要有谁建议要稍加约束，他们就会觉得受不了，就要大发雷霆。到最后像你所知道的，他们真的不要任何人管了，连法律也不放心上，不管成文的还是不成文的。

---

① 见《残篇》351。
② 有谚语说："有这种女主人，就有这种女仆人。"

阿:是的,我知道。

苏:因此,朋友,我认为这就是僭主政治所由发生的根,一个健壮有力的好根。

阿:确是个健壮有力的根,但后来怎样呢?

苏:一种弊病起于寡头政治最终毁了寡头政治,也是这种弊病——在民主制度下影响范围更大的,由于放任而更见强烈的——奴役着民主制度。"物极必反",这是真理。天气是这样,植物是这样,动物是这样,政治社会尤其是这样。

阿:理所当然的。

苏:无论在个人方面还是在国家方面,极端的自由其结果不可能变为别的什么,只能变成极端的奴役。

阿:是这样。

苏:因此,僭主政治或许只能从民主政治发展而来。极端的可怕的奴役,我认为从极端的自由产生。

阿:这是很合乎逻辑的。

苏:但是我相信你所要问的不是这个。你要问的是,民主制度中出现的是个什么和寡头政治中相同的毛病在奴役着或左右着民主制度。

阿:正是的。

苏:你总记得我还告诉过你有一班懒惰而浪费之徒,其中强悍者为首,较弱者附从。我把他们比作雄蜂,把为首的比作有刺的雄蜂,把附从的比作无刺的雄蜂。

阿:很恰当的比喻。

苏:这两类人一旦在城邦里出现,便要造成混乱,就像人体里

C 黏液与胆液造成混乱一样。因此一个好的医生和好的立法者,必须老早就注意反对这两种人。像有经验的养蜂者那样,首先不让它们生长,如已生长,就尽快除掉它们,连同巢穴彻底铲除。

阿:真的,一定要这样。

苏:那么,为了我们能够更清楚地注视着我们的目标,让我依照下列步骤进行吧!

阿:怎么进行?

苏:让我们在理论上把一个民主国家按实际结构分成三个部
D 分。我们曾经讲过,其第一部分由于被听任发展,往往不比寡头社会里少。

阿:姑且这么说。

苏:在民主国家里比在寡头国家里更为强暴。

阿:怎么会的?

苏:在寡头社会里这部分人是被藐视的,不掌权的,因此缺少锻炼,缺少力量。在民主社会里这部分人是处于主宰地位的,很少例外。其中最强悍的部分,演说的办事的都是他们。其余的坐在
E 讲坛后面,熙熙攘攘、喊喊喳喳地抢了讲话,不让人家开口。因此在民主国家里一切(除了少数例外)都掌握在他们手里。

阿:真是这样。

苏:还有第二部分,这种人随时从群众中冒出来。

阿:哪种人?

苏:每个人都在追求财富的时候,其中天性最有秩序最为节俭的人大都成了最大的富翁。

阿:往往如此。

苏:他们那里是供应雄蜂以蜜汁的最丰富最方便的地方。

阿:穷人身上榨不出油水。

苏:所谓富人者,乃雄蜂之供养者也。

阿:完全是的。

苏:第三种人大概就是所谓"平民"了①。他们自食其力,不参加政治活动,没有多少财产。在民主社会中这是大多数。要是集合起来,力量是最大的。

阿:是的,不过他们不会时常集会,除非他们可以分享到蜜糖。

苏:他们会分享得到的。他们的那些头头,劫掠富人,把其中最大的一份据为己有,把残羹剩饭分给一般平民。

阿:是的,他们就分享到了这样的好处。

苏:因此,我认为那些被抢夺的人,不得不在大会上讲话或采取其他可能的行动来保卫自己的利益。

阿:他们怎么会不如此呢?

苏:于是他们受到反对派的控告,被诬以反对平民,被说成是寡头派,虽然事实上他们根本没有任何变革的意图。

阿:真是这样。

苏:然后终于他们看见平民试图伤害他们(并非出于有意,而是由于误会,由于听信了坏头头散布的恶意中伤的谣言而想伤害他们),于是他们也就只好真的变成了寡头派了(也并非自愿这样,也是雄蜂刺螫的结果)。

阿:完全对。

---

① "平民",$\delta\eta\mu o\varsigma$(德莫斯)。

苏:接着便是两派互相检举,告上法庭,互相审判。

阿:确是如此。

苏:在这种斗争中平民总要推出一个人来带头,做他们的保护人,同时他们培植他提高他的威望。

阿:是的,通常是这样。

D 苏:于是可见,僭主政治出现的时候,只能是从"保护"这个根上产生的。

阿:很清楚。

苏:一个保护人变成僭主,其关键何在呢?——当他的所作所为变得像我们听说过的那个关于阿卡狄亚的吕克亚宙斯圣地的故事时,这个关键不就清楚了吗?

阿:那是个什么故事呀?

E 苏:这个故事说,一个人如果尝了哪怕一小块混合在其他祭品中的人肉时,他便不可避免地要变成一只狼。你一定听说过这个故事吧?

阿:是的,我听说过。

苏:人民领袖的所作所为,亦是如此。他控制着轻信的民众,不可抑制地要使人流血;他诬告别人,使人法庭受审,谋害人命,罪恶地舔尝同胞的血液;或将人流放域外,或判人死刑;或取消债款,或分人土地。最后,这种人或自己被敌人杀掉,或由人变成了豺狼,成了一个僭主。这不是必然的吗?

阿:这是完全必然的。

苏:这就是领导一个派别反对富人的那种领袖人物。

阿:是那种人。

苏:也可能会这样:他被放逐了,后来不管政敌的反对,他又回来了,成了一个道地的僭主回来了。

阿:显然可能的。

苏:要是没有办法通过控告,让人民驱逐他或杀掉他,人们就搞一个秘密团体暗杀他。

阿:常有这种事情发生。

苏:接着就有声名狼藉的策划出现:一切僭主在这个阶段每每提出要人民同意他建立一支警卫队来保卫他这个人民的保卫者。

阿:真的。

苏:我想,人民会答应他的请求,毫无戒心,只为他的安全担心。

阿:这也是真的。

苏:对于任何一个有钱的同时又有人民公敌嫌疑的人来说,现在该是他按照给克劳索斯①的那个神谕来采取行动的时候了。

"沿着多石的赫尔墨斯河岸逃跑,
　不停留,不害羞,不怕人家笑话他怯懦。"②

阿:因为他一定不会再有一次害羞的机会。

苏:他要是给抓住,我以为非死不可。

阿:对,非死不可。

苏:这时很清楚,那位保护者不是被打倒在地"张开长大的肢体"③,而是他打倒了许多反对者,攫取了国家的最高权力,由一个保护者变成了一个十足的僭主独裁者。

---

① 吕底亚国王,以富有闻名。
② 希罗多德《历史》i 55。
③ 《伊利亚特》XVI 776。赫克托的驭者克布里昂尼斯被派特罗克洛斯杀死,张开长大的身躯四肢躺在地上。

阿：这是不可避免的结局。

XVII　苏：我们要不要描述这个人的幸福以及造就出这种人的那个国家的幸福呢？

阿：要，让我们来描述吧！

苏：这个人在他早期对任何人都是满面堆笑，逢人问好，不以君主自居，于公于私他都有求必应，豁免穷人的债务，分配土地给平民和自己的随从，到处给人以和蔼可亲的印象。

阿：必然的。

苏：但是，我想，在他已经和被流放国外的政敌达成了某种谅解，而一些不妥协的也已经被他消灭了时，他便不再有内顾之忧了。这时他总是首先挑起一场战争，好让人民需要一个领袖。

阿：很可能的。

苏：而且，人民既因负担军费而贫困，成日忙于奔走谋生，便不大可能有工夫去造他的反了，是吧？

阿：显然是的。

苏：还有，如果他怀疑有人思想自由，不愿服从他的统治，他便会寻找借口，把他们送到敌人手里，借刀杀人。由于这一切原因，凡是僭主总是必定要挑起战争的。

阿：是的，他是必定要这样做的。

苏：他这样干不是更容易引起公民反对吗？

阿：当然啦。

苏：很可能，那些过去帮他取得权力现在正在和他共掌大权的人当中有一些人不赞成他的这些做法，因而公开对他提意见，并相互议论，而这种人碰巧还是些最勇敢的人呢。不是吗？

阿：很可能的。

苏：那么如果他作为一个僭主要保持统治权力，他必须清除所有这种人，不管他们是否有用，也不管是敌是友，一个都不留。

阿：这是明摆着的。

苏：因此，他必须目光敏锐，能看出谁最勇敢，谁最有气量，谁最为智慧，谁最富有；为了他自己的好运，不管他主观愿望如何，他都必须和他们为敌到底，直到把他们铲除干净为止。

阿：真是美妙的清除呀！

苏：是的。只是这种清除和医生对人体进行的清洗相反。医生清除最坏的，保留最好的，而僭主去留的正好相反。

阿：须知，如果他想保住他的权力，看来非如此不可。

苏：他或者是死，或者同那些伙伴——大都是些没有价值的人，全都是憎恨他的人——生活在一起，在这两者之间他必须作一有利的抉择。

阿：这是他命中注定的啊！

苏：他的这些所作所为越是不得人心，他就越是要不断扩充他的卫队，越是要把这个卫队作为他绝对可靠的工具。不是吗？

阿：当然是的。

苏：那么，谁是可靠的呢？他又到哪里去找到他们呢？

阿：只要他给薪水，他们会成群结队自动飞来的。

苏：以狗的名义起誓，我想，你又在谈雄蜂了，一群外国来的杂色的雄蜂。

阿：你猜的对。

苏：但是他不也要就地补充一些新兵吗？

阿:怎么个搞法呢?

苏:抢劫公民的奴隶,解放他们,再把他们招入他的卫队。

阿:是真的。他们将是警卫队里最忠实的分子。

苏:如果他在消灭了早期拥护者之后,只有这些人是他的朋友和必须雇佣的忠实警卫,那么僭主的幸运也真令人羡慕了!

阿:唔,就是这么搞的。

苏:我想,这时僭主所亲近的这些新公民是全都赞美他,而正派人是全都厌恶他,回避他。

阿:当然如此。

苏:悲剧都被认为是智慧的,而这方面欧里庇得斯还被认为胜过别人。这不是无缘无故的。

阿:为什么?

苏:因为在其他一些意味深长的话之外,欧里庇得斯还说过"以有智慧的人为友的僭主是智慧的"。这句话显然意味着,僭主周围的这些人是有智慧的人。

阿:他也说过,"僭主有如神明",他还说过许多别的歌颂僭主的话。别的许多诗人也曾说过这种话。

苏:所以悲剧诗人既然像他们那样智慧,一定会饶恕我们以及那些和我们有同样国家制度的人们不让他们进入我们的国家,既然他们唱歌赞美僭主制度。

阿:我认为其中的明智之士会饶恕我们的。

苏:我设想他们会去周游其他国家,雇佣一批演员,利用他们美妙动听的好嗓子,向集合在剧场上的听众宣传鼓动,使他们转向僭主政治或民主政治。

阿:是的。

苏:为此他们将得到报酬和名誉。可以预料,主要是从僭主方面,其次是从民主制度方面得到这些。但是,他们在攀登政治制度之山时,爬得愈高,名誉却愈往下降,仿佛气喘吁吁地无力再往上攀登似的。

阿:说得极像。

苏:不过,这是一段题外话,我们必须回到本题。我们刚才正在谈到的僭主私人卫队,一支美好的人数众多的杂色的变化不定的军队。这支军队如何维持呢?

阿:不言而喻,如果城邦有庙产,僭主将动用它,直到用完为止;其次是使用被他除灭了的政敌的财产;要求平民拿出的钱比较少。

苏:如果这些财源枯竭了,怎么办?

阿:显然要用他父亲的财产来供养他和他的宾客们以及男女伙伴了。

苏:我懂了。你的意思是说那些养育了他的平民现在不得不供养他的一帮子了。

阿:他不得不如此。

苏:如果人民表示反对说,儿子已是成年还要父亲供养是不公道的,反过来,儿子奉养父亲才是公道的;说他们过去养育他拥立他,不是为了在他成为一个大人物以后,他们自己反而受自己奴隶的奴役,不得不来维持他和他的奴隶以及那一群不可名状的外国雇佣兵的,而是想要在他的保护之下自己可以摆脱富人和所谓上等人的统治的,现在他们命令他和他的一伙离开国家像父亲命令儿子和他的狐朋狗友离开家庭一样,——如果这样,你有什么想法呢?

阿:这时人民很快就要看清他们生育培养和抬举了一只什么样的野兽了。他已经足够强大,他们已经没有办法把他赶出去了。

苏:你说什么?你是不是说僭主敢于采取暴力对付他的父亲——人民,他们如果不让步,他就要打他们?

阿:是的,在他把他们解除武装以后。

苏:你看出僭主是杀父之徒,是老人的凶恶的照料者了。实际上我们这里有真相毕露的直言不讳的真正的僭主制度。人民发现自己像俗话所说的,跳出油锅又入火炕;不受自由人的奴役了,反受起奴隶的奴役来了;本想争取过分的极端自由的,却不意落入了最严酷最痛苦的奴役之中了。

阿:实际情况的确是这样。

苏:好,我想至此我们有充分理由可以说我们已经充分地描述了民主政治是如何转向僭主政治的,以及僭主政治的本质是什么的问题了。是不是?

阿:是的。

第 九 卷

　　苏：我们还剩下有待讨论的问题是关于僭主式个人的问题。问题包括：这种人物是怎样从民主式人物发展来的？他具有什么样的性格？他的生活怎样，痛苦呢还是快乐？

　　阿：是的，还有这个问题要讨论。

　　苏：你知道另外还有什么问题要讨论的吗？

　　阿：还有什么？

　　苏：关于欲望问题。我觉得我们分析欲望的性质和种类这个工作还做得不够。这个工作不做好，我们讨论僭主式人物就讨论不清楚。

　　阿：那么，现在你的机会不是来了吗？

　　苏：很好。我想要说明的如下。在非必要的快乐和欲望之中，有些我认为是非法的。非法的快乐和欲望或许在我们大家身上都有；但是，在受到法律和以理性为友的较好欲望控制时，在有些人身上可以根除或者只留下微弱的残余，而在另一些人的身上则留下的还比较多比较强。

　　阿：你指的是哪些个欲望？

　　苏：我指的是那些在人们睡眠时活跃起来的欲望。在人们睡眠时，灵魂的其余部分，理性的受过教化的起控制作用的部分失去作用，而兽性的和野性的部分吃饱喝足之后却活跃起来，并且力图克服睡意冲出来以求满足自己的本性要求。你知道,在这种情况下,由于失去了一切羞耻之心和理性,人们就会没有什么坏事想不出来的;就不怕梦中乱伦,或者和任何别的人,和男人和神和兽类交媾,也就敢于起谋杀之心,想吃禁止的东西。总之,他们没有什么愚昧无耻的事情不敢想做的了。

阿:你说得完全对。

苏:但是,我认为,如果一个人的身心处于健康明智的状况下,在他睡眠之前已经把理性唤醒,给了它充分的质疑问难的机会,至于他的欲望,他则既没有使其过饿也没有使其过饱,让它可以沉静下来,不致用快乐或痛苦烦扰他的至善部分,让后者可以独立无碍地进行研究探求,掌握未知的事物,包括过去的、现在的和未来的;如果他也同样地使自己的激情部分安静了下来,而不是经过一番争吵带着怒意进入梦乡;如果他这样地使其灵魂中的两个部分安静了下来,使理性所在的第三个部分活跃起来,而人就这样地睡着了;你知道,一个人在这种状况下是最可能掌握真理,他的梦境最不可能非法的。

阿:我想情况肯定是这样。

苏:这些话我们已经说得离题很远了。我的意思只是想说:可怕的强烈的非法欲望事实上在每一个人的心里,甚至在一些道貌岸然的人心里都有。它往往是在睡梦中显现出来的。你认为我的话是不是有点道理?你是不是同意?

阿:是的,我同意。

苏:现在让我们回顾一下民主式人物的性格。这种人是由节约省俭的父亲从小教育培养出来的。这种父亲只知道经商赚钱,想要娱乐和风光的那些不必要的欲望他是不准许有的。是这样吗？

阿：是的。

苏：但是，儿子随着和老于世故的人们交往，有了许多我们刚才所说的这种欲望。这种影响把他推向各种的傲慢和无法无天，推动他厌恶父亲的吝啬而采取奢侈的生活方式。但是由于他的天性本比他的教唆者为好，在两种力量的作用下，他终于确定了中间道路。自以为吸取了两者之长，既不奢侈又不吝啬，他过着一种既不寒伧又不违法的生活。于是他由一个寡头派变成了民主派。

阿：这正是我们对这种类型人物的一贯看法。

苏：现在请再想象：随着年龄的增长，这个人也有了儿子，也用自己的生活方式教养自己的儿子成长。

阿：好，我也这样想象。

苏：请再设想这个儿子又一定会有和这个父亲同样的情况发生。他被拉向完全的非法——他的教唆者称之为完全的自由。父亲和其他的亲人支持折中的欲望，而教唆者则支持极端的欲望。当这些可怕的魔术师和僭主拥立者认识到他们这样下去没有控制这个青年的希望时，便想方设法在他的灵魂里扶植起一个能起主宰作用的激情，作为懒散和奢侈欲望的保护者，一个万恶的有刺的雄蜂。你还能想出什么别的东西来更好地比喻这种激情吗？

阿：除此而外，没有什么更好的比喻了。

苏：其他的欲望围着它蝇营作声，献上鲜花美酒，香雾阵阵，让它沉湎于放荡淫乐，用这些享乐喂饱养肥它，直到最后使它深深感到不能满足时的苦痛。这时它就因它周围的这些卫士而变得疯狂起来蛮干起来。这时如果它在这个人身上看到还有什么意见和欲望说得上是正派的和知羞耻的,它就会消灭它们,或把它们驱逐出去,直到把这人身上的节制美德扫除清净,让疯狂取而代之。

阿:这是关于僭主式人物产生的一个完整的描述。

苏:自古以来爱情总被叫做专制暴君,不也是因为这个道理吗?

阿:很可能是的。

苏:我的朋友,你看一个醉汉不也有点暴君脾气吗?

阿:是的。

苏:还有,神经错乱的疯子不仅想象而且企图真的不仅统治人而且统治神呢。

阿:的确是的。

苏:因此,我的朋友,当一个人或因天性或因习惯或因两者,已经变成醉汉、色鬼和疯子时,他就成了一个十足的僭主暴君了。

阿:无疑的。

III 苏:这种人物的起源和性格看来就是这样。但是他的生活方式怎样呢?

阿:你倒问我,我正要问你呢。还是你来告诉我吧。

苏:行,我来说。我认为,在一个人的心灵被一个主宰激情完全控制了之后,他的生活便是铺张浪费,纵情酒色,放荡不羁等等。

阿:这是势所必然的。

苏:还有许许多多可怕的欲望在这个主宰身边日夜不息地生长出来,要求许多东西来满足它们。是吧?

阿:的确是的。

苏：因此，一个人不管有多少收入，也很快花光了。

阿：当然。

苏：往后就是借贷和抵押了。

阿：当然了。

苏：待到告贷无门、抵押无物时，他心灵中孵出的欲望之雏鸟不是必然要不断地发出嗷嗷待哺的强烈叫声吗？他不是必然要被它们（特别是被作为领袖的那个主宰激情）刺激得发疯，因而窥测方向，看看谁有东西可抢劫或骗取吗？

阿：这是必定的。

苏：凡可以抢劫的他都必须去抢，否则他就会非常痛苦。

阿：必定的。

苏：正如心灵上新出现的快乐超过了原旧的激情而劫夺后者那样，这个人作为晚辈将声称有权超过他的父母，在耗光了他自己的那一份家产之后夺取父母的一份供自己继续挥霍。

阿：自然是这样。

苏：如果他的父母不同意，他首先会企图骗取他们的财产。是吗？

阿：肯定的。

苏：如果骗取不行，他下一步就会强行夺取。是吗？

阿：我以为会的。

苏：我的好朋友，如果老人断然拒绝而进行抵抗，儿子会手软不对老人使用暴君手段吗？

阿：面对这种儿子，我不能不为他的父母担心。

苏：说真的，阿得曼托斯，你是认为这种人会为了一个新觅得

C 的可有可无的漂亮女友而去虐待自己出生以来不可片刻或离的慈母，或者为了一个新觅得的可有可无的妙龄娈童去鞭打自己衰弱的老父，他最亲的亲人和相处最长的朋友吗？如果他把这些娈童美妾带回家来和父母同住，他会要自己的父母低三下四屈从他们吗？

阿：是的，我有这个意思。

苏：做僭主暴君的父母看来是再幸运不过的了！

阿：真是幸运呀！

D　苏：如果他把父母的财产也都挥霍罄净了，而群聚在他心灵里的快乐欲望却有增无减。这时他会怎么样呢？他不会首先逾墙行窃，或遇到迟归夜行的人时扒人衣袋，并进而洗劫神庙的财产吗①？在这一切所作所为里，他从小培养起来的那些关于高尚和卑鄙的信念，那些被认为是正义的见解，都将被新释放出来的那些见解所控制。而后者作为主宰激情的警卫将在主宰的支持下取得压倒优势。——所谓"新释放的见解"，我是指的从前只是在睡梦

E 中才被放出来自由活动的那些见解；当时他由于还处在父亲和法律的控制之下心里还是拥护民主制度的。但是现在在主宰激情控制之下，他竟在醒着的时候想做起过去只有在睡梦中偶一出现的

575 事情了。他变得无法无天，无论杀人越货还是亵渎神圣，什么事都敢做了。主宰他心灵的那个激情就像一个僭主暴君，也是无法无天的，驱使他（像僭主驱使一个国家那样）去干一切，以满足它自己和其他欲望的要求。而这些欲望一部分是外来的，受了坏伙伴的

---

① 古希腊风俗和法律都视之为罪大恶极。

影响；一部分是自内的，是被自身的恶习性释放出来的。这种人的生活能不是这样吗？

阿：是这样。

苏：如果在一个国家里这种人只是少数，作为大多数的都是头脑清醒的人。那么，这少数人便会出国去做某一外国僭主的侍卫，或在某一可能的战争中做雇佣兵。但是如果他们生长在和平时期，他们便会留在本国作许多小恶。

阿：你指的是哪种恶？

苏：做小偷、强盗、扒手，剥人衣服的，抢劫神庙的，拐骗儿童的；如果生就一张油嘴，他们便流为告密人、伪证人或受贿者。

阿：你说这些是小恶，我想是有条件的，是因为这种人人数还少。

苏：是的。因为小恶是和大恶相比较的小。就给国家造成的苦害而言，这些恶加在一起和一个僭主暴君造成的危害相比，如俗话所说，还是小巫见大巫。然而一旦这种人及其追随者在一个国家里人数多得可观并且自己意识到自己的力量时，他们再利用上民众的愚昧，便会将自己的同伙之一，一个自己心灵里有最强大暴君的人扶上僭主暴君的宝座。

阿：这是很自然的，因为他或许是最专制的。

苏：因此，如果人民听之任之，当然没有问题。但是，如果国家拒绝他，那么，他就也会如上面说过的那个人打自己的父母一样，惩戒自己的祖国（如果他能做得到的话），把新的密友拉来置于自己的统制之下，把从前亲爱的母国——如克里特人称呼的——或祖国置于自己奴役之下。而这大概也就是这种人欲望的目的。

阿：是的，目的正在于此。

苏：因此，这种人掌权之前的私人生活不是如此吗：他们起初和一些随时准备为之帮闲的阿谀逢迎之徒为伍；而如果他们自己有求于人的话，他们也会奉迎拍马低三下四地表白自己的友谊，虽然一旦目的达到，他们又会另唱一个调门。

阿：的确如此。

苏：因此他们一生从来不真正和任何人交朋友。他们不是别人的主人便是别人的奴仆。僭主的天性是永远体会不到自由和真正友谊的滋味的。

阿：完全是的。

苏：因此，如果我们称他们是不可靠的人，不是对的吗？

阿：当然对！

苏：如果说我们前面一致同意的关于正义的定义是对的，那么我们关于不正义的描述就是不能再正确的了。

阿：的确，我们是正确的。

苏：关于最恶的人让我们一言以蔽之。他们是醒着时能够干出睡梦中的那种事的人。

阿：完全对。

苏：这恰恰是一个天生的僭主取得绝对权力时所发生的事情。他掌握这个权力时间越长，暴君的性质就越强。

格劳孔（这时候插上来说）：这是必然的。

苏：现在不是可以看出来了吗：最恶的人不也正是最为不幸的人吗？并且，因此，他执掌的专制权力愈大，掌权的时间愈长，事实上他的不幸也愈大，不幸的时间也愈长吗？当然，众人各有各的看法。

格:一定的。的确是这样。

苏:专制君主的人不是就像专制政治的国家吗?民主的人不也就像民主政治的国家吗?如此等等。

格:当然是的。

苏:我们可以作如下的推论:在美德和幸福方面,不同类型的个人间的对比关系就像不同类型的国家之间的对比关系。是吗? D

格:怎么不是呢?

苏:那么,在美德方面僭主专政的国家和我们最初描述的王政国家对比起来怎么样呢?

格:它们正好相反:一个最善一个最恶。

苏:我不再往下深究哪个最善哪个最恶了。因为那是一明二白的。我要你判断一下,在幸福和不幸方面它们是否也如此相反?让我们不要只把眼光放在僭主一个人或他的少数随从身上以致眼花缭乱看不清问题。我们要既广泛又深入地观察整个城邦,应当经过这么巨细无遗地透视它的一切方面,透彻地理解了它的全部 E 实际生活,再来发表我们的看法。

格:这是一个很好的动议。大家都很明白:没有一个城邦比僭主统治的城邦更不幸的,也没有一个城邦比王者统治的城邦更幸福的。

苏:这不也是一个很好的提议吗:在论及相应的个人时,我们 577 要求讨论者能通过思考深入地一直理解到对象的心灵和个性,而不是像一个小孩子那样只看到外表便被僭主的威仪和生活环境所迷惑?只有这样的人才配得上作出判断,我们才应当倾听他的判

断——特别是,假如他不仅看到过僭主在公众面前的表现,而且还
B 曾经和僭主朝夕相处,亲眼目睹过他在自己家里以及在亲信中的
所作所为(这是剥去一切伪装看到一个人赤裸裸灵魂的最好场
合)。因此我们不是应该请他来解答我们的这个问题吗:僭主的生
活和别种人物的生活比较起来究竟幸福还是不幸福?

格:这也是一个最好的提议。

苏:那么,我们要不要自称我们有判断能力,我们也有过和僭
主型的那种人一起相处的经验,因此我们自己当中可以有人答复
我们的问题?

格:要。

V C 苏:那么,来吧,让我们这样来研究这个问题吧。先请记住城
邦和个人性格之间都是相似的,然后再逐个地观察每一种城邦和
个人的性格特点。

格:哪些性格特点?

苏:首先谈论一个国家。一个被僭主统治的国家你说它是自
由的呢还是受奴役的?

格:是完全受奴役的。

苏:但是,在这样的国家你看到也有主人和自由人呀。

格:我看到这种人只是少数,而(所谓的)整体及其最优秀部分
则处于屈辱和不幸的奴隶地位。

D 苏:因此,如果个人和国家相像,他必定有同样的状况。他的
心灵充满大量的奴役和不自由,他的最优秀最理性的部分受着奴
役;而一个小部分,即那个最恶的和最狂暴的部分则扮演着暴君的
角色。不是吗?

格:这是必然的。

苏:那么你说这样一个灵魂是在受奴役呢还是自由的呢?

格:我认为是在受奴役。

苏:受奴役的和被僭主统治的城邦不是最不能做自己真正想做的事情的吗?

格:正是的。

苏:因此,实行僭主制的心灵——指作为整体的心灵——也最 E 不能做自己想做的事情。因为它永远处在疯狂的欲望驱使之下,因此充满了混乱和悔恨。

格:当然啰。

苏:处于僭主暴君统治下的城邦必然富呢还是穷呢?

格:穷。

578

苏:因此,在僭主暴君式统治下的心灵也必定永远是贫穷的和苦于不能满足的。

格:是的。

苏:又,这样一个国家和这样一个人不是必定充满了恐惧吗?

格:是这样。

苏:那么你认为你能在别的任何国家里发现有比这里更多的痛苦、忧患、怨恨、悲伤吗?

格:绝对不能。

苏:又,你是否认为人也如此?在别的任何一种人身上会比这种被强烈欲望刺激疯了的僭主暴君型人物身上有更多的这种情况吗?

格:怎么会呢?

苏：因此，有鉴于所有这一切以及其他类似情况，我想你大概会判定，这种城邦是所有城邦中最为不幸的了。

格：我这样说不对吗？

苏：完全对的。但是，有鉴于同样的这一切，关于僭主型个人你一定会有什么高见呢？

格：我必定会认为他是所有人中最最不幸的。

苏：这你可说得不对。

格：怎么不对？

苏：我们认为这个人还没达到不幸的顶点。

格：那么什么人达到了顶点呢？

苏：我要指出的那种人你或许会认为他是还要更不幸的。

格：哪种人？

苏：一个有僭主气质的人，他不再过一个普通公民的生活，某种不幸的机会竟致不幸地使他能以成了一个实在的僭主暴君。

格：根据以上所说加以推论，我说你的话是对的。

苏：好。但是这种事情凭想必然是不够的。我们必须用如下的论证彻底地考察它们。因为我们这里讨论的是一切问题中最大的一个问题：善的生活和恶的生活问题。

格：再正确不过。

苏：因此请考虑，我的话是否有点道理。我认为我们必须从下述事例中得出关于问题的见解。

格：从哪些事例中？

苏：以我们城邦里的一个拥有大量奴隶的富有私人奴隶主为例。在统治许多人这一点上他们像僭主，而不同的只是所统治的人数不同而已。

格：是的，有这点不同。

苏：那么你知道他们不担心，不害怕自己的奴隶吗？

格：他们要害怕什么？

苏：什么也不用怕。但是你知道他们为什么不怕吗？

格：是的。我知道整个城邦国家保护每一个公民个人。

苏：说得好。但是假设有一个人，他拥有五十个或更多的奴隶。现在有一位神明把他和他的妻儿老小、他的财富奴隶一起从城市里用神力摄走，送往一个偏僻的地方，这里没有一个自由人来救助他。你想想看，他会多么害怕，担心他自己和他的妻儿老小要被奴隶所消灭吗？

格：我看这个恐惧是不能再大了。

苏：这时他不是必须要巴结讨好自己的一些奴隶，给他们许多许诺，放他们自由（虽然都不是出于真心自愿），以致一变而巴结起自己的奴隶来了吗？

格：大概必定如此，否则他就一定灭亡。

苏：但是现在假设神在他周围安置了许多邻人。他们又是不许任何人奴役别人的；如果有人想要奴役别人，他们便要处以严厉的惩罚。这时怎么样呢？

格：我认为，这时他的处境还要更糟，他的周围就全是敌人了。

苏：这不正是一个具有我们描述过的那种天性，充满了许多各种各样恐惧和欲望的僭主陷入的那种困境吗？他是这个城邦里唯一不能出国旅行或参加普通自由公民爱看的节日庆典的人。虽然他心里渴望这些乐趣，但他必须像妇女一样深居禁宫，空自羡慕别人能自由自在地出国旅游观光。

格：很对。

VI 苏：因此，僭主型的人物，即由于混乱在他内心里占了优势而造成了恶果你因而判断他是最不幸的那种人物，当他不再作为一个普通的私人公民，命运使他成了一个真正的僭主暴君，他不能控制自己却要控制别人，这时他的境况一定还要更糟。这正如强迫
D 一个病人或瘫痪的人去打仗或参加体育比赛而不在家里治疗静养一样。

格：苏格拉底啊，你比得非常恰当说得非常对。

苏：因此，亲爱的格劳孔，这种境况不是最不幸的吗？僭主暴君的生活不是比你断定最不幸的那种人的生活还要更不幸吗？

格：正是。

苏：因此，虽然或许有人会不赞同，然而这是真理：真正的僭主
E 实在是一种依赖巴结恶棍的最卑劣的奴隶。他的欲望永远无法满足。如果你善于从整体上观察他的心灵，透过欲望的众多你就可以看到他的真正贫穷。他的生活是一天到晚提心吊胆；如果国家状况可以反映其统治者的境况的话，那么他像他的国家一样充满了动荡不安和苦痛。是这样吗？

格：的确是的。

苏：除了我们前已说过的而外，他的权力将使他更加妒忌，更不忠实可信，更不正义，更不讲朋友交情，更不敬神明。他的住所藏垢纳秽。你可以看到，结果他不仅使自己成为极端悲惨的人，也使周围的人成了最为悲惨的人。

格：有理性的人都不会否认你这话的。

苏：那么快点，现在最后你一定要像一个最后评判员那样作一个最后的裁判了。请你鉴定一下，哪种人最幸福，哪种人第二幸福，再同样地评定其余几种人，依次鉴定所有五种人：王者型、贪图名誉者型、寡头型、民主型、僭主型人物。

格：这个鉴定是容易做的。他们像舞台上的合唱队一样，我按他们进场的先后次序排列就是了。这既是幸福次序也是美德次序。

苏：那么，我们是雇一个传令官来宣布下述评判呢还是我自己来宣布呢？"阿里斯同之子格劳孔已经判定：最善者和最正义者是最幸福的人。他最有王者气质，最能自制。最恶者和最不正义者是最不幸的人。他又最有暴君气质，不仅对自己实行暴政而且对他的国家实行暴政。"

格：就由你自己来宣布吧。

苏：我想在上述评语后面再加上一句话："不论他们的品性是否为神人所知，善与恶、幸与不幸的结论不变。"可以吗？

格：加上去吧。

苏：很好。那么，这是我们的证明之一。但是，下面请看第二个证明，看它是不是有点道理。

格：第二个证明是什么？

苏：正如城邦分成三个等级一样，每个人的心灵也可以分解为三个部分。因此我认为还可以有另外一个证明途径。

格：什么证明途径？

苏：请听我说。这三个部分我看到也有三种快乐，各个对应。还同样地有三种对应的欲望和统治。

格:请解释明白。

苏:我们说一个部分是人用来学习的。另一个部分是人用来发怒的。还有第三个部分;这个部分由于内部的多样性,我们难以用一个简单而合适的词来统括它,我们只能用其中的一个最强烈的主要成分来命名它。我们根据它强烈的关于饮食和爱的欲望以及各种连带的欲望,因而称它为"欲望"部分。我们同样又根据金钱是满足这类欲望的主要手段这一点,因而称它为"爱钱"部分。

格:对。

苏:如果我们还应该说,它的快乐和爱集中在"利益"上,我们为了在谈起心灵的这第三个部分时容易了解起见,最好不是应该把它集中到一个名下,把我们的话说得更准确些,把它叫做"爱钱"部分或"爱利"部分吗?

格:不管怎样,我认为是这样。

苏:再说,激情这个部分怎么样? 我们不是说它永远整个儿地是为了优越、胜利和名誉吗?

格:的确。

苏:我们是不是可以恰当地把它称为"爱胜"部分或"爱敬"部分呢?

格:再恰当不过了。

苏:但是一定大家都清楚:我们用以学习的那个部分总是全力要想认识事物真理的,心灵的三个部分中它是最不关心钱财和荣誉的。

格:是的。

苏:"爱学"部分和"爱智"部分,我们用这名称称呼它合适吗?

格:当然合适。

苏:在有些人的心灵里是这个部分统治着,在另一些人的心灵里却是那两部分之一在统治着,依情况不同而不同。是吧?

格:是这样。

苏:正因为这个原因,所以我们说人的基本类型有三:哲学家或爱智者、爱胜者和爱利者。

格:很对。

苏:对应着三种人也有三种快乐。

格:当然。

苏:你知道吗?如果你想一个个地问这三种人,这三种生活哪一种最快乐,他们都一定会说自己的那种生活最快乐。财主们会断言,和利益比起来,受到尊敬的快乐和学习的快乐是无价值的,除非它们也能变出金钱来。

格:真的。

苏:爱敬者怎么样?他会把金钱带来的快乐视为卑鄙,把学问带来的快乐视为无聊的瞎扯(除非它也能带来敬意)。是吗?

格:是的。

苏:哲学家把别的快乐和他知道真理永远献身研究真理的快乐相比较时,你认为他会怎么想呢?他会认为别的快乐远非真正的快乐,他会把它们叫做"必然性"快乐。因为,若非受到必然性束缚他是不会要它们的。是吗?

格:无疑的。

苏:那么,既然三种快乐三种生活之间各有不同的说法,区别不是单纯关于哪一种较为可敬哪一种较为可耻,或者,哪一种较善哪一种较恶,而是关于哪一种确实比较快乐或摆脱了痛苦,那么,我们怎么来判定哪一种说法最正确呢?

格:我确实说不清。

苏:噢,请这样考虑。对事情作出正确的判断,要用什么作为标准呢?不是用经验、知识、推理作为标准吗?还有什么比它们更好的标准吗?

格:没有了。

苏:那么请考虑一下,这三种人中哪一种人对所有这三种快乐有最多的经验?你认为爱利者在学习关于真理本身方面所得到的快乐经验能多于哲学家在获利上所得到的快乐经验吗?

格:断乎不是的。因为,哲学家从小就少不了要体验另外两种快乐;但是爱利者不仅不一定要体验学习事物本质的那种快乐,而且,即使他想要这么做,也不容易做得到。

苏:因此,哲学家由于有两方面的快乐经验而比爱利者高明得多。

格:是要高明得多。

苏:哲学家和爱敬者比起来怎么样?哲学家在体验受尊敬的快乐方面还比不上爱敬者在学习知识方面的快乐经验吗?

格:不是的。尊敬是大家都可以得到的,如果他们都能达到自己目标的话。因为富人、勇敢者和智慧者都是能得到广泛尊敬的,因此大家都能经验到受尊敬的这种快乐。但是看到事物实在这种快乐,除了哲学家而外别的任何人都是不能得到的。

苏:既然他的经验最丰富,因此他也最有资格评判三种快乐。

格:很有资格。

苏：而且他还是唯一有知识和经验结合在一起的人。

格：的确是的。

苏：又且，拥有判断所需手段或工具的人也不是爱利者或爱敬者，而是爱智者或哲学家。

格：你说的什么意思？

苏：我们说判断必须通过推理达到。是吧？

格：是的。

苏：推理最是哲学家的工具。

格：当然。

苏：如果以财富和利益作为评判事物的最好标准，那么爱利者 E 的毁誉必定是最真实的。

格：必定是的。

苏：如果以尊敬、胜利和勇敢作为评判事物的最好标准，那么爱胜者和爱敬者所赞誉的事物不是最真实的吗？

格：这道理很清楚。

苏：那么，如果以经验、知识和推理作为标准，怎样呢？

格：必定爱智者和爱推理者所赞许的事物是最真实的。

苏：因此，三种快乐之中，灵魂中那个我们用以学习的部分的 583 快乐是最真实的快乐，而这个部分在灵魂中占统治地位的那种人的生活也是最快乐的生活。是吗？

格：怎么能不是呢？无论如何，当有知识的人说自己的生活最快乐时，他的话是最可靠的。

苏：下面该评哪一种生活哪一种快乐第二呢？

格：显然是战士和爱敬者的第二，因为这种人的生活和快乐比起挣钱者的来接近第一种。

苏：看来爱利者的生活和快乐居最后了。

格：当然了。

苏：正义的人已经在接连两次的交锋中击败了不正义的人，现在到了第三次交锋了。照奥林匹亚运动会的做法这次是呼求奥林匹亚的宙斯保佑的。请注意，我好像听到一个有智慧的人说过呢：除了有智慧的人而外，别的任何人的快乐都不是真实的纯净的，而只是快乐的一种影像呀！这次如果失败了，可就是最大最决定性的失败啦！

格：说得对。但还得请你解释一下。

苏：如果在我探求着的时候你肯回答我的问题，我就来解释。

格：你尽管问吧。

苏：那么请告诉我：我们不是说痛苦是快乐的对立面吗？

格：当然。

苏：没有一种既不觉得快乐也不觉得痛苦的状态吗？

格：有的。

苏：这不是这两者之间的一种状态，一种中间的，灵魂的两个方面都平静的状态吗？你的理解是不是这样？

格：是这样。

苏：你记不记得人们生病时说的话？

格：什么话？

苏：他们说，没有什么比健康更快乐的了，虽然他们在生病之前并不曾觉得那是最大的快乐。

格：我记得。

苏：你有没有听到过处于极端痛苦中的人说过？他们会说，没有什么比停止痛苦更快乐的了。是吧？

格：听到过。

苏：我想你一定注意到过，在许多诸如此类的情况下，人们在受到痛苦时会把免除和摆脱痛苦称赞为最高的快乐。这个最高的快乐并不是说的什么正面得到的享受。

格：是的。须知在这种情况下平静或许便成了快乐的或可爱的了。

苏：同样，当一个人停止快乐时，快乐的这种平静也会是痛苦的。

格：或许是的。

苏：因此，我们刚才说是两者之中间状态的平静有时也会是既痛苦也快乐。

格：看来是的。

苏：两者皆否的东西真能变成两者皆是吗？

格：我看不行。

苏：快乐和痛苦在心灵中产生都是一种运动。对吗？

格：对的。

苏：我们刚才不是说明了吗？既不痛苦也不快乐是一种心灵的平静，是两者的中间状态。是吗？

格：是的。

苏：因此，没有痛苦便是快乐，没有快乐便是痛苦，这种想法怎么可能正确呢？

格：绝不可能正确。

苏:因此,和痛苦对比的快乐以及和快乐对比的痛苦都是平静,不是真实的快乐和痛苦,而只是似乎快乐或痛苦。这些快乐的影像和真正的快乐毫无关系,都只是一种欺骗。

格:无论怎么说,论证可以表明这一点。

苏:因此,请你看看不是痛苦之后的那种快乐,你就可以和仍然缠着你的下列这个想法真正一刀两断了:实质上,快乐就是痛苦的停止,痛苦就是快乐的停止。

格:你叫我往哪里看,你说的是哪种快乐?

苏:这种快乐多得很,尤其是跟嗅觉有联系的那种快乐,如果你高兴注意它们的话。这种快乐先没有痛苦,突然出现,一下子就很强烈;它们停止之后也不留下痛苦。

格:极是。

苏:因此,让我们别相信这种话了:脱离了痛苦就是真正的快乐,没有了快乐就是真正的痛苦。

格:是的,别相信这话。

苏:然而,通过身体传到心灵的那些所谓最大的快乐,大多数属于这一类,是某种意义上的脱离痛苦[①]。

格:是的。

苏:走在这类苦和乐前头的那些由于期待它们而产生的快乐和痛苦不也是这一类吗?

格:是这一类。

苏:那么你知道它们是什么样的,它们最像什么吗?

————————

[①] 例如吃食的快乐有饥饿的痛苦在先。

格:什么?

苏:你是不是认为自然有上、下、中三级?

格:是的。

苏:那么人自下升到中,他不会认为已经升到了上吗?当他站在中向下看他的来处时,他不会因为从未看见过真正的上而认为自己已经在上了吗?

格:我想他不能有别的什么想法。

苏:假设他再向下降,他会认为自己是在向下,他的想法不是对的吗?

格:当然对的。

苏:他之所以发生这一切情况,不都是因为他没有关于真正的上、中、下的经验吗?

格:显然是的。

苏:那么,没有经验过真实的人,他们对快乐、痛苦及这两者之中间状态的看法应该是不正确的,正如他们对许多别的事物的看法不正确那样。因此,当他们遭遇到痛苦时,他们就会认为自己处于痛苦之中,认为他们的痛苦是真实的。他们会深信,从痛苦转变到中间状态就能带来满足和快乐。而事实上,由于没有经验过真正的快乐,他们是错误地对比了痛苦和无痛苦。正如一个从未见过白色的人把灰色和黑色相比那样。你认为这种现象值得奇怪吗?

格:不,我不觉得奇怪。如果情况不是这样,我倒反而会很觉奇怪的。

苏:让我们再像下面这样来思考这个问题吧。饥渴等等不是

B 身体常态的一种空缺吗?

格:当然是的。

苏:无知和无智不也是心灵常态的一种空缺吗?

格:的确是的。

苏:吃了饭学了知识,身体和心灵的空缺不就充实了吗?

格:当然就充实了。

苏:充实以比较不实在的东西和充实以比较实在的东西,这两种充实哪一种是比较真实的充实?

格:显然是后一种。

苏:一类事物如饭、肉、饮料,总的说是食物。另一类事物是真
C 实意见、知识,理性和一切美德的东西。这两类事物你认为哪一类比较地更具有纯粹的实在呢?换句话说,一种紧密连接着永远不变不灭的真实的,自身具有这种本性并且是在具有这种本性的事物中产生的事物,和另一种事物,一种永远变化着的可灭的自身具有这一种本性并且是在具有这一种本性的事物中产生的事物,——这两种事物你认为哪一种更具有纯粹的实在呢?

格:永远不变的那种事物比较地实在得多。

苏:永恒不变的事物,其实在性是不是超过其可知性呢?

格:绝对不。

苏:真实性呢?

格:也不。

苏:比较地不真实也就比较地不实在吗?

格:必然的。

D 苏:因此总的说,保证身体需要的那一类事物是不如保证心灵

需要的那一类事物真实和实在的。

格:差得多呢!

苏:那么,身体本身你是不是认为同样不如心灵本身真实和实在呢?

格:我认为是的。

苏:那么,用以充实的东西和受到充实的东西愈是实在,充实的实在性不也愈大吗?

格:当然是的。

苏:因此,如果我们得到了适合于自然的东西的充实,我们就感到快乐的话,那么,受到充实的东西和用以充实的东西愈是实在,我们所感到的快乐也就愈是真实;反之,如果比较地缺少实在,我们也就比较地不能得到真实可靠的充实满足,也就比较地不能感受到可靠的真实的快乐。

格:这是毫无疑义的。

苏:因此,那些没有智慧和美德经验的人,只知聚在一起寻欢作乐,终身往返于我们所比喻的中下两级之间,从未再向上攀登,看见和到达真正的最高一级境界,或为任何实在所满足,或体验到过任何可靠的纯粹的快乐。他们头向下眼睛看着宴席,就像牲畜俯首牧场只知吃草,雌雄交配一样。须知,他们想用这些不实在的东西满足心灵的那个不实在的无法满足的部分是完全徒劳的。由于不能满足,他们还像牲畜用犄角和蹄爪互相踢打顶撞一样地用铁的武器互相残杀。

格:苏格拉底啊,你描述众人的生活完全像发布神谕呀。

苏:因此,这种人的快乐之中岂不必然地混合着痛苦,因而不过是真快乐的影子和画像而已？在两相比照下快乐表面上好像很强烈，并且在愚人们的心中引起疯狂的欲望，促使他们为之争斗，有如斯特锡霍洛斯所说，英雄们在特洛伊为海伦的幻影①而厮杀一样。都是由于不知真实。是这样吗？

格：事情一定是这样的。

苏：关于激情部分你以为怎样？不必定是同样的情况吗？要是一个人不假思考不顾理性地追求荣誉、胜利或意气，那么他的爱荣誉爱胜利和意气的满足便能导致嫉妒、强制和愤慨。不是吗？

格：在这种场合必不可免地发生同样的情况。

苏：因此我们可以有把握地作出结论：如果爱利和爱胜的欲望遵循知识和推理的引导，只选择和追求智慧所指向的快乐，那么它们所得到的快乐就会是它们所能得到的快乐中最真的快乐；并且，由于受到真所引导，因而也是它们自己固有的快乐，如果任何事物的最善都可以被说成最是自己的话。我们可以这么说吗？

格：的确最是自己固有的。

苏：因此，如果作为整体的心灵遵循其爱智部分的引导，内部没有纷争，那么，每个部分就会是正义的，在其他各方面起自己作用的同时，享受着它自己特有的快乐，享受着最善的和各自范围内最真的快乐。

格：绝对是的。

苏：如果是在其他两个部分之一的引导之下，它就不能得到自

---

① 斯特锡霍洛斯传说，真正的海伦留在埃及，只有她的幻影被带到了特洛伊。

己固有的快乐,就会迫使另两部分追求不是它们自己的一种假快乐。

格:是的。

苏:离开哲学和推理最远的那种部分造成的这个效果不是会最显著吗?

格:正是。

苏:离理论最远的不就是离法律和秩序最远的吗?

格:显然是的。

苏:我们不是看出了:离法律和秩序最远的是爱的欲望和僭主暴君的欲望吗?

格:正是。

苏:王者的有秩序的欲望最近,是吗?

格:是的。

苏:因此,我认为僭主暴君离真正的固有的快乐最远,王者离它最近。

格:必然的。

苏:因此僭主暴君过的是最不快乐的生活,王者过的是最快乐的生活。

格:必定无疑的。

苏:那么,你知道僭主的生活比王者的生活不快乐多少吗?

格:你告诉我,我就知道了。

苏:快乐看来有三类,一类真,两类假。僭主在远离法律和推理方面超过了两类假快乐,被某种奴役的雇佣的快乐包围着。其卑劣程度不易表达,除非这样或许……

格:怎样?

苏:僭主远在寡头派之下第三级,因为中间还隔着个民主派。

格:是的。

苏:如果我们前面的话不错,那么他所享有的快乐就不过是快乐的一种幻象,其真实性还远在那种幻象之下第三级呢。不是吗?

格:是这样。

苏:又,寡头派还在王者之下第三级呢,如果我们假定贵族派和王者是一回事的话。

格:是在下面第三级。

苏:因此僭主距离真正的快乐的间隔是三乘三得九,如果用数字来表示的话。

格:这是显而易见的。

苏:因此僭主快乐的幻象据长度测定所得的数字如所看到的是个平面数。

格:完全是的。

苏:但是,一经平方再立方,其间拉开的差距变得怎样,是很清楚的。

格:对于一个算术家来说这是很清楚的。

苏:换句话说,如果有人要想表示王者和僭主在真快乐方面的差距,他在做完三次方计算之后会发现,王者的生活比僭主的生活快乐 729 倍,反过来说僭主的生活比王者的生活痛苦 729 倍。

格:这是一个神奇的算法,可以表明在快乐和痛苦方面正义者和不正义者之间差距之大的。

苏:此外,这还是一个适合于人的生活的正确的数,既然日、夜、月、年适合人的生活①。

格:当然是。

苏:既然善的正义的人在快乐方面超过恶的不正义的人如此之多,那么在礼貌、生活的美和道德方面不是要超过无数吗?

格:真的,会超过无数的。

苏:很好。现在我们的论证已经进行到这里了。让我们再一次回到引起我们讨论并使我们一直讨论到这里的那个说法上去吧。这个说法是:"不正义对于一个行为完全不正义却有正义之名的人是有利的。"是这么说的吗?

格:是这么说的。

苏:既然我们已经就行为正义和行为不正义各自的效果取得了一致的看法,那么,现在让我们来跟这一说法的提出者讨论讨论吧。

格:怎么讨论呢?

苏:让我们在讨论中塑造一个人心灵的塑像,让这一说法的提出者可以清楚地从中看到这一说法的含义。

格:什么样的塑像?

---

① 这话准确的含义不清楚。但是毕达哥拉斯派的费洛劳斯主张:一年有 $364\frac{1}{2}$ 个白天,大概也有同样数目的夜晚;$364\frac{1}{2} \times 2 = 729$。费洛劳斯还相信一个有 729 个月的"大年"。柏拉图不一定完全顶真,但是这种数字公式对于他像对于许多希腊人一样永远具有一定的魅力。

苏：一种如古代传说中所说的生来具有多种天性的塑像，像克迈拉或斯库拉或克尔贝洛斯①或其他被说成有多种形体长在一起的怪物那样的。

格：是有这种传说的。

苏：请设想一只很复杂的多头的兽类。它长有狂野之兽的头，也有温驯之兽的头。头还可以随意变换随意长出来。

格：造这么一个塑像是一件只有能工巧匠才能办得到的事情呀。不过，既然言语是一种比蜡还更容易随意塑造的材料，我们就假定怪兽的像已经塑成这样了吧。

苏：然后再塑造一个狮形的像和一个人形的像，并且将第一个像塑造得最大，狮像作为第二个造得第二大。

格：这更容易，说一句话就成了。

苏：然后再将三像合而为一，就如在某种怪物身上长在一起那样。

格：造好了。

苏：然后再给这一联合体造一人形的外壳，让别人的眼睛看不到里面的任何东西，似乎这纯粹是一个人的像。

格：也造好了。

苏：于是，让我们对提出"行事不正义对行事者有利，行事正义对行事者不利"这一主张的人说：他这等于在主张：放纵和加强多

---

① 克迈拉 Χιμαιρα 为一狮头羊身蛇尾怪物，能喷火。见荷马史诗《伊利亚特》vi179—182；柏拉图《费德罗》篇 229D。斯库拉 Σκύλλη 为一海怪。见史诗《奥德赛》xii 85 以下。克尔贝洛斯 Κέρβερος，为守卫地府的狗，蛇尾，有三头，一说有五十个头。见赫西俄德《神谱》311—312。

头怪兽和狮精以及一切狮性,却让人忍饥受渴,直到人变得十分虚弱,以致那两个可以对人为所欲为而无须顾忌,这样对人是有利的。或者说,他这等于在主张:人不应该企图调解两个精怪之间的纠纷使它们和睦相处,而应当任其相互吞并残杀而同归于尽。

格:赞成不正义正是这个意思。

苏:反之,主张正义有利说的人主张:我们的一切行动言论应当是为了让我们内部的人性能够完全主宰整个的人,管好那个多头的怪兽,像一个农夫栽培浇灌驯化的禾苗而铲锄野草一样。他还要把狮性变成自己的盟友,一视同仁地照顾好大家的利益,使各个成分之间和睦相处,从而促进它们生长。是这样吗?

格:是的,这正是主张正义有利说的人的意思。

苏:因此,无论从什么角度出发,结论都是:主张正义有利说的人是对的,主张不正义有利说的人是错的。因为,无论考虑到的是快乐、荣誉还是利益,主张正义有利说的人论证是对的,而反对者则是没有理由的,对自己所反对的东西是没有真知的。

格:我想完全是这样。

苏:那么,我们是不是要用和蔼的态度去说服我们的论敌?因为他不是故意要犯错误呀。我们要用下述这样的话来问他:"亲爱的朋友,我们应该说,法律和习惯认定是美的或丑的东西已经被算作美的和丑的,不也是根据下述同一理由吗:所谓美好的和可敬的事物乃是那些能使我们天性中兽性部分受制于人性部分(或可更确切地说受制于神性部分)的事物,而丑恶和卑下的事物乃是那些使我们天性中的温驯部分受奴役于野性部分的事物?"我们是不是要这样问他呢?他会表示赞同吗?

格:如果他听我的劝告,他是能被说服的。

苏:如果一个人照这种说法不正义地接受金钱,如果他在得到金钱的同时使自己最善的部分受到了最恶部分的奴役,这对他能有什么好处呢?换言之,如果有人把自己的儿子或女儿卖给一个严厉而邪恶的主人为奴,不管他得到了多么高的身价,是不会有人说这对他是有利的。是吗?如果一个人忍心让自己最神圣的部分受奴役于最不神圣的最可憎的部分的话,这不是一宗可悲的受贿,一件后果比厄里芙勒为了一副项链出卖自己丈夫生命①更可怕的事吗?

格:如果我可以代他回答的话,我要说这是非常可怕的。

XIII 苏:放纵经常受到谴责,你不认为也是由于它给了我们内部的多形怪兽以太多的自由吗?

格:显然是的。

苏:固执和暴躁受到谴责,不是因为它使我们内部的狮性或龙性的力量增加和强壮到了太高的程度吗?

格:肯定是的。

苏:同样,奢侈和柔弱受到谴责,不是因为它们使狮性减少削弱直至它变成懒散和懦弱吗?

格:当然是的。

苏:当一个人使自己的狮性,即激情,受制于暴民般的怪兽野性,并为了钱财和无法控制的兽欲之故,迫使狮子从小就学着忍受

---

① 安菲拉俄斯的妻子接受了玻琉尼克斯的贿赂,派丈夫参加了七将攻忒拜的送命的征战。

各种侮辱,结果长大成了一只猴子而不是一只狮子。这时人们不是要谴责这个人谄媚卑鄙吗?

格:的确。

苏:手工技艺受人贱视,你说这是为什么? 我们不是只有回答说,那是因为一个人的最善部分天生的虚弱,不能管理控制好内部的许多野兽,而只能为它们服务,学习如何去讨好它们吗?

格:看来是这样。

苏:因此,我们所以说这种人应当成为一个最优秀的人物(也就是说,一个自己内部有神圣管理的人)的奴隶,其目的不是为了使他可以得到与一个最优秀人物相同的管理吗? 我们这样主张并不是因为,我们认为奴隶应当(像色拉叙马霍斯看待被统治者的,)接受对自己有害的管理或统治,而是因为,受神圣的智慧者的统治对于大家都是比较善的。当然,智慧和控制管理最好来自自身内部,否则就必须从外部强加。为的是让大家可以在同一指导下成为朋友成为平等者。对吗?

格:确实对的。

苏:也很明白,制定法律作为城邦所有公民的盟友,其意图就在这里。我们管教儿童,直到我们已经在他们身上确立了所谓的宪法管理时,才放他们自由。直到我们已经靠我们自己心灵里的最善部分帮助,在他们心灵里培养出了最善部分来,并使之成为儿童心灵的护卫者和统治者时,我们才让它自由。——我们这样做的目的也就在这里。

格:是的,这是很明白的。

苏:那么,格劳孔,我们有什么方法可用来论证:做一个不正义的自我放纵的人,或者做任何卑劣的事情获得更多的金钱和权力而使自己变得更坏的人,是有利的呢?

格:无法论证。

苏:一个人做了坏事没被发现因而逃避了惩罚对他能有什么益处呢?他逃避了惩罚不是只有变得更坏吗?如果他被捉住受了惩罚,他的兽性部分不就平服了驯化了吗?他的人性部分不就被释放了自由了吗?他的整个心灵不就在确立其最善部分的天性时,获得了节制和正义(与智慧一起),从而达到了一种难能可贵的状态吗?虽然人的身体在得到了力和美(和健康结合在一起的)时,也能达到一种可贵的状态,但心灵的这种状态是比身体的这种状态更为可贵得多的,就像心灵比身体可贵得多一样。是吗?

格:极是。

苏:因此有理智的人会毕生为此目标而尽一切努力;他首先会重视那些能在他心灵中培养起这种品质的学问而贱视别的。是吗?

格:显然是的。

苏:其次,在身体的习惯和锻炼方面他不仅不会听任自己贪图无理性的野蛮的快乐,把生活的志趣放在这个方面,甚至也不会把身体的健康作为自己的主要目标,把寻求强壮、健康或美的方法放在首要的地位,除非因为这些事情有益于自制精神。他会被发现是在时刻为自己心灵的和谐而协调自己的身体。

格:如果他要成为一个真正的音乐家,他是必定可以的。

苏:在追求财富上他不会同样注意和谐和秩序的原则吗?他会被众人的恭维捧得忘乎所以并敛聚大量财富而给自己带来无穷

的害处吗?

格:我想,他不会的。

苏:他会倾向于注视自己心灵里的宪法,守卫着它,不让这里因财富的过多或不足而引起任何的纷乱。他会因此根据这一原则尽可能地或补充一点或散去一点自己的财富,以保持正常。

格:确实是的。

苏:在荣誉上,他遵循如下的同一原则:荣誉凡能使他人格更善的,他就高高兴兴地接受。荣誉若是有可能破坏他已确立起来的习惯的,无论公私方面,他都避开它。

格:如果他最关心的是这个,那么他是不会愿意参与政治的。

苏:说真的,在合意的城邦里他是一定愿意参加政治的。但是在他出身的城邦里他是不会愿意的,除非出现奇迹。

格:我知道合意的城邦你是指的我们在理论中建立起来的那个城邦,那个理想中的城邦。但是我想这种城邦在地球上是找不到的。

苏:或许天上建有它的一个原型,让凡是希望看见它的人能看到自己在那里定居下来。至于它是现在存在还是将来才能存在,都没关系。反正他只有在这种城邦里才能参加政治,而不能在别的任何国家里参加。

格:好像是的。

第 十 卷

I 595　　苏:确实还有许多其他的理由使我深信,我们在建立这个国家中的做法是完全正确的,特别是(我认为)关于诗歌的做法。

格:什么样的做法?

苏:它绝对拒绝任何模仿。须知,既然我们已经辨别了心灵的
B 三个不同的组成部分,我认为拒绝模仿如今就显得有更明摆着的理由了。

格:请你解释一下。

苏:噢,让我们私下里说说,——你是不会把我的话泄露给悲剧诗人或别的任何模仿者的——这种艺术对于所有没有预先受到警告不知道它的危害性的那些听众的心灵,看来是有腐蚀性的。

格:请你再解释得深入些。

苏:我不得不直说了。虽然我从小就对荷马怀有一定的敬爱
C 之心,不愿意说他的不是。因为他看来是所有这些美的悲剧诗人的祖师爷呢。但是,不管怎么说,我们一定不能把对个人的尊敬看得高于真理,我必须(如我所说的)讲出自己的心里话。

格:你一定得说出心里话。

苏:那么请听我说,或者竟回答我的问题更好。

格:你问吧。

苏:你能告诉我,模仿一般地说是什么吗?须知,我自己也不

太清楚,它的目的何在。

格:那我就更不懂了!

苏:其实你比我懂些也没什么可奇怪的,既然视力差的人看东西比视力好的人清楚也是常事。

格:说得是。不过在你面前,我即使看得见什么,也是不大可能急切地想告诉你的。你还是自己看吧!

苏:那么下面我们还是用惯常的程序来开始讨论问题,好吗?在凡是我们能用同一名称称呼多数事物的场合,我认为我们总是假定它们只有一个形式或理念的。你明白吗?

格:我明白。

苏:那么现在让我们随便举出某一类的许多东西,例如说有许多的床或桌子。

格:当然可以。

苏:但是概括这许多家具的理念我看只有两个:一个是床的理念,一个是桌子的理念。

格:是的。

苏:又,我们也总是说制造床或桌子的工匠注视着理念或形式分别地制造出我们使用的桌子或床来;关于其他用物也是如此。是吗?至于理念或形式本身则不是任何匠人能制造得出的,这是肯定的。是吗?

格:当然。

苏:但是现在请考虑一下,下述这种工匠你给他取个什么名称呢?

格:什么样的匠人?

苏：一种万能的匠人：他能制作一切东西——各行各业的匠人所造的各种东西。

格：你这是在说一种灵巧得实在惊人的人。

苏：请略等一等。事实上马上你也会像我这么讲的。须知，这同一个匠人不仅能制作一切用具，他还能制作一切植物、动物，以及他自身。此外他还能制造地、天、诸神、天体和冥间的一切呢。

格：真是一个神奇极了的智者啊！

苏：你不信？请问，你是根本不信有这种匠人吗？或者，你是不是认为，这种万能的工匠在一种意义上说是能有的，在另一种意义上说是不能有的呢？或者请问，你知不知道，你自己也能"在某种意义上"制作出所有这些东西？

格：在什么意义上？

苏：这不难，方法很多，也很快。如果你愿意拿一面镜子到处照的话，你就能最快地做到这一点。你就能很快地制作出太阳和天空中的一切，很快地制作出大地和你自己，以及别的动物、用具、植物和所有我们刚才谈到的那些东西。

格：是的。但这是影子，不是真实存在的东西呀！

苏：很好，你这话正巧对我们的论证很有帮助。因为我认为画家也属于这一类的制作者。是吗？

格：当然是的。

苏：但是我想你会说，他的"制作"不是真的制作。然而画家也"在某种意义上"制作一张床。是吗？

格：是的，他也是制作床的影子。

苏：又，造床的木匠怎么样？你刚才不是说，他造的不是我们承认其为真正的床或床的本质的形式或理念,而只是一张具体特殊的床而已吗?

格:是的,我是这么说的。

苏:那么,如果他不能制造事物的本质,那么他就不能制造实在,而只能制造一种像实在(并不真是实在)的东西。是吗? 如果有人说,造床的木匠或其他任何手艺人造出的东西是完全意义上的存在,这话就很可能是错的。是吗?

格:无论如何,这终究不大可能是善于进行我们这种论证法的人的观点。

苏:因此,如果有人说这种东西①也不过是一种和真实比较起来的暗淡的阴影。这话是不会使我们感到吃惊的。

格:我们是一定不会吃惊的。

苏:那么,我们是不是打算还用刚才这些事例来研究这个模仿者的本质呢? 即,究竟谁是真正的模仿者?

格:就请这么做吧!

苏:那么下面我们设有三种床,一种是自然的②床,我认为我们大概得说它是神造的。或者,是什么别的造的吗?

格:我认为不是什么别的造的。

苏:其次一种是木匠造的床。

格:是的。

苏:再一种是画家画的床,是吗?

---

① 指§597处所举出的例如木匠造的床。
② 即本质的床,床的理念。

格：就算是吧。

苏：因此，画家、造床匠、神，是这三者造这三种床。

格：是的，这三种人。

苏：神或是自己不愿或是有某种力量迫使他不能制造超过一个的自然床，因而就只造了一个本质的床，真正的床。神从未造过两个或两个以上这样的床，它以后也永远不会再有新的了。

格：为什么？

苏：因为，假定神只制造两张床，就会又有第三张出现，那两个都以它的形式为自己的形式，结果就会这第三个是真正的本质的床，那两个不是了。

格：对。

苏：因此，我认为神由于知道这一点，并且希望自己成为真实的床的真正制造者而不只是一个制造某一特定床的木匠，所以他就只造了唯一的一张自然的床。

格：看来是的。

苏：那么我们把神叫做床之自然的创造者，可以吗？还是叫做什么别的好呢？

格：这个名称是肯定正确的，既然自然的床以及所有其他自然的东西都是神的创造。

苏：木匠怎么样？我们可以把他叫做床的制造者吗？

格：可以。

苏：我们也可以称画家为这类东西的创造者或制造者吗？

格：无论如何不行。

苏：那么你说他是床的什么呢？

格：我觉得,如果我们把画家叫做那两种人所造的东西的模仿者,应该是最合适的。

苏：很好。因此,你把和自然隔着两层的作品的制作者称作模仿者?

格：正是。

苏：因此,悲剧诗人既然是模仿者,他就像所有其他的模仿者一样,自然地和王者①或真实隔着两层。

格：看来是这样。

苏：那么,关于模仿者我们已经意见一致了。但是请你告诉我,画家努力模仿的是哪一种事物?你认为是自然中的每一事物本身还是工匠的制作品?

格：工匠的作品。

苏：因此这是事物的真实还是事物的影像?——这是需要进一步明确的。

格：我不明白你的意思。

苏：我的意思如下:例如一张床,你从不同的角度看它,从侧面或从前面或从别的角度看它,它都异于本身吗?或者,它只是样子显得不同,事实上完全没有什么不同,别的事物也莫不如此。是吗?

格：只是样子显得不同,事实上没有任何区别。

苏：那么请研究下面这个问题。画家在作关于每一事物的画时,是在模仿事物实在的本身还是在模仿看上去的样子呢?这是

---

① 比喻性用语。"王者"即"最高"、"真理"之意。

对影像的模仿还是对真实的模仿呢？

格：是对影像的模仿。

苏：因此，模仿术和真实距离是很远的。而这似乎也正是它之所以在只把握了事物的一小部分（而且还是表象的一小部分）时就能制造任何事物的原因。例如，我们说一个画家将给我们画一个鞋匠或木匠或别的什么工匠。虽然他自己对这些技术都一窍不通，但是，如果他是个优秀的画家的话，只要把他所画的例如木匠的肖像陈列得离观众有一定的距离，他还是能骗过小孩和一些笨人，使他们信以为真的。

格：这话当然对的。

苏：我的朋友，我认为，在所有这类情况下，我们都应该牢记下述这一点。当有人告诉我们说，他遇到过一个人，精通一切技艺，懂得一切只有本行专家才专门懂得的其他事物，没有什么事物他不是懂得比任何别人都清楚。听到这些话我们必须告诉他说："你是一个头脑简单的人，看来遇到了魔术师或巧于模仿的人，被他骗过了。你之所以以为他是万能的，乃是因为你不能区别知识、无知和模仿。"

格：再对不过了。

苏：那么下面我们必须考察悲剧诗人及其领袖荷马了。既然我们听到有些人说，这些诗人知道一切技艺，知道一切与善恶有关的人事，还知道神事。须知，一般的读者是这样想的：一个优秀的诗人要正确地描述事物，他就必须用知识去创造，否则是不行的。对此我们必须想一想：这种读者是不是碰上了魔术师般的那种模仿者了；受了他们的骗，以致看着他们的作品却不知道这些作品和真实隔着两层,是即使不知真实也容易制造得出的呢(因为他们的作品是影像而不是真实)?或者,是不是一般读者的话还是有点道理的,优秀的诗人对自己描述的事物(许多读者觉得他们描述得很好的)还是有真知的呢?

格:我们一定要考察一下。

苏:那么,如果一个人既能造被模仿的东西,又能造影像,你认为他真会热心献身于制造影像的工作,并以此作为自己的最高生活目标吗?

格:我不这样认为。

苏:我认为,如果他对自己模仿的事物有真知的话,他是一定宁可献身于真的东西而不愿献身于模仿的。他会热心于制造许多出色的真的制品,留下来作为自己身后的纪念。他会宁愿成为一个受称羡的对象,而不会热心于做一个称羡别人的人的。

格:我赞成你的话。能这样做,他的荣誉和利益一定会同样大的。

苏:因此我们不会要求荷马或任何其他诗人给我们解释别的问题;我们不会问起:他们之中有谁是医生而不只是一个模仿医生说话的人,有哪个诗人(无论古时的还是现时的)曾被听说帮助什么病人恢复过健康,像阿斯克勒比斯那样,或者,他们曾传授医术给什么学生,像阿斯克勒比斯传授门徒那样。我们不谈别的技艺,不问他们这方面的问题。我们只谈荷马所想谈论的那些最重大最美好的事情——战争和指挥问题、城邦治理问题和人的教育问题。我们请他回答下述问题肯定是公道的:"亲爱的荷马,假定你虽然是我们定义为模仿者的那种影像的制造者,但是离美德方面的真实并不隔开两层,而是只相隔一层,并且能够知道怎样的教育和训练能够使人在公私生活中变好或变坏,那么,请问:有哪一个城邦是因为你而被治理好了的,像斯巴达因为有莱库古,别的许多大小不等的城邦因为有别的立法者那样?有哪一个城邦把自己的大治说成是因为你是他们的优秀立法者,是你给他们造福的?意大利和西西里人曾归功于哈朗德斯,我们归功于梭伦。有谁曾归功于你?"他荷马能回答得出吗?

格:我想他是回答不出的。连荷马的崇拜者自己也不曾有人说荷马是一个优秀立法者。

苏:那么,你曾听说过荷马活着的时候有过什么战争是在他指挥或策划下打胜了的吗?

格:从未听说过。

苏:那么,正如可以期望于一个长于实际工作的智者的,你曾听说过荷马在技艺或其他实务方面有过多项精巧的发明,像米利都的泰勒斯和斯库西亚的阿那哈尔息斯①那样?

格:一项也没听说过。

苏:如果他从未担任过什么公职,那么,你有没有听说过他创建过什么私人学校,在世的时候学生们乐于从游听教,死后将一种荷马楷模传给后人,正像毕达哥拉斯那样?毕达哥拉斯本人曾为此而受到特殊的崇敬,而他的继承者时至今日还把一种生活方式叫做"毕达哥拉斯楷模",并因此而显得优越。荷马也如此吗?

格:从没听说过这种事。苏格拉底啊,要知道,荷马的学生克

---

① 第奥根尼·拉尔修《名哲言行录》i,105,传说他是锚和陶轮的发明者。

里昂夫洛斯作为荷马教育的一个标本，或许甚至比自己的名字①还更可笑呢，如果关于荷马的传说可靠的话。据传说他于荷马在世时就轻视他。

苏：是有这个传说的。但是，格劳孔啊，如果荷马真能教育人提高人的品德，他确有真知识而不是只有模仿术的话，我想就会有许多青年跟他学习，敬他爱他了。你说是吗？既然阿布德拉的普罗塔戈拉、开奥斯的普洛蒂卡斯和许多别的智者能以私人教学使自己的同时代人深信，人们如果不受智者的教育，就不能管好家务治好国家；他们靠这种智慧赢得了深深的热爱，以致他们的学生只差一点没把他们顶在自己的肩上走路了。同样道理，如果荷马真能帮助自己的同时代人得到美德，人们还能让他（或赫西俄德）流离颠沛，卖唱为生吗？人们会依依难舍，把他看得胜过黄金，强留他住在自己家里的。如果挽留不住，那么，无论他到哪里，人们也会随时到那里，直到充分地得到了他的教育为止的。你说我的这些想法对吗？

格：苏格拉底啊，我觉得你的话完全对的。

苏：因此我们是不是可以肯定下来：从荷马以来所有的诗人都只是美德或自己制造的其他东西的影像的模仿者，他们完全不知道真实？这正如我们刚才说的，画家本人虽然对鞋匠的手艺一无所知，但是能画出像是鞋匠的人来，只要他们自己以及那些又知道

---

① Κρεώφυλος从字面上看，意为"吃肉氏族的人"。据说是一位出身开俄斯岛的史诗作家。亚当引过他的诗："我是一个伟大的食肉者，我相信那对我的智慧有害。"（《第十二夜》I, 3, 90）

凭形状和颜色判断事物的观众觉得像鞋匠就行了。不是吗?

格:正是的。

苏:同样地,我认为我们要说,诗人虽然除了模仿技巧而外一无所知,但他能以语词为手段出色地描绘各种技术,当他用韵律、音步和曲调无论谈论制鞋、指挥战争还是别的什么时,听众由于和他一样对这些事情一无所知,只知道通过词语认识事物,因而总是认为他描绘得再好没有了。所以这些音乐性的成分所造成的诗的魅力是巨大的;如果去掉了诗的音乐彩色,把它变成了平淡无奇的散文,我想你是知道的,诗人的语言将变成个什么样子。我想你已经注意过这些了。

格:是的,我已经注意过了。

苏:它们就像一些并非生得真美,只是因为年轻而显得好看的面孔,如今青春一过,容华尽失似的。

格:的确像这样。

苏:请再考虑下面这个问题:影像的创造者,亦即模仿者,我们说是全然不知实在而只知事物外表的。是这样吗?

格:是的。

苏:让我们把这个问题说全了,不要半途而废。

格:请继续说下去。

苏:我们说,画家能画马缰和嚼子吧?

格:对。

苏:但是,能制造这些东西的是皮匠和铜匠吧?

格:当然。

苏:画家知道缰绳和嚼子应当是怎样的吗?或许,甚至制造这些东西的皮匠和铜匠本也不知道，而只有懂得使用这些东西的骑者才知道这一点吧？

格：完全正确。

苏：我们可不可以这样说，这是一个放之一切事物而皆准的道理呢？ D

格：什么意思？

苏：我意思是说：不论谈到什么事物都有三种技术：使用者的技术、制造者的技术和模仿者的技术，是吧？

格：是的。

苏：于是一切器具、生物和行为的至善、美与正确不都只与使用——作为人与自然创造一切的目的——有关吗？

格：是这样。

苏：因此，完全必然的是：任何事物的使用者乃是对它最有经验的，使用者把使用中看到的该事物的性能好坏通报给制造者。例如吹奏长笛的人报告制造长笛的人，各种长笛在演奏中表现出 E 来的性能如何，并吩咐制造怎样的一种，制造者则按照他的吩咐去制造。

格：当然。

苏：于是，一种人知道并报告关于笛子的优劣，另一种人信任他，照他的要求去制造。

格：是的。

苏：因此，制造者对这种乐器的优劣能有正确的信念（这是在和对乐器有真知的人交流中，在不得不听从他的意见时的信念），而使用者对它则能有知识。

格：的确是的。

苏：模仿者关于自己描画的事物之是否美与正确，能有从经验与使用中得来的真知吗？或者他能有在与有真知的人不可少的交往中因听从了后者关于正确制造的要求之后得到的正确意见吗？

格：都不能有。

苏：那么，模仿者关于自己模仿得优还是劣，就既无知识也无正确意见了。

格：显然是的。

苏：因此诗人作为一种模仿者，关于他所创作的东西的智慧是最美的了[①]。

格：一点也不是。

苏：他尽管不知道自己创作的东西是优是劣，他还是照样继续模仿下去。看来，他所模仿的东西对于一无所知的群众来说还是显得美的。

格：还能不是这样吗？

苏：看来我们已经充分地取得了如下的一致意见：模仿者对于自己模仿的东西没有什么值得一提的知识。模仿只是一种游戏，是不能当真的。想当悲剧作家的诗人，不论是用抑扬格还是用史诗格写作的，尤其都只能是模仿者。

格：一定是的。

苏：说实在的，模仿不是和隔真理两层的第三级事物相关的吗？

---

① 这是一句讽刺挖苦的话，应当反过来理解。但是格劳孔回答的态度是认真的。

格:是的。

苏:又,模仿是人的哪一部分的能力?

格:我不明白你的意思。

苏:我的意思是说:一个同样大小的东西远看和近看在人的眼睛里显得不一样大。

格:是不一样大的。

苏:同一事物在水里看和不在水里看曲直是不同的。由于同样的视觉错误同一事物外表面的凹凸看起来也是不同的。并且显然,我们的心灵里有种种诸如此类的混乱。绘画所以能发挥其魅力正是利用了我们天性中的这一弱点,魔术师和许多别的诸如此类的艺人也是利用了我们的这一弱点。

D

格:真的。

苏:量、数和称不是已被证明为对这些弱点的最幸福的补救行为吗? 它们不是可以帮助克服"好像多或少","好像大或小"和"好像轻或重"对我们心灵的主宰,代之以数过的数、量过的大小和称过的轻重的主宰的吗?

格:当然。

E

苏:这些计量活动是心灵理性部分的工作。

格:是这个部分的工作。

苏:但是,当它计量了并指出了某些事物比别的事物"大些"或"小些"或"相等"时,常常又同时看上去好像相反。

格:是的。

苏:但是我们不是说过吗:我们的同一部分对同一事物同时持相反的两种看法是不能容许的?

格：我们的话是对的。

苏：心灵的那个与计量有相反意见的部分，和那个与计量一致的部分不可能是同一个部分。

格：当然不能是。

苏：信赖度量与计算的那个部分应是心灵的最善部分。

格：一定是的。

苏：因此与之相反的那个部分应属于我们心灵的低贱部分。

格：必然的。

苏：因此这就是我们当初说下面这些话时想取得一致的结论。我们当初曾说，绘画以及一般的模仿艺术，在进行自己的工作时是在创造远离真实的作品，是在和我们心灵里的那个远离理性的部分交往，不以健康与真理为目的地在向它学习。

格：一定是的。

苏：因此，模仿术乃是低贱的父母所生的低贱的孩子。

格：看来是的。

苏：这个道理只适用于眼睛看的事物呢，还是也适用于耳朵听的事物，适用于我们所称的诗歌呢？①

格：大概也适用于听方面的事物。

苏：让我们别只相信根据绘画而得出的"大概"，让我们来接着考察一下从事模仿的诗歌所打动的那个心灵部分，看这是心灵的低贱部分还是高贵部分。

格：必须这样。

---

① 古代诗歌的两种主要形式，史诗和悲剧，都是唱的。所以听众都是用耳朵的。

苏：那么让我们这么说吧：诗的模仿术模仿行为着——或被迫或自愿地——的人，以及，作为这些行为的后果，他们交了好运或噩运（设想的），并感受到了苦或乐。除此而外还有什么别的吗？

格：别无其他了。

苏：在所有这些感受里，人的心灵是统一的呢，或者还是，正如在看的方面，对同一的事物一个人自身内能在同时有分歧和相反的意见那样，在行为方面一个人内部也是能有分裂和自我冲突的呢？不过我想起来了：在这一点上我们现在没有必要再寻求一致了。因为前面讨论时我们已经充分地取得了一致意见：我们的心灵在任何时候都是充满无数这类冲突的。

格：对。

苏：对是对。不过，那时说漏了的，我想现在必须提出来了。

格：漏了什么？

苏：一个优秀的人物，当他不幸交上了噩运，诸如丧了儿子或别的什么心爱的东西时，我们前面①不是说过吗，他会比别人容易忍受得住的。

格：无疑的。

苏：现在让我们来考虑这样一个问题：这是因为他不觉得痛苦呢，还是说，他不可能不觉得痛苦，只是因为他对痛苦能有某种节制呢？

格：后一说比较正确。

苏：关于他，现在我请问你这样一个问题：你认为他在哪一种

---

① 387D—E。

场合更倾向于克制自己的悲痛呢,是当着别人的面还是在独处的时候?

格:在别人面前他克制得多。

苏:但是当他独处时,我想,他就会让自己说出许多怕被人听到的话,做出许多不愿被别人看到的事来的。

格:是这样的。

苏:促使他克制的是理性与法律,怂恿他对悲伤让步的是纯情感本身。不是吗?

格:是的。

苏:在一个人身上同时关于同一事物有两种相反的势力表现出来,我们认为这表明,他身上必定存在着两种成分。

格:当然是的。

苏:其中之一准备在法律指导它的时候听从法律的指引。不是吗?

格:请作进一步的申述。

苏:法律会以某种方式告知:遇到不幸时尽可能保持冷静而不急躁诉苦,是最善的。因为,这类事情的好坏是不得而知的;不作克制也无补于事;人世生活中的事本也没有什么值得太重视的;何况悲痛也只能妨碍我们在这种情况下尽可能快地取得我们所需要的帮助呢!

格:你指的什么帮助呢?

苏:周密地思考所发生的事情呀!就像在(掷骰子时)骰子落下后决定对掷出的点数怎么办那样,根据理性的指示决定下一步的行动应该是最善之道。我们一定不能像小孩子受了伤那样,在啼哭中浪费时间,而不去训练自己心灵养成习惯:尽快地设法治伤救死,以求消除痛苦。

格:这的确是面临不幸时处置不幸的最善之道。

苏:因此我们说,我们的最善部分是愿意遵从理性指导的。

格:显然是的。

苏:因此,我们不是也要说,一味引导我们回忆受苦和只知悲叹而不能充分地得到那种帮助的那个部分,是我们的无理性的无益的部分,是懦弱的伙伴?

格:是的,我们应该这么说。

苏:因此,我们的那个不冷静的部分给模仿提供了大量各式各样的材料。而那个理智的平静的精神状态,因为它几乎是永远不变的,所以是不容易模仿的,模仿起来也是不容易看懂的,尤其不是涌到剧场里来的那一大群杂七杂八的人所容易了解的。因为被模仿的是一种他们所不熟悉的感情。

格:一定的。

苏:很显然,从事模仿的诗人本质上不是模仿心灵的这个善的部分的,他的技巧也不是为了让这个部分高兴的,如果他要赢得广大观众好评的话。他本质上是和暴躁的多变的性格联系的,因为这容易模仿。

格:这是很明显的。

苏:到此,我们已经可以把诗人捉住,把他和画家放在并排了。这是很公正的。因为像画家一样,诗人的创作是真实性很低的;因为像画家一样,他的创作是和心灵的低贱部分打交道的。因此我们完全有理由拒绝让诗人进入治理良好的城邦。因为他的作用在于激励、培育和加强心灵的低贱部分毁坏理性部分，就像在一个城邦里把政治权力交给坏人，让他们去危害好人一样。我们同样要说，模仿的诗人还在每个人的心灵里建立起一个恶的政治制度，通过制造一个远离真实的影像，通过讨好那个不能辨别大和小，把同一事物一会儿说大一会儿又说小的无理性部分。

格：确实是的。

苏：但是，我们还没有控告诗歌的最大罪状呢。它甚至有一种能腐蚀最优秀人物（很少例外）的力量呢。这是很可怕的。

格：如果它真有这样的力量，确是很可怕的。

苏：请听我说。当我们听荷马或某一悲剧诗人模仿某一英雄受苦，长时间地悲叹或吟唱，捶打自己的胸膛，你知道，这时即使是我们中的最优秀人物也会喜欢它，同情地热切地听着，听入了迷的。我们会称赞一个能用这种手段最有力地打动我们情感的诗人是一个优秀的诗人的。

格：我知道，是这样的。

苏：然而，当我们在自己的生活中遇到了不幸时，你也知道，我们就会反过来，以能忍耐能保持平静而自豪，相信这才是一个男子汉的品行，相信过去在剧场上所称道的那种行为乃是一种妇道人家的行为。

格：是的，我也知道这个。

苏：那么，当我们看着舞台上的那种性格——我们羞于看到自己像那样的，——而称赞时，你认为这种称赞真的正确吗？我们喜欢并称赞这种性格而不厌恶它，这样做是有道理的吗？

格：说真的，看来没有道理。

苏:特别是假如你这样来思考这个问题的话。

格:怎样思考?

苏:你请作如下的思考。舞台演出时诗人是在满足和迎合我们心灵的那个(在我们自己遭到不幸时被强行压抑的,)本性渴望痛哭流涕以求发泄的部分。而我们天性最优秀的那个部分,因未能受到理性甚或习惯应有的教育,放松了对哭诉的监督。理由是:它是在看别人的苦难,而赞美和怜悯别人——一个宣扬自己的美德而又表演出极端苦痛的人——是没什么可耻的。此外,它①认为自己得到的这个快乐全然是好事,它是一定不会同意因反对全部的诗歌而让这种快乐一起失去的。因为没有多少人能想到,替别人设身处地地感受将不可避免地影响我们为自己的感受,在那种场合养肥了的怜悯之情,到了我们自己受苦时就不容易被制服了。

格:极为正确。

苏:关于怜悯的这个论证法不也适用于喜剧的笑吗?虽然你自己本来是羞于插科打诨的,但是在观看喜剧表演甚或在日常谈话中听到滑稽笑话时,你不会嫌它粗俗反而觉得非常快乐。这和怜悯别人的苦难不是一回事吗?因为这里同样地,你的理性由于担心你被人家看作小丑,因而在你跃跃欲试时克制了的你的那个说笑本能,在剧场上你任其自便了,它的面皮愈磨愈厚了。于是你自己也不知不觉地在私人生活中成了一个爱插科打诨的人了。

格:确实是的。

---

① 心灵的理性部分。

苏:爱情和愤怒,以及心灵的其他各种欲望和苦乐——我们说它们是和我们的一切行动同在的——诗歌在模仿这些情感时对我们所起的作用也是这样的。在我们应当让这些情感干枯而死时诗歌却给它们浇水施肥。在我们应当统治它们,以便我们可以生活得更美好更幸福而不是更坏更可悲时,诗歌却让它们确立起了对我们的统治。

格:我没有异议。

苏:因此,格劳孔啊,当你遇见赞颂荷马的人,听到他们说荷马是希腊的教育者,在管理人们生活和教育方面,我们应当学习他,我们应当按照他的教导来安排我们的全部生活,这时,你必须爱护和尊重说这种话的人。因为他们的认识水平就这么高。你还得对他们承认,荷马确是最高明的诗人和第一个悲剧家。但是你自己应当知道,实际上我们是只许可歌颂神明的赞美好人的颂诗进入我们城邦的。如果你越过了这个界限,放进了甜蜜的抒情诗和史诗,那时快乐和痛苦就要代替公认为至善之道的法律和理性原则成为你们的统治者了。

格:极其正确。

苏:到此,让我们结束重新讨论诗歌以及进一步申述理由的工作吧。我们的申述是:既然诗的特点是这样,我们当初把诗逐出我们国家的确是有充分理由的。是论证的结果要求我们这样做的。为了防止它①怪我们简单粗暴,让我们再告诉它,哲学和诗歌的争吵是古已有之的。例如,什么"对着主人狂吠的爱叫的狗",什么

---

① 拟人。"它"指诗。

"痴人瞎扯中的大人物",什么"统治饱学之士的群盲",什么"缜密地思考自己贫穷的人力"①,以及无数其他的说法都是这方面的证据。然而我们仍然申明:如果为娱乐而写作的诗歌和戏剧能有理由证明,在一个管理良好的城邦里是需要它们的,我们会很高兴接纳它。因为我们自己也能感觉到它对我们的诱惑力。但是背弃看来是真理的东西是有罪的。我的朋友,你说是这样吗?你自己没有感觉到它的诱惑力吗,尤其是当荷马本人在进行蛊惑你的时候?

格:的确是的。

苏:那么,当诗已经申辩了自己的理由,或用抒情诗格或用别的什么格律——它可以公正地从流放中回来吗?

格:当然可以。

苏:我们大概也要许可诗的拥护者——他们自己不是诗人只是诗的爱好者——用无韵的散文申述理由,说明诗歌不仅是令人愉快的,而且是对有秩序的管理和人们的全部生活有益的。我们也要善意地倾听他们的辩护,因为,如果他们能说明诗歌不仅能令人愉快而且也有益,我们就可以清楚地知道诗于我们是有利的了。

格:我们怎样才能有利呢?

苏:不过,我的好朋友,如果他们说不出理由来,我们也只好像那种发觉爱情对自己不利时即冲破情网——不论这样做有多么不容易——的恋人一样了。虽然我们受了我们美好制度②的教育已

---

① 这些话出处不明。第一句和第三句话看来是骂诗人的,第四句话是讽刺哲学家的。

② 反话。

养成了对这种诗歌的热爱,因而我们很乐意能听到他们提出尽可能有力的理由来证明诗的善与真。但是,如果他们做不到这一点,我们就要在心里对自己默念一遍自己的理由,作为抵制诗之魅力的咒语谶言,以防止自己堕入众人的那种幼稚的爱中去了。我们已经得以知道,我们一定不能太认真地把诗歌当成一种有真理作

B 依据的正经事物看待。我们还要警告诗的听众,当心它对心灵制度的不良影响,要他们听从我们提出的对诗的看法才好。

格:我完全同意。

苏:亲爱的格劳孔,这场斗争是重大的。其重要性程度远远超过了我们的想象。它是决定一个人善恶的关键。因此,不能让荣誉、财富、权力,也不能让诗歌诱使我们漫不经心地对待正义和一切美德。

格:根据我们所作的论证,我赞同你的这个结论。并且我想别的人也会赞同你的话的。

IX C 苏:但是,你知道,我们还没有论述至善所能赢得的最大报酬和奖励呢。

格:你指的一定是一个无法想象的大东西,如果还有什么别的比我们讲过的东西大的话。

苏:在一段短短的时间里哪能产生什么真正大的东西呀!因为一个人从小到老一生的时间和时间总体相比肯定还是很小的。

格:是的,不能产生任何大东西的。

苏:那么怎么样?你认为一个不朽的事物应当和这么短的一
D 段时间相关,而不和总的时间相关吗?

格:我认为它应和总的时间相关。但是这个不朽的事物你指

的是什么呢？

苏：你不知道我们的灵魂是不朽不灭的吗？

格：〔惊讶地看着苏格拉底：〕天哪，我真的不知道，但是，你打算这么主张么？

苏：是的，我应当这样主张。我想你也应该这样主张。这没什么难的。

格：这在我是很难的。但是我还是乐意听你说说这个不难的主张。

苏：请听我说。

格：尽管说吧。

苏：你用"善"和"恶"这两个术语吗？

格：我用。

苏：你对它们的理解和我相同吗？

格：什么理解？

苏：一切能毁灭能破坏的是恶，一切能保存有助益的是善。

格：我赞同。

苏：你认为怎么样？是不是每一种事物都有其特有的善与恶，例如眼睛的发炎，整个身体的疾病，粮食的霉烂，树木的枯朽，铜铁的生锈？照我看，实际上一切事物都有其与生俱来的恶或病，你说是不是？

格：是的。

苏：那么，当一种恶生到一个事物上去时，它不就使这事物整个儿地也变恶而终至崩溃毁灭吗？

格：当然。

苏:那么,是每一事物特有的恶或病毁灭该事物。如果它不能
B 毁灭该事物,也就不再有别的什么能毁坏它了。因为善是显然永
不毁灭什么事物的,而既不善也不恶的"中"也是不会毁灭任何事
物的。

格:当然不能。

苏:那么,如果我们发现什么东西,虽有专损害它的恶,但不能
使它崩解灭亡,我们就可以知道,具有这种天赋素质的事物必定是
不可毁灭的。对吗?

格:看来是的。

苏:因此怎么样?有没有使心灵恶的东西呢?

格:的确有。我们刚才所列述的一切:不正义、无节制、懦弱、
C 无知都是。

苏:其中任何一个都崩解和毁灭心灵吗?请注意不要想错了,
不要说,一个不正义的愚人在做坏事时被捉住了,这是被不正义毁
灭了。(不正义是心灵特有的恶。)我们还是宁可说:正如削弱和毁
灭身体使它终至不再成其为身体的是身体特有的恶(它是疾病),
同样,在所有我们列举的例子里,生到一个事物上并留存在那个事
D 物里起毁灭它的作用,从而使它不再成其为该事物的,是特有的
恶。是这样吗?

格:是这样。

苏:那么,来吧,让我们也这样来讨论心灵。不正义和其他内
在的恶,能通过内在和长上去的途径以破坏毁灭心灵,直至使它死
亡使它和肉体分离吗?

格:无论如何也不能。

苏：但是，认为一个事物能被别的事物的恶所毁灭，它自身的恶不毁灭它——这种想法肯定是没有道理的。

格：是没有道理的。

苏：因为，格劳孔啊，请注意，我们不会认为如下的说法是确当的：人的身体被食物的恶——无论是发霉还是腐烂，还是别的什么——所毁灭。虽然当食物的恶在人体里造成人体的毛病时，我们会说身体"因为"些食物而"被"它自己的恶，即疾病所毁灭，但是我们永远不会认为身体（作为一物）可能被食物（作为另一物）的恶，一个外来的恶（没有造成身体的疾病）所毁灭。

格：你的话十分正确。

苏：同样道理，如果说肉体的恶不能在灵魂里造成灵魂的恶，我们就永远不能相信，灵魂能被一个外来的恶（离开灵魂本身的恶）所灭亡，即一事物被他事物的恶所灭亡。

格：这是很合理的。

苏：因此，我们必须批驳下述论点，指出它的错误。或者，如果不去驳斥它，我们也必须永远坚持：热病或别的什么病，刀杀或碎尸万段能使灵魂灭亡——这说法看来也不像有更多的理由，除非有人能证明，灵魂能因肉体的这些遭受而变得更不正义或更恶。我们不能承认，无论灵魂还是别的什么可以因有别的事物的恶和它同在（没有它自己的恶）而被灭亡的。

格：无论如何，不会有人能证明，一个临死的人的灵魂能因死亡而变得更不正义的。

苏：但是，如果有人胆敢固执这个论点，为了避免被迫走上承认灵魂不朽，他说：一个临死的人是变得更恶更不正义的。这时我

们将仍然主张：如果他的话是真的，那么不正义对于不正义者是致
D 命的，就像疾病致死一样。如果不正义天然能杀死不正义的人，那
么染上不正义的人就会死于不正义，最不正义者会死得最快，不
正义较少的人就会死得较慢了。但是当前事实上，不正义者不是
死于不正义，而是因干坏事死于别人所施加的惩罚。

格：的确是的。不正义如果对于不正义者是致命的，结果它就
不会显得是一个可怕的东西了，因为它（如果这样就）会是一个能
除恶的东西了。我倒宁可认为，它将表明正好相反，表明它是一个
E （只要可能就）会杀死别人的东西，是一个的确能使不正义者活着
的东西。——不仅使他活着，而且，我认为，还能给他以充沛的精
力，随着它和致命分离。

苏：你说得很对。如果特有的病和特有的恶不能杀死和毁灭
灵魂，那么，本来就是用以毁灭别的东西的恶就更不能毁灭灵魂或
任何其他事物了，除了毁灭它专毁灭的那个东西而外。

格：看来是更不能了。

611　苏：既然任何恶——无论特有的还是外来的——都不能毁灭
它，可见，它必定是永恒存在的。既然是永恒存在的，就必定是不
朽的。

格：必定是不朽的。

XI　苏：这一点到此让我们就这样定下来吧。又，如果这一点定下
来了，那么你就会看到，灵魂永远就是这些。灵魂既不会减少，因
为其中没有一个能灭亡。同样，也不会有增加。因为，如果不朽事
物能增加，你知道，必定就要有事物从可朽者变为不可朽者了，结
果就一切事物都能不朽了。

格:你说得对。

苏:我们一定不能有这个想法,因为它是理性所不能许可的。我们也一定不能相信,灵魂实实在在本质上是这样一种事物:它内部有许多的不同、不像和矛盾。

格:我该如何理解你这话呢?

苏:一个事物如果是由多种部分合成而又不是最好地组织在一起的,像我们如今看到灵魂的情况那样的话,它要不朽是不容易的。

格:看来的确是不容易的。

苏:因此,刚才的论证以及其他的论证①大概已使我们不得不承认灵魂不死了。但是,为了认识灵魂的真相,我们一定不能像现在这样,在有肉体或其他的恶和它混在一起的情况下观察它。我们必须靠理性的帮助,充分地细看它在纯净状况下是什么样的。然后你将发现它要美得多,正义和不正义以及我们刚才讨论过的一切也将被辨别得更清楚。不过,虽然我们刚才已经讲了灵魂目前被看到的"真实"状况,但是我们所看见的还是像海神格劳卡斯像一样,它的本相并不是可以一望而知那么容易看清楚的,就像海神的本相已不易看清一样:他原来肢体的各部分已被海水多年浸泡冲刷得断离碎散,身上又盖上了一层贝壳、海草和石块之类,以致本相尽失,看上去倒更像一个怪物。这就是我们所看到的灵魂被无数的恶糟蹋成的样子。格劳孔啊,我们必须把目光转向别处。

格:何处?

---

① 其他论证见于《斐多》篇和《费德罗》等处。

苏：它的爱智部分。请设想一下，它凭着和神圣、不朽、永恒事物之间的近亲关系，能使自己和它们之间的交往、对它们的理解经历多久的时间。再请设想一下，如果它能完全听从这力量的推动，并从目前沉没的海洋中升起，如果它能除去身上的石块和贝壳——因为它是靠这些被人们认为能带来快乐的尘世俗物过日子的，因此身上裹满了大量野蛮的尘俗之物。——它能变成个什么样子。这时人们大概就能看得见灵魂的真相了，无论它的形式是复杂的还是单一的还是别的什么可能样的。不过，到此关于灵魂在人世生活中的感受和形式，我看我们已经描述得足够清楚了。

格：的确是的。

XII 苏：因此，我们已经满足了论证的其他要求。我们没有祈求正义的报酬和美名，像你们说赫西俄德和荷马所做的那样①，但是我们已经证明了，正义本身就是最有益于灵魂自身的。为人应当正义，无论他有没有古各斯的戒指②，以及哈得斯的隐身帽③。

格：你的话十分正确。

苏：因此，格劳孔，如果我们现在把所有各种各样的报酬给予正义和其他美德，让人们因存正义和美德在生前和死后从人和神的手里得到它们，对此还能再有什么反对意见吗？

格：一定不会再有了。

苏：那么，你肯把在讨论中借去的东西还给我吗？

---

① 363 B—C。
② 359D 以下；367E。
③ 《伊利亚特》V 845。

格:那是指的什么?

苏:我曾经容许你们说,正义者被认为不正义,而不正义者被认为正义。因为那时你们认为:虽然这些事事实上瞒不过神和人,但是,为了讨论的目的,还是应当作出让步,以便判明真正的正义和真正的不正义。你不记得了?

格:赖账是不公道的。

苏:正义与不正义既已判明,我要求你把正义从人神处得来的荣誉归还给正义,我要求我们一致同意它被这样认为,以便相信它能够把因被认为正义而赢得的奖品搜集起来交给有正义的人,既然我们的讨论已经证明它能把来自善的利益赠给那些真正探求并得到了它的人而不欺骗他们。

格:这是一个公正的要求。

苏:那么,神事实上不是不知道正义者或不正义者的性质。——这不是你要归还的第一件吗?

格:我们归还这个。

苏:既然他们是瞒不了的,那么,一种人将是神所爱的,①另一种人将是神所憎的。——我们一开始②就曾对此取得过一致意见。

格:是这样。

苏:又,我们要一致相信:来自神的一切都将最大可能地造福于神所爱的人,除非他因有前世的罪孽必须受到某种惩罚。是吧?

格:当然。

---

① 参见《菲勒布》篇39E。
② 参见352B。

苏：因此我们必须深信，一个正义的人无论陷入贫困、疾病，还是遭到别的什么不幸，最后都将证明，所有这些不幸对他（无论活着的时候还是死后）都是好事。因为一个愿意并且热切地追求正义的人，在人力所及的范围内实践神一般的美德，这样的人是神一定永远不会忽视的。

格：这种人既然像神一样，理应不会被神所忽视。

苏：关于不正义的人我们不是应当有相反的想法吗？

格：理所当然。

苏：因此，这些就是神赐给正义者的胜利奖品。

格：至少我认为是这样。

苏：但是一个正义者从人间得到什么呢？如果应当讲真实，情况不是如下述这样吗？狡猾而不正义的人很像那种在前一半跑道上跑得很快，但是在后一半就不行了的赛跑运动员。是吗？他们起跑很快，但到最后精疲力竭，跑完时遭到嘲笑嘘骂，得不到奖品。真正的运动员能跑到终点，拿到奖品夺得花冠。正义者的结局不也总是这样吗：他的每个行动、他和别人的交往，以及他的一生，到最后他总是能从人们那里得到光荣取得奖品的？

格：的确是的。

苏：因此，你允许我把过去你们说是不正义者的那些益处现在归还给正义者吗？因为我要说，正义者随着年龄的增长，只要愿意，就可以治理自己的国家，要跟谁结婚就可以跟谁结婚，要跟谁攀儿女亲家就可以跟谁攀亲家，还有你们过去说成是不正义者的，现在我说成是正义者的一切好处。我还要说到不正义者。他们即使年轻时没有被人看破，但大多数到了人生的最后会被捉住受到嘲弄,他们的老年将过得很悲惨,受到外国人和本国同胞的唾骂。他们将遭到鞭笞,受到一切你正确地称之为野蛮的那些处罚①,还有拷问、烙印。他们所遭受的一切请你假定自己已全听我说过了。但是,请你考虑一下,要不要耐心听我说完它。

格:当然要。因为你的话是公正的。

苏:这些就是正义者活着的时候从神和人处得到的奖品、薪俸和馈赠(除正义本身赐予的福利而外)。

格:这是一些美好的可靠的报酬。

苏:然而这些东西和死后等着正义者和不正义者的东西比较起来,在数上和量上就都又算不上什么了。你们必须听听关于这两种人的一个故事,以便每一种人都可以得到我们的论证认为应属于他的全部报应。

格:请讲吧。比这更使我高兴听的事情是不多的。

苏:我要讲的故事不像奥德修斯对阿尔刻诺斯讲的那么长,但也是一个关于勇士的故事②。这个勇士名叫厄洛斯,是阿尔米纽斯之子③,出身潘菲里亚种族。在一次战斗中他被杀身死。死后第十天尸体被找到运回家去。第十二天举行葬礼。当他被放上火葬堆时竟复活了。复活后他讲述了自己在另一个世界所看到的情景。他说,当他的灵魂离开躯体后,便和大伙的鬼魂结伴前行。他们来到了一个奇特的地方。这里地上有两个并排的洞口。和这两个洞

---

① 参见 361 E。

② 见史诗《奥德赛》ix—xii。奥德修斯用这么长篇的故事对法埃刻亚国王阿尔刻诺斯讲了自己遇险的经历。这故事后来成了长故事的代名词。

③ 和厄洛斯 Ἡρός 读音相近的词 ἥρως,是"英雄"或"战士"之意。

口正对着的,天上也有两个洞口。法官们就坐在天地之间。他们每判决一个人,正义的便吩咐从右边升天,胸前贴着判决证书;不正义的便命令他从左边下地,背上带着表明其生前所作所为的标记。厄洛斯说,当他自己挨近时,法官却派给他一个传递消息给人类的任务,要他把那个世界的事情告诉人类,吩咐他仔细听仔细看这里发生的一切。于是他看到,判决通过后鬼魂纷纷离开,有的走上天的洞口有的走下地的洞口。同时也有鬼魂从另一地洞口上来,风尘仆仆,形容污秽,也有鬼魂从另一天洞口下来,干净纯洁。不断到来的鬼魂看上去都像是经过了长途跋涉,现在欣然来到一片草场,搭下帐篷准备过节样的。他们熟人相逢,互致问候。来自地下的询问对方在天上的情况,来自天上的询问对方在地下的情况。他们相互叙说自己的经历。地下来的人追述着自己在地下行程中(一趟就是一千年)遭遇的痛苦和看到的事情。他们一面说一面悲叹痛哭。天上来的人则叙述他们看到天上的不寻常的美和幸福快乐。格劳孔啊,所有这些通通说出来得花我们很多时间。简而言之,厄洛斯告诉人们说,一个人生前对别人做过的坏事,死后每一件都要受十倍报应。也就是说每百年受罚一次,人以一百年算作一世,因此受到的惩罚就十倍于罪恶。举例说,假定一个人曾造成过许多人的死亡,或曾在战争中投敌,致使别人成了战俘奴隶,或参与过什么别的罪恶勾当,他必须为每一件罪恶受十倍的苦难作为报应。同样,如果一个人做过好事,为了公正、虔诚,他也会得到十倍的报酬。厄洛斯还讲到了出生不久就死了的或只活了很短时间就死了的婴儿,但这些不值得我再复述。厄洛斯还描述了崇拜神灵孝敬父母的人受到的报酬更大,亵渎神灵忤逆父母谋害人命的人受到的惩罚也更大。例如他告诉人们说,他亲目所睹,有人问"阿尔蒂阿依俄斯大王在哪里?"

这个阿尔蒂阿依俄斯刚好是此前整整一千年的潘菲里亚某一城邦的暴君。据传说,他曾杀死自己年老的父亲和自己的哥哥,还做过许多别的邪恶的事情。因此回答这一问话的人说:"他没来这里,大概也不会来这里了。因为下述这件事的确是我们所曾遇到过的可怕事情之一。当我们走到洞口即将出洞,受苦也已到头时,突然看见了他,还有其他一些人。他们差不多大部分是暴君,虽然有少数属于私人生活上犯了大罪的。当他们这种人想到自己终于将通过洞口而出时,洞口是不会接受的。凡罪不容赦的或者还没有受够惩罚的人要想出洞,洞口就会发出吼声。有一些样子凶猛的人守在洞旁,他们能听懂吼声。于是他们把有些人捉起来带走。而像阿尔蒂阿依俄斯那样的一些人,他们则把他们捆住手脚头颈,丢在地上,剥他们的皮,在路边上拖,用荆条抽打。同时把这些人为什么受这种折磨的缘由,以及还要被抛入塔尔塔洛斯地牢的事告知不时从旁边走过的人们。"他说,那时他们虽然碰见过许多各式各样可怕的事情,但是最可怕的还是担心自己想出去时听到洞口发出吼声。要是走出来没有吼声,就再庆幸不过了。审判和惩罚就如上述,给正义者的报酬与此相反。但是一批又一批的人在草场上住满了七天,到第八天上就被要求动身继续上路。走了四天他们来到一个地方。从这里他们看得见一根笔直的光柱,自上而下贯通天地,颜色像虹,但比虹更明亮更纯净。又走了一天他们到了光柱所在地。他们在那里在光柱中间看见有白天而降的光线的末端。这光柱是诸天的枢纽,像海船的龙骨,把整个旋转的碗形圆拱维系在一起。推动所有球形天体运转的那个"必然"之纺锤吊挂在光线的末端。光柱和它上端的挂钩是好铁的,圆拱是好铁和别的物质合金的。圆拱的特点如下:它的形状像人间的圆拱,但是照厄洛斯的描述,我们必须想象最外边的是一个中空的大圆拱。由外至内第二个拱比第一个小，正好可以置于其中。第二个中间也是空的，空处正好可以置入第三个。第三个里面置入第四个，如此等等，直到最后第八个，一共像大小相套的一套碗。由于所有八个碗形拱彼此内面和外面相契合，从上面看去它们的边缘都呈圆形，所以合起来在光柱的周围形成一个单一的圆拱连续面，光柱笔直穿过第八个碗拱的中心。最外层那个碗拱的碗边最宽，碗边次宽的是第六个，依次是第四个、第八个、第七个、第五个、第三个，最窄的是第二个。最外层的那个碗边颜色复杂多样；第七条边最亮；第八条边反射第七条的亮光，颜色同它一样；第二条和第五条边颜色彼此相同，但比前两者黄些；第三条边颜色最白；第四条边稍红；第六条边次白。旋转起来整个的纺锤体系是一个运动；但是在这整个运动内部，里面七层转得慢，方向和整个运动相反；其中第八层运动得最快；第七、第六、第五彼此一起转动，运动得其次快；有返回原处现象的第四层在他们看起来运动速度第三；第三层速度第四；第二层速度第五。① 整个纺锤在"必然"的膝

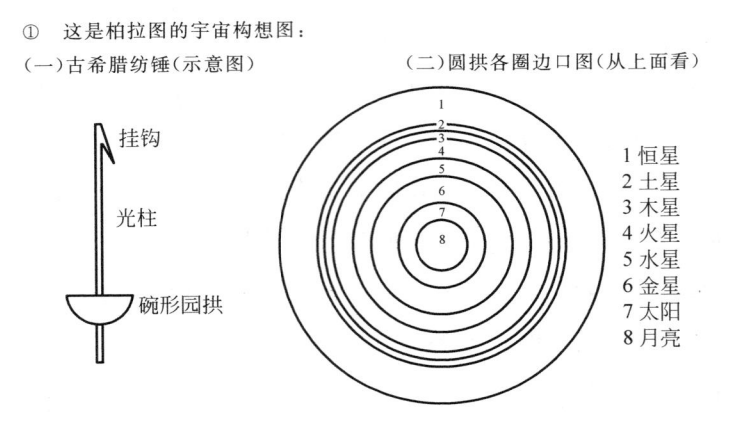

---

① 这是柏拉图的宇宙构想图：

(一) 古希腊纺锤（示意图）　　　（二）圆拱各圈边口图（从上面看）

1 恒星
2 土星
3 木星
4 火星
5 水星
6 金星
7 太阳
8 月亮

上旋转。在每一碗拱的边口上都站着一个海女歌妖,①跟着一起转,各发出一个音,八个音合起来形成一个和谐的音调。此外还有三个女神,距离大约相等,围成一圈坐在自己的座位上。他们是"必然"的女儿,"命运"三女神②,身着白袍头束发带。她们分别名叫拉赫西斯、克洛索、阿特洛泊斯,和海妖们合唱着。拉赫西斯唱过去的事,克洛索唱当前的事,阿特洛泊斯唱将来的事。克洛索右手不时接触纺锤外面,帮它转动;阿特洛泊斯用左手以同样动作帮助内面转;拉赫西斯两手交替着两面帮转。

当厄洛斯一行的灵魂到达这里时,他们直接走到拉赫西斯面前。这时有一个神使出来指挥他们排成次序和间隔,然后从拉赫西斯膝上取下阄和生活模式,登上一座高坛宣布道:"请听'必然'的闺女拉赫西斯如下的神意:'诸多一日之魂,你们包含死亡的另一轮回的新生即将开始了。不是神决定你们的命运,是你们自己选择命运。谁拈得第一号,谁就第一个挑选自己将来必须度过的生活。美德任人自取。每个人将来有多少美德,全看他对它重视到什么程度。过错由选择者自己负责,与神无涉。'"说完,神使把阄撒到他们之间。每个灵魂就近拾起一阄。厄洛斯除外,神不让他拾取。拾得的人看清自己抽得的号码。接着神使把生活模式放在他们面前的地上,数目比在场人数多得多。模式各种各样,有各种动物的生活和各种人的生活。其

C

D

XV

E

618

---

① αἱ Σειρηνες,用歌声诱杀航海者的女妖。在荷马史诗中是两人,在柏拉图笔下是八人。这里无妖精害人之意。

② αἱ Μοῖραι(Fates),"命运"三女神。拉赫西斯决定人的命运。克洛索在三姊妹中年最长,为纺生命之线者。阿特洛泊斯年最幼,被叫做"不可逆转的阿特洛泊斯"。

中有僭主的生活。僭主也有终身在位的,也有中途垮台因而受
B 穷的,被放逐的或成乞丐的。还有男女名人的荣誉生活,其中有
因貌美的,有因体壮的,有因勇武的,有因父母高贵的,有靠祖先
福荫的。还有在这些方面有坏名声的男人和女人的生活。灵魂
的状况是没有选择的,因为不同生活的选择必然决定了不同的
性格。而其他的事物在选定的生活中则都是不同程度地相互混
合着的,和富裕或贫穷、疾病或健康,以及各种程度的中间状况
混合着的。亲爱的格劳孔,这个时刻看来对于一个人是一切都
C 在危险中的。这就是为什么我们每个人都宁可轻视别的学习而
应当首先关心寻师访友,请他们指导我们辨别善的生活和恶的
生活,随时随地选取尽可能最善的生活的缘故。我们应当对我
们所讨论的这一切加以计算,估价它们(或一起或分别地)对善
的生活的影响;了解美貌而又贫困或富裕,或,美貌结合着各种
D 心灵习惯,对善或恶有什么影响;了解出身贵贱、社会地位、职位
高低、体质强弱、思维敏捷或迟钝,以及一切诸如此类先天的或
后得的心灵习惯——彼此联系着——又有什么影响。考虑了所
有这一切之后一个人就能目光注视着自己灵魂的本性,把能使
E 灵魂的本性更不正义的生活名为较恶的生活,把能使灵魂的本
性更正义的生活名为较善的生活,因而能在较善的生活和较恶
的生活之间作出合乎理性的抉择。其余一切他应概不考虑,因
为我们已经知道,无论对于生时还是死后这都是最好的选择。
619 人死了也应当把这个坚定不移的信念带去冥间,让他即使在那
里也可以不被财富或其他诸如此类的恶所迷惑,可以不让自己
陷入僭主的暴行或其他许多诸如此类的行为并因而受更大的

苦,可以知道在这类事情方面如何在整个的今生和所有的来世永远选择中庸之道而避免两种极端。因为这是一个人的最大幸福之所在。

据厄洛斯告诉我们,神使在把生活模式让大家选择之前布告大家:"即使是最后一个选择也没关系,只要他的选择是明智的他的生活是努力的,仍然有机会选到能使他满意的生活。愿第一个选择者审慎对待,最后一个选择者不要灰心。"神使说完,拈得第一号的灵魂走上来选择。他挑了一个最大僭主的生活。他出于愚蠢和贪婪作了这个选择,没有进行全面的考察,因此没有看到其中还包含着吃自己孩子等等可怕的命运在内。等定下心来一细想,他后悔了。于是捶打自己的胸膛,号啕痛哭。他忘了神使的警告:不幸是自己的过错。他怪命运和神等等,就是不怨自己。这是一个在天上走了一趟的灵魂,他的前世生活循规蹈矩。但是他的善是由于风俗习惯而不是学习哲学的结果。确实,广而言之,凡是受了这种诱惑的人大多数来自天上,没有吃过苦头,受过教训;而那些来自地下的灵魂不但自己受过苦也看见别人受过苦,就不会那么匆忙草率地作出选择了。大多数灵魂的善恶出现互换,除了拈阄中的偶然性之外,这也是一个原因。我们同样可以确信,凡是在人间能忠实地追求智慧,拈阄时又不是拈得最后一号的话,——如果这里所讲的故事可信的话——这样的人不仅今生今世可以期望得到快乐,死后以及再回到人间来时走的也会是一条平坦的天国之路,而不是一条崎岖的地下之路。

厄洛斯告诉我们,某些灵魂选择自己的生活是很值得一看的,其情景是可惊奇的,可怜的而又可笑的。他们的选择大部分决定于自己前生的习性。例如他看见俄尔菲①的灵魂选取了天鹅的生活。他死于妇女之手,因而恨一切妇女而不愿再生于妇女。赛缪洛斯②的灵魂选择了夜莺的生活。也有天鹅夜莺等歌鸟选择人的生活的。第二十号灵魂选择了雄狮的生活,那是特拉蒙之子阿雅斯的灵魂。他不愿变成人,因为他不能忘记那次关于阿克琉斯的武器归属的裁判③。接着轮到阿伽门农。他也由于自己受的苦难而怀恨人类④,因此选择鹰的生活。选择进行到大约一半时轮到阿泰兰泰⑤。她看到做一个运动员的巨大荣誉时不禁选择了运动员的生活。在她之后是潘诺佩俄斯之子厄佩俄斯⑥,他愿投生为一有绝巧技术的妇女。在远远的后边,滑稽家赛尔息特斯⑦的灵魂正在给自己套上一个猿猴的躯体。拈阄的结果拿到最后一号,最后一个来选择的竟是奥德修斯⑧的灵魂。由于没有忘记前生的辛苦劳累,他已经抛弃了雄心壮志。他花了很多时间走过各处,想找一种只需关心自己事务的普通公民的生活。他好不容易发现了这个模式。它落在一个角落里没有受到别人的注意。他找到它时

---

① Ὀρφεύς,宗教歌唱家。死于酒神崇拜者的一群妇女之手。

② Θαμύρας,另一宗教歌唱家,由于向缪斯挑战比赛唱歌,结果失败,被罚成了瞎子,并被剥夺了歌唱的天赋。参见《伊利亚特》ii,595。

③ Αἴας,见索福克勒斯悲剧《阿雅斯》。

④ 史诗《伊利亚特》中希腊远征军统帅。出征之初被迫以女儿祭神。战争结束回国,自己又被妻所杀。

⑤ 阿卡底亚公主。是优秀的女猎手。传说向她求婚的人得和她赛跑,输给她的就得被杀。

⑥ Ἐπειός,是著名的特洛伊木马的制造者。

⑦ Θερσίτης,参见《伊利亚特》ii,212以下。

⑧ 史诗《奥德赛》的主人翁。

说,即使抽到第一号,他也会同样很乐意地选择这一生活模式。同样,还有动物变成人的,一种动物变成另一种动物的。不正义的变成野性的动物,正义的变成温驯的动物,以及一切混合的和联合的变化。

总之,当所有的灵魂已经按照号码次序选定了自己的生活时,他们列队走到拉赫西斯跟前。她便给每个灵魂派出一个监护神①,以便引领他们度过自己的一生完成自己的选择。监护神首先把灵魂领到克洛索处,就在她的手下方在纺锤的旋转中批准了所选择的命运。跟她接触之后,监护神再把灵魂引领到阿特洛泊斯旋转纺锤的地方,使命运之线不可更改。然后每个灵魂头也不回地从"必然"的宝座下走过。一个灵魂过来了,要等所有其他的灵魂都过来了,才大家再一起上路。从这里他们走到勒塞②的平原,经过了可怕的闷热,因为这里没有树木和任何的植物。傍晚他们宿营于阿米勒斯河③畔,它的水没有任何瓶子可盛。他们全都被要求在这河里喝规定数量的水,而其中一些没有智慧帮助的人便饮得超过了这个标准数量。一喝这水他们便忘了一切。他们睡着了。到了半夜,便可听到雷声隆隆,天摇地动。所有的灵魂便全被突然抛起,像流星四射,向各方散开去重新投生。厄洛斯本身则被禁止喝这河的水,但他说不知道自己是怎样回到自己肉体的。他只知道,自己睁开眼睛时,天已亮了,他正躺在火葬的柴堆上。

---

① 个人命运之神。
② Λήθη,"忘记"女神。
③ 'Αμέλης,冥国一河名,意为"疏忽"。在后世文学作品中就被叫作勒塞("忘记")之河了,如《伊涅阿斯纪》vi,714 以下。

格劳孔啊,这个故事就这样被保存了下来,没有亡佚。如果我们相信它,它就能救助我们,我们就能安全地渡过勒塞之河,而不在这个世上玷污了我们的灵魂。不管怎么说,愿大家相信我如下的忠言:灵魂是不死的,它能忍受一切恶和善。让我们永远坚持走向上的路,追求正义和智慧。这样我们才可以得到我们自己的和神的爱,无论是今世活在这里还是在我们死后(像竞赛胜利者领取奖品那样)得到报酬的时候。我们也才可以诸事顺遂,无论今世在这里还是将来在我们刚才所描述的那一千年的旅程中。

索　引

（书中各学科专名表，名词前冠词从略。）

A

ἀγαθόν(good)　332　善

ἀγαθός　544E　善人

ἄγνοια(ignorance)　585B,382B　无知

ἄγνωστος(unknowable)　477　不可知的

ἄγραφος　不成文的
　ἄγραφοι νομοι　563E　不成文法

ἀγρός　399D　田地；乡间

ἀδικία(injustice)　343C　不正义

ἀεί(always)　永恒
　τὸ ἀεὶ ὄν(that which always is)　527B　永恒事物

ἀείδω 或 ᾄδω　吟唱
　ᾄδοντας　605D

ἀθάνατος　不朽的
　Ἀθάνατος ἡμῶν ἡ ψυχὴ καὶ οὐδεποτε ἀπόλλυται.(Our soul is immortal and never perishes.)　608D　我们的灵魂是不朽不灭的

ἄθλιος 或 ἀέθλιος(wretched)　不幸的，痛苦的
　ἄθλιον ἢ μακάριον　571　痛苦呢还是快乐

Ἅιδης 或 ᾅδης　冥王；冥国；坟墓
　τά ἐν Ἅιδου　596C　冥间的事物

αἶσχος(ugliness)　444E　丑

αἴσθησις(sensation)　523B　感觉

ἀκοή 或 ἀκοά　听觉，耳朵
　κατὰ τὴν ἀκοήν　603B　耳朵听的

ἀληθές　376E,443C　真,真实

ἀληθέστατον(τὸ)　(absolute truth)　484C　绝对真实

ἀλόγιστος(irrational)　439D　无理性的

ἀμαθία(ignorance)　350D,351　愚昧无知

ἀμείνων　较好的
　ἀμείνονες τε καὶ χείρονες γενέσεις　546D　优生和劣生

ἀνάγκη　必须；必然
　Διομήδεια ἀνάγκη(necessity of

Diomede) 493D 迪俄墨得斯的必须

ἀνάρμοστος(unharmonious) 547 不和谐的

ἀνάρμοστον(το)不和谐

ἀναρμοστία 不和谐

ἀνδρεῖος(brave) 395C,435B 勇敢的

ἀνδριαντο ποιός 540C 人像雕刻师

ἀνεπιστημοσύνη 598D 不知,无知

ἀνήρ(man) 449 人,男人,勇敢的人

ἄνθρωπος 人

τὸ ἄνθρωπον τῆς φύσεως 589D 人天性中的人性部分

ἄνοδος 517B 向上的道路,上升过程

ἀνομοιότης 547 不像,不一致

ἀντειπεῖν(controvert) 487B 反驳

ἀντιλογία 539B 争吵,争论

ἀντιλογίκη τέχη(art of contradiction) 454 争论艺术

ἀνυπόθετος 高于假设的,不需要假设的

τὸ ἀνυπόθετον 511B 高于假设的世界

ἀνωμαλία(unevenness) 547 不平,不平衡

ἀποκτείνω 557 打死,判死刑

ἀργύριον 581D 银子;银币;钱

ἀρετή(virtue) 444E 美德
348C 善
492 至善

ἀριθμεῖν 602D 数数目

ἀριθμόν(number) 522C 数目

ἀριστοκρατία(aristocracy) 445D,544E 贵族政治

ἁρμονία(harmony) 531 和音
397B 声调
601B 曲调

ἄρρυθμος(the bad rhythm) 400C 坏的节奏

ἄρτιον(even) 510C 偶致

ἀρχή(first principle) 510B 原理;起点

ἡ τοῦ παντός ἀρχή 511B 绝对原理;总起点

ἀρχή 533C 前提,起点
608B 权力

ἄρχων(ruler) 458C,340C 统治者

ἀρχομένος(subject) 340B (被统治的)人民,老百姓

ἀσθένεια(weakness) 444E 软弱无力

ἀστός 563 公民,(雅典)城市居民(区别于只有公民权而无政治权的 πολίτης)

ἄστρον(star) 530 天体
530B 星体

ἀστρονομία(astronomy) 527D 天文学

ἀσχημοσύνη　400C　丑
αὐλός(flute)　399D　长笛
ἀτιμία　492D　（雅典法律）剥夺公民权
αὔξη 或 αὔξησις　528B　增大
　　αὔξη δευτέρα(τρίτη)　第二维（第三维）
ἀφανίζω　消灭掉,除去
　　βίον ἀνδρὸς ἀφανίζων　565E　谋害人命
ἀφροσύνη　585B　无智,不智

B

βάθος(depth)　528B　厚度,深度,高度
βαρύς,εῖα,ύ　602D　重的
βασιλεία(royalty)　445D　王政
βέλτιστος　最好的
　　τὸ βέλτιστον τῆς ψυχῆς　603　心灵的最善部分
βοηθός(aid)　414B　助手
βούλεσθαι(willing)　437B　希望

Γ

γεγραμμένος　成文的
　　γεγραμμένοι νόμοι　563E　成文法
γενεά　547　种,血统
γένεσις καὶ φθορά(generation and decay)　485B　产生与灭亡
γένεσις(genesis)　525C,526E　产生世界,变化世界
γένος　产生,家族,种,类

τὰ γένη, χρυσοῦν τε καὶ ἀργυροῦν καὶ χαλκοῦν καὶ σιδηροῦν　547　四种人：金种、银种、铜种、铁种
γενναῖος(well-born)　494C　出身高贵的
γεωμετρία(geometry)　510C,526C　几何学
γεωργία　547D　农业
τὸ γιγνόμενόν τε καὶ ἀπολλύμενον(the world of becoming and passing away)　508D　生灭世界
γνωστός(knowable)　477　可知的
γυμναστική　376E　体操
γωνία(angle)　角（几何图）
　　γωνιῶν τριττὰ εἴδη(three kinds of angles)　510C　三种角

Δ

δάκτυλος(dactyl)　400B　（诗的）长短；短格的（节奏
δανεισμός(borrowing)　573E　借贷
δεσμώτος ἄτοπος(strange prisoner)　515　奇特的囚徒
δημοκρατία(democracy)　544C　民主制度
δημοκρατικός(the democratic)　545　民主分子
δῆμος(populace)　463　人民
　　565　平民
διαλέγομαι　讨论,交谈
　　τῇ τοῦ διαλέγεσθαι δυνάμει(by the power of dialectics)　511B

凭着辩证的力量
διάλεκτος(dialectic) 454 言语，谈话
διαλεκτικοί(dialecticians) 531E 辩证法家
διάμετρον(diagonal) 510D—E 对角线
διανόημα 思想
　　διανόημα τε καὶ δόξα 496 思想和意见
διάνοια(mind or understanding) 511D 理智
διήγησις 叙述（文体）
　　ἁπλῇ διηγήσει(by pure narration) 392D 单用叙述
διθύραμβος 394C 酒神赞美歌
δίκαιος 544E 正义者
δικαιοσύνη(justice) 331C 正义，公正
δικαστής(judge, jury) 348B, 425D 法官，审判员，公证人，陪审员
δίψα 或 δίψη(thirst) 437B 干渴
δόξα 477B, 412E 意见
　　　　　412E 信念
　　　　　581B 荣誉
τὸ δοξαστὸν πρὸς τὸ γνωστόν(the opinable to the knowable) 510B 可意见世界与可知识世界的比
δοῦλος(slave) 463B 奴隶
δύναμις(potency, quality) 443B 品质，能力

δυναστεία 544D 政权；国家；世袭的君主国
δύο 476 二
δωριστί 399 用多利亚调

E

ἐγκώμιον(praise) 赞辞
　　τὰ ἐγκώμια τοῖς ἀγαθοῖς 607 赞美好人的颂诗
ἐθέλειν 437B 愿望
εἶδος(form) 435C—E 种
　　(idea) 435B 概念
　　(form, idea) 596 形式或理念
εἰδώς, εἰδότες(known) 510C 已知的
εἰκασία(conjecture) 511E 想象
εἰκών(image) 510 影像
　　(comparison) 487E 譬喻
　　δι' εἰκόνων λέγειν 487E 用譬喻说话
εἰσαγγελία καὶ κρίσις καὶ ἀγών 565C 控诉、审理和争讼
　　εἰσαγγελίαι καὶ κρίσεις καὶ ἀγῶνες περί... 565C 互相检举，告上法庭，互相审判
ἐκ-βάλλω 赶走，逐出
　　ἐκβάλλω τινὰ ἐκ τῆς πόλεως 557 把某人驱逐出国
ἐλάττων 602D （较）小（的），（较）少（的）
ἐλευθερία 557B 自由；独立

索引　435

ἐλευθέριος　557B　自由的，独立的
ἐλεύθερος　395C　自由的
ἐμός　我的
　　τό τε ἐμὸν καὶ τὸ οὐκ ἐμόν　462C
　　"我的"和"非我的"
ἐμπειρία(experience)　484D　经验
　　ἐμπειρία τε καὶ φρονήσει καὶ λόγῳ
　　(experience, intelligence and
　　discussion)　582　用经验、
　　知识和推理
ἕν(one)　476　"一"
ἐνιαυτός… μήν… ὥρα　527　年……月
　　……季
ἐνόπλιος ῥυθμός　400B　进行曲的
　　节奏
ἐνοῦσα　本有的
　　… ἐπιστήμην τὴν ἐνοῦσαν ἑκάστου
　　δύναμιν ἐν τῇ ψυχῇ　518C
　　(我们现在的论证说明)知识
　　是每个人灵魂里本有的能力
ἐξελέγχων　反驳者
μιμούμενοι τοὺς ἐξελέγχοντας αὐτοὶ
　　ἄλλους ἐλέγχουσι(imitating confuters,
　　they themselves confute others)
　　539B　他们模仿别人的反驳，自
　　己也来反驳别人
ἐξέχοντα τα　602C　凸的(东西)
ἕξις　435B　性格
　　511D　心理状态
ἐπιθυμητικός(appetitive)　439D
　　欲望的
ἐπιθυμητής　热爱者

　　σοφίας ἐπιθυμητής　475B　智慧
　　的爱好者
ἐπιθυμία(appetite)　581，437B
　　欲望
ἐπίκουρος(helper)　414B　辅助者
　　οἱ ἐπίκουροι καὶ οἱ ἄρχοντες
　　545D　帮助者和统治者
ἐπιστήμη 或 ἐπιστημοσύνη　598D
　　(科学)知识
ἐπιτήδευμα　424D　习惯，风俗
　　νόμος τε καὶ ἐπιτήδευμα　484B　法
　　律和习惯
ἐπιτήδευσις(pursuit)　453E　职业
ἐπίχειρα　608C　报酬
ἔπος(epic)　394C，379　史诗
ἐρωτᾶν　问
　　τὸ ἐρωτᾶν καὶ ἀποκρίνεσθαι　487B
　　问答
ἕτεροι　557　反对派，反对党人
εὐδαίμων　540C　伟人
　　419　幸福的
　　354C　快乐的
εὐδοκίμησις(repute)　358　名，令名
εὐεξία　444E　(身体)坚强有力
εὐθύς　直的
　　τὰ εὐθέα　602C　直的(东西)
εὔρυθμος(the good rhythm)　400C
　　好的节奏
εὐσχημοσύνη　400C　美
εὐχή (a day-dream)　540D　空想
εὖχος(wish-thought)　450D　空想
ἔχθρα (hostility)　470B　冲突，

敌对
ἐχθρός(enemy)　471　敌人

Z

ζωγράφος　596E　画家,艺术家
ζῶον,ζῷον　596C　动物

H

ἡγεμῶν　566E　领袖
ἡδονή　439D,581,583C　快乐
ἡδύς　(比：ἡδίων 最：ἥδιστος)　583D　快乐的
ἤθη(moral qualities)　545B　道德品质
ἦθος,ἤθη　435E,544D　习惯　424D　性格
ἥμερον(τῆς φύσεως)　591B,589D　(人天性中的)温驯部分,即,人性部分(和 ἄγριον τῆς φύσεως 对立)
ἡρῷος(heroic foot)　400B　(诗的)英雄体的(节奏)
ἡσυχία　583C　平静状态

Θ

θάνατος(death)　492D　死,处死,死刑
θεῖος　神的;神一般的
　τὸ θεῖον τῆς φύσεως　589D　人天性中的神性部分
θηριώδης　野兽的;兽一般的
　τὰ θηριώδη τῆς φύσεως　589D 人天性中的兽性部分
θρῆνος(lamentation)　387E　挽歌,哀歌
θρηνώδεις ἁρμονίαι(dirge-like modes)　398E　挽歌式的调子
θυμοειδές(high spirit)　435E　激情(在理智和欲望之间)
θυμός(high spirit,Thumos)　439E　激情
τὸ ᾧ θυμούμεθα　439E　我们借以发怒的那东西,激情

I

ἴαμβος(iambic)　400B　(诗的)短长格的(节奏)
ἴαμβος ὁ　602B　抑扬格;抑扬格诗
Ἰαστί　398E　用伊奥尼亚调
ἰδέα(idea)　486E,596B　理念
　ἡ τοῦ ἀγαθοῦ ἰδέα　508E　善的理念
ἰδία　458C　私有
ἴδιος　543B　私有的,自己的
ἰδιώτης　私学教师
　μισθαρνῶν ἰδιώτης　493　收取学费的私人教师
ἱέρεια　461　女祭司
ἱερεύς　393E,461　男祭司
ἴσος　558C　平等的,平权的
　ἄνισος　558C　不平等的
ἰσότης　558C　平等
ἴσα τά　602B　相等(的东西)
ἵστημι,ἱστάναι　602D　称(重量)

K

κακία(vice) 348C 恶
κακόν(evil) 332 恶
κάλλος(beauty) 444E 美
 αὐτὸ κάλλος 476C 美本身
κάλλος 602 优
καμπύλος 弯曲的
 τὸ καμπύλον 602C 曲(的东西)
κατά γειος 地下的
 ἐν καταγείῳ οἰκήσει σπηλαιώδει
 514 在一个洞穴式的地下室里
κενότης 585B 空,缺
 κενότης τῆς περὶ ψυχὴν ἕξεως
 585B 心灵常态的空缺
κέρδος 581 利益
κηψήν 552C 雄蜂
κιθάρα(cither) 399D 齐萨拉琴,
 七弦竖琴
κίνησις 583E 运动
κλῆρος 557 签;抽签
 ἀπὸ κλήρων αἱ ἀρχαὶ ἐν αὐτῇ γί-
 γνονται 557 官职抽签
 决定
κοῖλος 凹的
 τὰ κοῖλα 602C 凹(的东西)
κοινός 543 公共的,公有的
κοινωνία(communion) 450C 公有
 κοινωνία γυναικῶν τε καὶ παίδων
 τοῖς φύλαξι 461E 护卫者之
 间的妇女儿童公有
 ἡ μὲν ἡδονῆς τε καὶ λύπης κοινωνία

462B 同甘共苦
κόπτω 605D 捶打
κρείττων 339B (较)强者
κτῆσις(possession) 543B 占有
 χρημάτων ἢ παίδων καὶ ξυγγενῶν
 κτῆσις 464E 财产、儿女、亲
 属的私有
κύβος(cube) 528B 立体
κωμῳδία 394C 喜剧

Λ

(τὸ)λεοντωδές τε καὶ ὀφεωδες 590B
 狮性或龙性
λογισμόν(calculation) 522C 计算
λογισμός(reason) 439D 理智,计
 算,判断力
(reckoning) 510C 算学
λογιστική τε καὶ ἀριθμητική(reckoning
 and the science of arithmetic)
 525 算术和算学
(τὸ)λογιστικόν τὸ ἐν ψυχῇ 602E
 心灵的理性部分
λόγος 398B 语言
(words) 400D 文辞
(argument) 367B,518C 论证
(account) 510C 说明
(reason) 604B 理性
 ἔχει λόγον 610 (这)是合
 理的
(ratio) 509D 比例
λυδιστί 398E 用吕底亚调
λύρα(lyre) 399D 竖琴,七弦琴

M

μακάριος 571 幸福的,富裕的
μακάρων νῆσοι(Islands of the Blest) 519C 幸福岛
μέγα καὶ σμικρόν 524C 大和小
μείζων 602D （较）大（的）
μετρεῖν 602D 量(长短)
μέλος 398C 诗歌
μέτοικος 563 外来的依附者,外侨
μέτρον （诗）格,韵律
　　ἄνευ μέτρου 393D 不用韵律
μιμέομαι 539B 模仿
μίμησις 394C 模仿
μιξολυδιστί 398E 用混合吕底亚调
μισθοσόται τε καί τροφεύς 463B 纳税者和供养者
μισθός(reward) 358 利,报酬（pay） 543C 报酬,薪水,奖励
μισόδημος 566C 敌视人民政权的
μουσική 376E 音乐
μῦθος 398B 故事

N

νόησις (intellection or reason) 511E 理性
　　ἡ νόησις αὐτή 或 αὐτή νόησις 525 纯粹理性
　　τὰ ἐγερτικὰ τῆς νοήσεως 524D 要求理性思考的事物
νοητός(intelligible) 可知的
　　τὸ νοητόν,τὸ ὁρατόν 524C 可知事物,……可见事物
　　ὁ νοητὸς τόπος(the intelligible region) 508C 可理知世界
νόθος 非婚生的(子女),假的
　　ὁ νόθος_ὁ γνήσιος 536 假的和真的
νομοθέτης(lawgiver) 458C 立法者
νομός 604B,424E 法律
(τὰ)νοούμενα 508C 可理知事物
νόσημα(disease) 439D 疾病;恶
　　τὸ κακόν τε καὶ τὸ νόσημα 609 恶或病
νόσος(disease) 444E 疾病
νοῦς(reason or intelligence or sense) 511D,490B,494D 理性

Ξ

ξυγγενής 亲属,亲近
　　ὡς ξυγγενὴς οὖσα τῷ τε θείῳ καὶ ἀθανάτῳ καὶ τῷ ἀεὶ ὄντι 611E (灵魂)凭着和神圣、不朽、永恒事物之间的亲近关系
ξυμφέρον(advantage) 339 利益
　　τὸ τοῦ κρείττονος ξυμφέρον 339 强者的利益
ξυμφύλακες(coguardians) 463B 护卫者同事们
ξυνάρχοντες(corulers) 463B （统

索引　439

治者)"同事们"

ξένος (the foreigner)　563　外国人；外国的

ξύνταξις τε καὶ ξυμφωνία　591D　秩序与和谐

ξυσσίτιον 或 σνσιτία　547D　公餐

O

ὀδυρμός　605D　悲叹，诉苦

οἰκέτης　547C　仆人,家庭奴隶

　οἰκέται τε καὶ δοῦλοι　547C　仆人和奴隶

οἷοί εἰσι　377E　(他们的)本性

ὀλιγαρχία (oligarchy constitution)　544C　寡头政制

ὀλιγαρχικός　545　寡头分子

ὁμοιότης　比喻

　ἡ περὶ τὸν ἥλιον ὁμοιότης　509C　太阳喻

ὂν ἢ οὐκ ὂν　476E　有或无

(τὸ) ὂν τε καὶ ἀλήθεια (reality and truth)　501D　实在与真理

(τὸ) ὁρᾶν　518D　"视力"

　...αὐ τοῦ ἐμποιῆσαι αὐτῷ τὸ ὁρᾶν, ἀλλ' ὡς ἔχοντι μὲν αὐτό,...　(教育)不是要在灵魂中创造"视力"，而是肯定灵魂本身有"视力"……

ὁρατός (visible)　可见的

　ὁ ὁρατὸς τόπος　508C　可见世界

　τὸ ὁρατόν　524C　可见事物

ὄργανα τα (instruments)　399E　乐器

ὀργή (anger)　440　愤怒

ὅσιος　395C　虔诚的

οὐρανός　天

　τὰ ἐν οὐρανῷ　596C　天体

ὁμονοέω　545D　意见一致

οὐσία (essence)　485B　实体，本体

　(essence) ἀλήθεια τε καὶ οὐσία　525C　真理和实在

　553B　财产

ὄψις　眼睛

　κατὰ τὴν ὄψιν　603B　眼睛看的

Π

πάθημα (affection)　439D　情感

πάθος (affection)　435B, 604B　情感

παιδεία　423E　教育

παναρμόνια τα　399D　多音调乐器

παράδειγμα (pattern)　592B, 484C　原型

παραίρεσις τῆς οὐσίας　573E　抵押

παρανομία　424D　非法

παράνομος　571B　非法的

πένης　552B　穷人

πεῖνα 或 πεῖνη　437B　饥饿

πένθος　605D　悲伤

　τινὰ τῶν ἡρώων ἐν πένθει ὄντα　605D　某一英雄受苦

περίοικοι (perioeci)　547C　(斯巴达)边民

περιττόν(odd)　510C　奇数
πηκτίς(harp)　399D　竖琴（吕底亚的）
πίστις(belief)　511E　信念
πλέον　602D　（较）多（的）
πλήρωσις(repletion)　439D　满足，填满
πλούσιος(rich)　494C　富有财产（的）
πλοῦτος　562　财富
ποιητικός　393E　诗人
πολέμιος(foeman)　414B　敌人
τα πολυαρμόνια　399D　多调的（乐器）
τα πολύχορδα　399D　多弦的（乐器）
ποίησις(poetry)　595　诗歌；诗艺
πόλεμος　470B　战争
πόλις(state, city)　435E　城邦
　　　　　　　　351B　城国
　　　　　　　　449　国家
πολιτεία　544,424E　政治制度
　　　　　424　国家
(constitution)　449　体制
πολίτης　370C　公民
πονηρία　602　劣
　　　　609　病
προεστώς　565E　领袖
　ὁ δήμου προεστώς　565E　人民领袖
πρόσοδος　573E　收入，进款

Ρ

ῥαψῳδός　395　（史诗）朗诵者，叙述者
ῥῆσις(speech)　393B　道白，对话
　τὰ τοῦ ποιητοῦ τὰ μεταξὺ τῶν ῥήσεων　394B　对话之间诗人所写的部分
ῥήτωρ　348B　辩护人
ῥυθμός　397B,601B　节奏，音步

Σ

σκιά　510　阴影
　ἡ σκιὰ ἡ ὑπὸ τοῦ πυρός　515　火光投射的阴影
σοφία　350D　智慧
σοφιστής　诡辩家
　σοριστής ἰδιωτικός　492　私人诡辩家　596D　智者
σοφός　435B　智慧的
στάσις(faction)　470B,545D　内讧，不和，分歧
συκοφάντης　553B　告密者，诬告者
σύριγξ(piccolo)　399D　短笛
συντονολυδιστί　398E　用高音吕底亚调
σκήματα τα　510C　各种图形
σωτήρ τε καὶ ἐπικούρος　463B　保护者和辅助者
σώφρων　435B,395C　有节制的，节制的

T

τελευτή 510B 结论

τετράγωνον(square) 510D—E 正方形

τέχνη τε καὶ ἐπιστήμη 522C 技术和科学

ἡ τιμοκρατία ἡ τιμαρχία 545B 荣誉政制或荣誉统治

τίμημα（property, qualification）550D 财产资格

ἀπὸ τιμημάτων 550D 根据财产资格

τόκος 利息,孩子

πολλαπλάσιος τόκος 555E 高利贷

τραγῳδία 394B 悲剧

τρίγωνον（triangle） 399D 特拉贡琴

τροφή 423E 培养

（sustenance） 543C 食物,供养

τροχαῖος(trochaic) 400C （诗的）长短格的（节奏）

τυραννίς（tyranny） 544C 僭主制度

τυραννικός(the tyrant) 545 僭主

Y

ὑγίεια 444E 健康

ὕμνος(humn) 607 诵歌

ὕμνος θεοῖς 歌颂神明的诗

ὑπόθεσις(assumption) 510B 假定

ὑποθέσεις αὐτά(absolute assumptions) 510C 绝对假设

ὑποκριτής 395 演员,回答者

ὑπόνοια(allegory) 378D 寓言

ὑψηλός 高的

ὑψηλο—λογεομαι 545E 用悲剧的崇高格调说话

Φ

φάντασμα 影子

τὸ ἐν τοῖς ὕδασι φάντασμα 510 在水里的影子

φαῦλος 低贱的

τῶν φαύλων τι 603 （我们心灵的）某一低贱部分

φθορά 灭亡

γενομένῳ παντὶ φθορά ἐστιν 546 一切有产生的事物必有灭亡

φιλία 581 爱

φίλος 414B 朋友

φιλοκερδές τὸ 581 （心灵的）爱利部分

φιλοχρήματον τὸ 581 （心灵的）爱钱部分

φιλομαθής 581B 爱学的

φιλόνικος 545,581B 爱胜的

φιλόσοφος 475B,581B 爱智的；哲学家

φιλότιμος 545,581B 爱敬的

φρόνησις 496 思想

φρυγιστί 399 用佛里其亚调

φύλαξ(guardian) 414 护卫者

φύσις(nature) 453E, 485 天性，禀赋

 τριττὰ γένη φύσεων 435B 三种人

 τὰ ἐκ τῆς γῆς φυόμενα 596C 植物

φῶς 光

 τὸ τοῦ ἡλίου φῶς 515E 阳光

X

χαλαρός 萎靡的

 χαλαραί (ἁρμονίαι) 399 靡靡之音

χειροτεχνία 547D 手工业

χρέα τα 566E 债务

χρῆμα(money) 580E 金钱、财物

 (fine) 492D 罚款

Ψ

ψεῦδος το 485C 假

 ὡς ἀληθῶς ψεῦδος 382B 真的谎言 τὸ μὲν δὴ τῷ ὄντι ψεῦδος 382C 真的谎言

ψυχή(soul) 382B 心灵，灵魂

Ω

ᾠδή 398C 曲调

ὠφέλεια(benefit) 520 利益

人名地名索引之一

中文译名	希腊文原名	英文译名	所在原页码
\三 画			
马叙阿斯	Μαρσύας	Marsyas	399E
四 画			
巴拉米德斯	Παλαμήδης	Palamedes	522D
厄洛斯	Ἡρός	Eros	614B
厄佩俄斯	Ἐπειός	Epeius	620C
文艺女神	Μοῆσαι	Muses	364E
月神	Σελήνης	Moon	364E
比雷埃夫斯港	Πειραιος	Peiraeus	327
开奥斯岛	Κέος 或 Κέως	Ceos	600C
开俄斯岛	Χίος	Chios	600B
乌拉诺斯	Οὐρανός	Uranus	377E
五 画			
古各斯	Γύγος	Gyges	359D
"必然"	Ἀνάγκη	Necessity	617B
皮塔科斯	Πιττακός	Pittacus	335E
卡克冬	Χαλκηδών	Chalcedon	328B
尼克拉托斯	Νικήρατος	Niceratus	327C

| 尼客阿斯 | Νικίας | Nicias | 327C |
| 尼俄珀 | Νιόβη | Niobe | 380 |

六　画

吕底亚	Λυδία	Lydia	359D
吕西阿斯	Λυσίας	Lysias	328B
吕萨略斯	Λυσανίας	Lysanias	330B
伊达山的	Ἰδαῖος	Idas	391E
伊里翁（特洛伊）	Ἴλιον	Ilion	393B
伊纳霍斯	Ἰνάχος	Inachus	381D
伊塔卡	Ἰθάκη	Ithaca	393B
伊斯梅尼阿	Ἰσμηνίας	Ismenias	336
伊奥尼亚	Ἰωνία	Ionia	399
多利亚	Δωρίς	Doria	399
毕阿斯	Βίας	Bias	335E
毕达哥拉斯派	Πυθαγόρειοι	Pythagoreans	530D
色雷斯	Θρᾴκη	Thracia	435E
色雷斯人	Θρᾷκες	Thracian	327
色拉叙马霍斯	Θρασύμαχος	Thrasymachus	328B
色弥斯托克勒	Θεμιστοκλῆς	Themistocles	329E
西西里的	Σικελικός	Sicilian	404D
西蒙尼得	Σιμωνίδης	Simonides	331D

七　画

麦加拉人	Μεγαροῖ	Megaran	368
克尔贝洛斯	Κέρβερος	Cerberus	588C
克迈拉	Χίμαιρα	Chimaera	588C
克法洛斯	Κέφαλος	Cephalus	327B

克勒托丰	Κλειτοφῶν	Kleitophon	328B
克洛索	Κλωθώ	Clotho	617C
克罗诺斯	Κρόνος	Cronos	377E
庇西亚	Πυθία	Pythia	540C
忒拜人	Θηβαῖος	Theban	336
佛里其亚	Φρυγία	Phrygia	399
玛摩斯	Μῶμος	Momus	487
苏格拉底	Σώκρατης	Socrates	327
阿得曼托斯	Ἀδείμαντος	Adeimantus	327C
阿雅斯	Αἴας	Ajax	620B, 468D
阿克琉斯	Ἀχιλλεύς	Achilles	388
阿里斯同	Ἀρίστων	Ariston	327
阿里斯托纽摩斯	Ἀριστωνύμος	Aristonymus	328B
阿尔戈斯	Ἄργος	Argos	393E
阿尔蒂阿依俄斯	Ἀρδιαῖος	Ardiaeos	615C
阿尔刻诺斯	Ἀλκίνοος	Alcinous	614
阿尔米纽斯	Ἀρμένιος	Armenius	614B
阿尔赫洛霍斯	Ἀρχίλοχος	Archilochus	365C
阿斯克勒比斯	Ἀσκληπιός	Aesculapius, Asclepius	405D—E, 408B
阿泰兰泰	Ἀταλάντα	Atalanta	620B
阿特瑞得斯	Ἀτρεύς	Atreus	393
阿特洛泊斯	Ἄτροπος	Atropos	617C
阿米勒斯河,"忘记"之河	Ἀμέλης	River of Forgetfulness	621
阿波罗	Ἀπόλλων	Apollo	383B

阿尔戈斯	Ἀργεῖος	Argive	381D
阿布德拉（城）	Ἄβδηρα	Abdera	600C
阿伽门农	Ἀγαμέμνον	Agamemnon	383B
阿格莱翁	Ἀγλαίων	Aglaion	439E

八　画

拉赫西斯	Λάχεσις	Lachesis	617C
佩里索斯	Πειρίθους	Peirithous	391D
佩洛匹达	Πελοπίδας	Pelopidae	380
佩狄卡	Περδίκκας	Perdiccas	336
佩里安得罗	Περίανδρος	Periander	336
佩莱斯	Πηλεύς	Peleus	391C
宙斯	Διός	Zeus	379E
泽尔泽斯	Ξέρξης	Xerxes	336
迪俄墨得斯	Διομήδης	Diomedes	493D
"命运"三女神	Μοῖραι	Fates	617C
朋迪斯	Βενδίς	Bendis	354
弥达斯	Μίδας	Midas	408B
欧若得摩	Εὐθύδημος	Euthydemus	328B
欧律皮吕斯	Εὐρύπυλος	Eurypylus	405E

九　画

品达	Πίνδαρος	Pindar	331
科库托斯	Κώκυτος	Cocytus	387C
俄尔菲	Ὀρφεύς	Orpheus	620
叙拉古的	Συρακόσιος	Syracusan	404D
玻勒马霍斯	Πολέμαρχος	Polemarchus	327B
派尼亚	Παιανιέα	Paeania	328B

派特罗克洛斯	Πατρόκλος	Patroclus	388D
哈得斯,冥国	Ἀιδης	Hades, house of Hades	363D
哈曼提得斯	Χαρμαντίδης	Charmantides	328B
哈朗德斯	Χαρώνδας	Charondas	599E

十 画

埃及	Αἴγυπτος	Egypt	436
埃斯库洛斯	Αἰσχύλος	Aeschylus	361B
格劳卡斯	Γλαῦκος	Glaucus	611D
格劳孔	Γλαύκων	Glaucon	327
泰米斯	Θέμις	Themis	380
特洛伊战争	Τρωϊκά(τά)	Troy	380
索福克勒斯	Σοφοκλέης	Sophocles	329B
海神波塞顿	Ποσειδῶν	Poseidon	391D
海女歌妖	Σειρῆνες	Siren	617B
荷马	Ὅμηρος	Homer	334
浦吕达马斯	Πουλυδάμας	Polydamas	338C

十 一 画

梅诺提俄斯	Μενοίτιος	Menoitios	388D
勒翁提俄斯	Λεόντιος	Leontius	439E
勒塞,"忘记"女神	Λήθη	Oblivion	621
菲尼克斯	Φοίνιξ	Phoenix	390E
萨尔佩冬	Σαρπηδών	Sarpedon	388D

十 二 画

雅典人	Ἀθηναῖος	Athenian	330
雅典娜	Ἀθηνᾶ	Athena	379E
普洛蒂卡斯	Πρόδικος	Prodicus	600C

普罗塔戈拉	Πρωταγόρας	Protagoras	600C
普罗图斯	Πρωτεύς	Proteus	381D
普拉纳酒	Πράμνειος οἶνος	Pramnian wine	405E
《奥德赛》	Ὀδυσσεία	Odyssey	393B
奥德修斯	Ὀδυσσεύς	Odysseus	334
奥托吕科斯	Αὐτόλυκος	Autolycus	334B
提修斯	Θησεύς	Theseus	391D
斯特锡霍洛斯	Στησίχορος	Stesichorus	586C
斯土克斯	Στύξ	Styx	387C
斯基泰人	Σκυθικός	Scythian	435E
斯库拉	Σκύλλη	Scylla	588C
腓尼基人	Φοῖνιξ	Phoenician	436,414C

十 三 画

福库利得斯	Φωκυλίδης	Phocylides	407
塞里福斯人	Σερίφιος	Seriphus	329E
塞尔息特斯	Θεροίτης	Thersites	620C
塞蒂斯	Θέτις	Thetis	381D
塞亚格斯	Θεάγης	Theages	496B

十 四 画

赛缪洛斯	Θαμύρας	Thamyras	620
赫拉	Ἥρα	Hera	378D
赫拉克勒斯	Ἡράκλεις	Heracles	337
赫律塞斯	Χρύσης	Chryses	392E
赫戎	Χείρων	Cheiron	391C
赫西俄德	Ἡσίοδος	Hesiod	363B
赫淮斯托斯	Ἥφαιστος	Hephaestus	378D

赫勒斯滂特	Ἑλλήσποντος	Hellespont	404C
赫克托	Ἕκτορος	Hector	391B
赫罗迪科斯	Ἡρόδικος	Herodicus	406

十　五　画

墨涅拉俄斯	Μενέλαος	Menelaus	408a
潘菲里亚	Παμφυλία	Pamphylia	614B
潘达洛斯	Πάνδαρος	Pandarus	408

十　六　画

| 默塞俄斯 | Μουσαίος | Musaeus | 363C |

十　七　画

| 戴蒙 | Δάμων | Damon | 400B |
| 戴达罗斯 | Δαιδάλος | Daedalus | 529E |

人名地名索引之二

希腊文原名	英文译名	所在原页码	中文译名

A

希腊文原名	英文译名	所在原页码	中文译名
Ἄβδηρα	Abdera	600C	阿布德拉（城）
Ἀγαμέμνον	Agamemnon	383B	阿伽门农
Ἀγλαίων	Aglaion	439E	阿格莱翁
Ἀδείμαντος	Adeimantus	327C	阿得曼托斯
Αἴας	Ajax	468D, 620B	阿雅斯
Αἴγυπτος	Egypt	436	埃及
Ἅιδης	Hades	363D	哈得斯，冥国
Αἰσχύλος	Aeschylus	361B	埃斯库洛斯
Ἀθηνᾶ	Athena	379E	雅典娜
Ἀθηναῖος	Athenian	330	雅典人
Ἀλκίνοος	Alcinous	614	阿尔刻诺斯
Ἀμέλης	River of Forgetfulness	621	阿米勒斯河，"忘记"之河
Ἀνάγκη	Necessity	617B	"必然"
Ἀπόλλων	Apollo	383B	阿波罗
Ἀργεῖος	Argive	381D	阿尔戈斯
Ἄργος	Argos	393E	阿尔戈斯
Ἀρδιαῖος	Ardiaeos	615C	阿尔蒂阿依俄斯
Ἀρίστων	Ariston	327	阿里斯同
Ἀριστώνυμος	Aristonymus	328B	阿里斯托纽摩斯
Ἀρμένιος	Armenius	614B	阿尔米纽斯
Ἀρχίλοχος	Archilochus	365C	阿尔赫洛霍斯

’Ασκληπιός	Aesculapius 或 Asclepius	405D—E, 408B	阿斯克勒比斯, 神医
’Αταλάντα	Atalanta	620B	阿泰兰泰
’Ατρεύς	Atreus	393	阿特瑞斯
’'Ατροπος	Atropos	617C	阿特洛泊斯
Αὐτόλυκος	Autolycus	334B	奥托吕科斯
’Αχιλλεύς	Achilles	388	阿克琉斯

B

Βενδίς	Bendis	354	朋迪斯
Βίας	Bias	335E	毕阿斯

Γ

Γλαῦκος	Glaucus	611D	格劳卡斯, 海神
Γλαύκων	Glaucon	327	格劳孔
Γύγος	Gyges	359D	古各斯

Δ

Δαιδάλος	Daedalus	529E	戴达罗斯
Δάμων	Damon	400B	戴蒙
Διομήδης	Diomedes	493D	迪俄墨得斯
Διός	Zeus	379E	宙斯
Δωρίς	Doria	399	多利亚

E

’'Εκτορος	Hector	391B	赫克托
‘Ελλήσποντος	Hellespont	404C	赫勒斯滂特
’Επειός	Epeius	620C	厄佩俄斯
Εὐθύδημος	Euthydemus	328B	欧若得摩
Εὐρύπυλος	Eurypylus	405E	欧律皮吕斯

H

‘'Ηρα	Hera	378D	赫拉
‘Ηρόδικος	Herodicus	406	赫罗迪科斯
‘Ηρός	Eros	614B	厄洛斯

452　理想国

Ἡράκλεις	Heracles	337	赫拉克勒斯
Ἡσίοδος	Hersiod	363B	赫西俄德
Ἥφαίστος	Hephaestus	378D	赫淮斯托斯

Θ

Θαμύρας	Thamyras	620	赛缪洛斯
Θεάγης	Theages	496B	塞亚格斯
Θεμιστοκλῆς	Themistocles	329E	色弥斯托克勒
Θερσίτης	Theristes	620C	塞尔息特斯
Θέμις	Themis	380	泰米斯
Θέτις	Thetis	381D	塞蒂斯
Θηβαῖος	Theban	336	忒拜人
Θησεύς	Theseus	391D	提修斯
Θρᾷκες	Thracian	327	色雷斯人
Θρᾴκη	Thracia	435E	色雷斯
Θρασύμαχος	Thrasymachus	328B	色拉叙马霍斯

I

Ἰδαῖος	Idas	391E	伊达山的
Ἴλιον	Ilion	393B	伊里翁,特洛伊
Ἰνάχος	Inachus	381D	伊纳霍斯
Ἰθάκη	Ithaca	393B	伊塔卡
Ἰσμηνίας	Ismenias	336	伊斯梅尼阿
Ἰωνία	Ionia	399	伊奥尼亚

K

Κέος 或 Κέως	Ceos	600C	开奥斯岛
Κέρβερος	Cerberus	588C	克尔贝洛斯
Κεφάλος	Cephalus	327B	克法洛斯
Κιειτοφῶν	Kleitophon	328B	克勒托丰
Κλωθώ	Clotho	617C	克洛索
Κρόνος	Cronos	377E	克罗诺斯

人名地名索引之二　453

| Κώκυτος | Cocytus | 387 C | 科库托斯 |

Λ

Λάχεσις	Lachesis	617C	拉赫西斯
Λεόντιος	Leontius	439E	勒翁提俄斯
Λήθη	Oblivion	621	勒塞，"忘记"女神
Λυδία	Lydia	359D	吕底亚
Λυσανίας	Lysanias	330B	吕萨略斯
Λυσίας	Lysias	328B	吕西阿斯

M

Μαρσύας	Marsyas	399E	马叙阿斯
Μεγαροῖ	Megarans	368	麦加拉人
Μενέλαος	Menelaus	408A	墨涅拉俄斯
Μενοίτιος	Menoitios	388D	梅诺提俄斯
Μίδας	Midas	408B	弥达斯
Μοῖραι	Fates	617C	"命运"三女神
Μοῦσαι	Muses	364E	文艺女神
Μουσαίος	Musaeus	363C	默塞俄斯
Μῶμος	Momus	487	玛摩斯

N

Νικήρατος	Niceratus	327C	尼克拉托斯
Νικίος	Nicias	327C	尼客阿斯
Νιόβη	Niobe	380	尼俄珀

Ξ

| Ξέρξης | Xerxes | 336 | 泽尔泽斯 |

O

| Ὀδυσσεία | Odyssey | 393B | 《奥德赛》 |
| Ὀδυσσεύς | Odysseus | 334 | 奥德修斯 |

Ὅμηρος	Homer	334	荷马
Ὀρφεύς	Orpheus	620	俄尔菲
Οὐρανός	Uranus	377E	乌拉诺斯

Π

Παιανιέα	Paeania	328B	派尼亚
Παλαμήδης	Palamedes	522D	巴拉米德斯
Παμφυλία	Pamphylia	614B	潘菲里亚
Πάνδαρος	Pandarus	408	潘达洛斯
Πάτροκλος	Patroclus	388D	派特罗克洛斯
Πειραιεύς	Peiraeus	327	比雷埃夫斯港
Πειρίθους	Peirithous	391D	佩里索斯
Πελοπίδας	Pelopidae	380	佩洛匹达
Περδίκκας	Perdiccas	336	佩狄卡
Περίανδρος	Periander	336	佩里安得罗
Πηλεύς	Peleus	391C	佩莱斯
Πίνδαρος	Pindar	331	品达
Πιττακός	Pittacus	335E	皮塔科斯
Πολέμαρχος	Polemarchus	327B	玻勒马霍斯
Ποσειδῶν	Poseidon	391D	海神,波塞顿
Πουλυδάμας	Polydamas	338C	浦吕达马斯
Πράμνειος οἶνος	Pramnian wine	405E	普拉纳酒
Πρόδικος	Prodicus	600C	普洛蒂卡斯(智者)
Πρωταγόρας	Protagoras	600C	普罗塔戈拉(智者)
Πρωτεύς	Proteus	381D	普罗图斯
Πυθαγόρειοι	Pythagoreans	530D	毕达哥拉斯派
Πυθία	Pythia	540C	庇西亚

Σ

Σαρπηδῶν	Sarpedon	388D	萨尔佩冬
Σειρῆνες	Siren	617B	海女歌妖
Σερίφιος	Seriphus	329E	塞里福斯人
Σικελικός	Sicilian	404D	西西里的

Σιμωνίδης	Simonides	331D	西蒙尼得
Σκυθικός	Scythian	435E	斯基泰人
Σκύλλη	Scylla	588C	斯库拉女妖
Σοφοκλέης	Sophocles	329B	索福克勒斯
Στησίχορος	Stesichorus	586C	斯特锡霍洛斯
Στύξ	Styx	387C	斯土克斯
Σελήνης	Moon	364E	月神
Συρακόσιος	Syracusan	404D	叙拉古的
Σώκρατης	Socrates	327	苏格拉底

T

Τρωϊκά	Troy	380	特洛伊战争

Φ

Φοίνιξ	Phoenix	390E	菲尼克斯
Φοῖνιξ	Phoenician	436, 414C	腓尼基人
Φρυγία	Phrygia	399	佛里其亚
Φωκυλίδης	Phocylides	407	福库利得斯

X

Χαλκηδών	Chalcedon	328B	卡克冬
Χαρμαντίδης	Charmantides	328B	哈曼提得斯
Χαρώνδας	Charondas	599E	哈朗德斯
Χείρων	Cheiron	391C	赫戎
Χίμαιρα	Chimaera	588C	克迈拉
Χίος	Chios	600B	开俄斯岛
Χρύσης	Chryses	392E	赫律塞斯

本书版本简目

希腊文本

一、十世纪抄本,巴黎法国图书馆手稿抄本部藏。

二、科奇索格罗(Kouchtsoglou)编注,收于 Απαντα Πλάτωνος,十八卷之后四卷为古文本,前十四卷为现代文本译本。雅典,1956。

三、娄卜古典丛书(Loeb Classical Library)《柏拉图集·理想国》。全集十二卷,希英对照,左希右英。伦敦,1914/77。商务印书馆资料室(1977),南京大学图书馆(1914)藏。

四、《柏拉图全集》(Platon, Ceuvres complètes),十四卷二七册。本集系法希对照,正文收于十三卷二五册,第十四卷两册为索引。

五、Platons Staatschriften,希德对照,843页,1925,耶那,南开大学图书馆藏。德文为 Wilhelm Andreae 所译。

拉丁文译本

一、德·色雷(De Serre)译,收于斯特方(Stephanus)所编订《柏拉图集》,1578年版;费西诺(Ficino)译于1496年者,收于1781年版。

二、伊尔斯奇(Hirschig)编,两卷(1:557;2:602)。巴黎,笛多书店(Didot)1856,1873,北京大学图书馆藏。

三、沃尔拉布(Wohlrab)编,两卷(1:555;2:382)。莱比锡,1890,北京图

书馆藏。

现代语译文·英文本

一、周厄提(Jowett)译,收于《柏拉图全集》第四卷,1892/1953。伦敦,北京师范大学图书馆藏。

二、戴维斯、沃恩(J.L.Davies and D.J.Vaughan)译,袖珍本,370页,1852/1950,南京郭斌和藏。

三、康福德(F.M.Cornford,1874—1943)译,350页,牛津。

四、李(D.Lee)译,企鹅丛书,467页,1955/74,伦敦。

五、罗斯(W.H.D.Rouse)译,收于瓦明顿(Warmington)所编《柏拉图著名对话》(Great Dialogues of Plato,525页,1956,纽约)。本书,以及三、四,均为郭斌和藏本。

六、克尔(A.Kerr)译,1918,美国,芝加哥,南京图书馆藏。

七、林赛(A.D.Lindsay)译,1929,伦敦。

八、肖里(Paul Shorey)译,两卷收于娄卜古典丛书,南京大学图书馆藏。

九、戴维斯(Henry Davis)译,收于《柏拉图著作集》(Works of Plato),1933,纽约,天津南开大学图书馆藏。

十、理查德(I.A.Richards)以基本英语译,218页,1942,纽约,西安西北大学图书馆藏。

十一、格鲁伯(G.M.A.Grube)译,1974,哲学研究所图书室藏。

德文本

一、普里森克兰茨(Karl Preisenclanz)译,Platons Staat,448页,1920,耶那。

二、568页,莱比锡,以上二书均藏哲学研究所图书室。

三、费泽（Gottfried Fähse）译，Republik，两卷，1800，莱比锡，哲学所藏。

四、阿佩尔特（O. Apelt）译，收于《柏拉图全集》（Platons sämtliche dialoge），七卷本，1916，莱比锡，上海图书馆徐家汇藏书楼藏。

五、霍夫曼（Ernst Hoffmann）编，《柏拉图集，诞生二千四百周年纪念版》（Platon Jublaümsausgable sämtlicher werke），八卷，1974，瑞士，哲学所图书室藏。

日文本

一、田中美知太郎、藤沢令夫编，プラトン全集，十六卷，1977，岩波书店，北京图书馆藏。

我国译本、选本

一、吴献书译，理想国，五册（十卷），1929/57，商务印书馆。

二、任华译，收于《古希腊罗马哲学》，1957，三联书店；《西方哲学原著选读》上，1981，商务。选下列片段：415,416—7,427—34,473,475—80,507—9,509—11,531—35。

三、郑晓沧译，《柏拉图论教育》92页，1958/80，人民教育出版社。又见徐宗林译，《西洋三千年教育文献精华》（乌里其[Robert Ulich]编，肖里英译）3—33页（全书409页），1970/73，台北幼狮文化事业公司。两书选自下列各卷：第二、第三、第四、第七卷。

图书在版编目(CIP)数据

理想国/(古希腊)柏拉图著;郭斌和,张竹明译.——北京:商务印书馆,2024(2024.12重印)
(中外哲学典籍大全.外国哲学典籍卷)
ISBN 978-7-100-22965-4

Ⅰ.①理… Ⅱ.①柏…②郭…③张… Ⅲ.①《理想国》 Ⅳ.①B502.232

中国国家版本馆 CIP 数据核字(2023)第 170327 号

权利保留,侵权必究。

中外哲学典籍大全·外国哲学典籍卷
理想国
〔古希腊〕柏拉图 著
郭斌和 张竹明 译

商 务 印 书 馆 出 版
(北京王府井大街36号 邮政编码100710)
商 务 印 书 馆 发 行
北京科信印刷有限公司印刷
ISBN 978-7-100-22965-4

2024年3月第1版 开本 710×1000 1/16
2024年12月北京第2次印刷 印张 30¾
定价:148.00元